日本の流通・サービス産業

― 歴史と現状 ―

廣田　誠

大阪大学出版会

はじめに ── 本書のねらい ──

　今日わが国における流通・サービス産業は、金融保険部門を除いてもGDPの7割近くを占め（平成22暦年のデータで第三次産業の比率73.6％、うち金融・保険業4.9％）、国民経済上圧倒的な重要性が認められる。それゆえ流通・サービス産業の実態に関する知識を身につけることは、将来こうした産業において働く可能性が高い文科系の学生（とくに経済学部生ならびに法学部生）のみならず、理科系の学生や社会人にとっても、さまざまな意味で意義が認められるものと思われる。

　これら産業に関する最近の動向と将来の方向に関しては、すでにジャーナリスティックなものからアカデミックなものまで様々な関連書籍が数多く書店の店頭に並んでいる。これらにも多くを負いながら、本書はわが国における当該産業の歴史を振り返ることにより、現状の理解と将来への展望を、より確実かつ深められたものにすることを目的とするものである。

　本書の特徴をより具体的にいえば、まず、交通、とりわけ鉄道と自動車を中心とする陸上交通の発達が、流通・サービス産業の発展に与えた影響を考えていることである。阪急電鉄をはじめとする民鉄各社の事業多角化戦略は、ターミナル・デパートの出現を通じて戦前期の百貨店業界に大きな影響を及ぼし、また戦後には西武セゾングループがパルコ、無印良品、ロフト、東急グループは東急ハンズや109といった流通産業の新たな流れを生み出した。エンターテイメントビジネスでも、箕面有馬電気軌道の集客策として誕生した宝塚歌劇団より演劇・映画の東宝が派生し、また戦後には東急が東映を設立して映画産業に参入するといった動きがみられた。宝塚歌劇は「マンガの神様」手塚治虫の代表作「リボンの騎士」や、日本のマンガ作品に特徴的な

大きな瞳の美少女などに影響をあたえ、東宝は「ゴジラ」に代表される怪獣映画という独自のジャンルを確立し、また東映は「仮面ライダー」や「戦隊シリーズ」などの特撮テレビ番組を継続的に供給するかたわら、傘下の東映動画を通じて劇場用ならびにテレビ向けのアニメ作品を量産、これらは「オタク・カルチャー」の形成にも多大な影響を及ぼしているのである。プロ野球の分野でも、わが国初のプロ球団とされる日本運動協会の経営を阪急が継承、宝塚協会として運営し、また東京讀賣巨人軍を中心に今日のプロ野球が発足してのちも、戦後の二リーグ制発足直前の時点までに阪神・阪急・南海・東急がリーグに参加し、二リーグ制発足時にはセ・リーグに国鉄、パ・リーグに近鉄と西鉄が加わるなど、民鉄企業がわが国プロ野球の発展に果たした役割は極めて大きかった。

　一方戦後の高度成長期以降、道路網の整備とともにわが国でもモータリゼーションが進展し、これが流通・サービス産業に大きな影響を及ぼした。その代表例として、戦後米国より新たに導入された小売業態であるスーパーの場合、モータリゼーションの本格化以前は公共交通機関によるアクセスを重視して駅前や中心商店街に立地する店舗が多かったが、モータリゼーションが進展してのちは、自家用車による来店の容易な郊外へと立地をシフトさせ、また専門店街やレジャー施設と組み合わせたショッピング・センターの開設が盛んに行なわれるようになった。

　本書の第二の特徴は、大阪を中心として流通・サービス産業の発達を考察することにある。近世以降わが国における政治と文化の中心となった江戸・東京に対し、大阪は、近世（江戸期）において全国的商品流通の中心として達成した繁栄を基礎に「天下の台所」と称され、また明治維新以降は紡績業を中心とする工業都市として再生し、「煙の都」「東洋のマンチェスター」と称されるわが国産業経済の一大拠点として、工業生産額では昭和初年まで常に東京を上回っていた。また1925年に東成・西成両郡を合併して「大大阪」となった大阪市は、人口で東京市を凌駕し、1931年まで日本最大の都市であった。

　こうした大阪では、明治〜昭和戦前期に新たな流通・サービス産業が相次

はじめに

いで生まれ、全国に広まっていった。例を挙げれば1905年開業の阪神電気鉄道を嚆矢とする都市間高速電気鉄道、1918年4月開設の公設小売市場を先駆けとする公私設小売市場、1929年開業の阪急百貨店を先駆けとするターミナル・デパート、阪急資本による日比谷興行街の開発（東京宝塚劇場など）、吉本興業による演芸場の全国主要都市におけるチェーン展開、朝日と毎日を代表とする新聞企業などがそれである。このような「関西発ビジネス」の全国展開は、大阪を中心とする関西地域の「地盤沈下」が進んだとされる第2次世界大戦後にも、相当の長期間にわたって続いた。

戦後は東京を中心とする首都圏に人口の集中がいちじるしく、そのため消費市場の急激な拡大が生じた。これに対応してターミナルデパートの設立が相次ぎ、またスーパーやコンビニエンス・ストア、専門店チェーンといった新たな業態の発達がみられたが、そこにおいて関西資本の大丸・そごう・阪急・高島屋といった百貨店やダイエーに代表される関西系スーパーの果たした役割を見逃すことはできない。

このように流通・サービス産業において幾多の革新を生み出した大阪の歴史を振り返ることは、当該産業の将来を展望する上で重要なことはもちろん、地方分権や日本経済の再生といった昨今国民の注目を集める課題を解決していく上でも、有益な示唆をもたらすものと思われる。

（なお本書中で紹介した人物については、敬称をすべて省略した。）

目　次

はじめに ──本書のねらい── ……………………………………………… i

第一章　民営鉄道(1)　戦前における成立と発展 ……………… 1
　(1)　明治期─全国鉄道網整備の進展　1
　(2)　電車運転の始まり　4
　(3)　1920〜30年における民鉄の発展　8
　(4)　地下鉄道の普及　16
　(5)　京阪神地域における省線の電化と複線化　17
　(6)　民鉄の戦時統合と国鉄への買収　17

第二章　民営鉄道(2)　戦後における展開 ……………………… 19
　(1)　大私鉄の分割と日本国有鉄道の発足　19
　(2)　首都圏における民鉄経営の展開　19
　(3)　関西圏における民鉄経営の展開　24
　(4)　相互直通運転の進展　27
　(5)　急電から新快速へ　30
　(6)　国鉄の経営破綻と分割民営化　31

第三章　百貨店(1)　百貨店の誕生─三越と日比翁助 ………… 33
　(1)　近世〜明治初年の三井呉服店　33
　(2)　日比翁助と三井呉服店の経営近代化　34
　(3)　広告宣伝活動─「今日は帝劇、明日は三越」　35
　(4)　ハロッズとの出会いから三越開業へ　36

第四章　百貨店(2)　百貨店の大衆化とターミナルデパートの出現 ……… 38
　(1)　百貨店の大衆化　38
　(2)　ターミナルデパートの台頭　39
　(3)　反百貨店運動の展開─「大型店問題」の源流　49

第五章　百貨店(3)　第二次世界大戦後の首都圏地域における百貨店 ………… 56
　　（1）　概観　56
　　（2）　関西呉服店系百貨店の東京進出　61
　　（3）　東横（東急）百貨店　63
　　（4）　西武百貨店　65
　　（5）　東武百貨店　71
　　（6）　横浜駅前地区の再開発による発展　74
　　（7）　1970年代の銀座と日本マクドナルド　77

第六章　百貨店(4)
　　　　　戦後の関西における百貨店とターミナルショッピングセンター …… 80
　　（1）　阪神百貨店　80
　　（2）　阪急電鉄と阪急三番街　81
　　（3）　南海電鉄となんばCITY　82
　　（4）　京阪電鉄の流通事業　84
　　（5）　そごうの躍進　86

第七章　スーパーマーケット(1)
　　　　　わが国におけるスーパーマーケットの生成 ………………………… 88
　　（1）　初期のスーパーマーケット　88
　　（2）　電鉄系百貨店のスーパー進出　89
　　（3）　総合スーパーの台頭　93

第八章　スーパーマーケット(2)
　　　　　ナショナルチェーン化と総合生活産業化 …………………………… 113
　　（1）　流通規制　113
　　（2）　流通業から総合生活産業への転換　116
　　（3）　スーパー経営の国際的展開　118
　　（4）　メガリテイラーの経営破綻　122
　　（5）　総合型巨大流通外資の進出　123

第九章　コンビニエンス・ストア　流通産業新時代の象徴 ·················· 124
　（1）　わが国におけるコンビニエンス・ストアの登場と急成長　124
　（2）　新たなる競争段階への突入　126
　（3）　経営戦略の転換―量的拡大から質的充実へ　127
　（4）　セブン-イレブン・ジャパンにおける運営方式の特徴　129

第十章　自動車販売　製品企画と販売店ネットワーク・1 ·················· 134
　（1）　戦前のトヨタにおける販売組織の構築　134
　（2）　トヨタ自動車販売の発足と複数販売店制への移行　136
　（3）　モータリゼーションの本格化とカローラの誕生　142
　（4）　巧みな製品戦略　152
　（5）　石油危機と排出ガス規制への対応　153
　（6）　5系列販売ネットワークで業界をリード　154
　（7）　企業イメージの刷新―「技術も販売もトヨタ」に　156
　（8）　高級車市場への参入　157

第十一章　家電流通　製品企画と販売店ネットワーク・2 ·················· 159
　（1）　戦前における家電製品の普及　159
　（2）　三種の神器　160
　（3）　3C（新三種の神器）　162
　（4）　1970年代　163
　（5）　1980年代　165
　（6）　1990年代　166
　（7）　2000年代　167
　（8）　家電メーカーの類型　168
　（9）　家電小売業　169
　（10）　家電量販店の類型　171
　（11）　家電量販店の販売手法　172

第十二章　プロ野球の経営史（1）　エンターテイメント産業・1 ·················· 174
　（1）　第二次大戦前―わが国におけるプロ野球の始まり　174
　（2）　日米野球とプロ球団の誕生　176

第十三章　プロ野球の経営史(2)　エンターテイメント産業・2 ……………… 180
　　(1)　2リーグ制の発足　180
　　(2)　パ・リーグの危機と日本ハムの球界参入　182
　　(3)　西武ライオンズの誕生　187
　　(4)　永田雅一とオリオンズ、東京球場　190
　　(5)　その後のプロ野球　197
　　(6)　球団オーナー企業の業種　200

第十四章　吉本興業の経営史　エンターテイメント産業・3 …………………… 207
　　(1)　吉本せいの生い立ち　207
　　(2)　吉本夫妻、演芸興業の世界へ　208
　　(3)　吉本興業の発足　210
　　(4)　花月チェーンの展開と金沢亭の買収　213
　　(5)　林正之助の入社と大阪寄席興業界の統一　214
　　(6)　漫才を売り出す　218
　　(7)　テレビと手を結び、「笑いの王国」復活　221
　　(8)　「ヤングおー！おー！」と万博ブーム　223
　　(9)　「マンザイ・ブーム」でナショナル・ブランド化　224

第十五章　アニメ産業史　エンターテイメント産業・4 ………………………… 225
　　(1)　世界を席捲する日本のアニメーション　225
　　(2)　手塚治虫とテレビアニメ　225
　　(3)　キャラクタービジネスの展開　226
　　(4)　アニメのカラー化　231
　　(5)　アニメ産業の爆発的成長と異業種の参入、海外製作、
　　　　デジタル技術導入、OVAの登場　231
　　(6)　日本製アニメの輸出　233
　　(7)　アニメ産業の今後　233

参考文献一覧 …………………………………………………………………………… 235

第一章

民営鉄道(1)
戦前における成立と発展

(1) 明治期—全国鉄道網整備の進展

　草創期におけるわが国の鉄道は、官設方針を決定した明治政府により建設が進められ、1872年新橋—横浜間でわが国初の鉄道が開業した。また関西地方では、まず1874年大阪—神戸間が開通し、ついで1880年には大阪—大津間が開通、京阪神が鉄道で結ばれることとなった。またこの年には北海道最初の鉄道として幌内鉄道が、アメリカ人技師の指導により手宮—札幌間に開通した。これら官設鉄道の軌間（ゲージ、鉄道の輸送力を決定付ける要素の一つ）は、国際標準軌（1435 mm）ではなくレールの中心間の距離を示す数値で、狭軌（1067 mm）が採用された。軌間が広いほど大型の車両を高速で走行させることができるが、その反面建設費がかさむこととなる。資金に乏しく、また山がちな地形を有する当時の日本では、標準軌間は贅沢に過ぎるものと判断されたのである（当時1067 mm軌間は英国の植民地であった南アフリカやニュージーランドで採用されていた）。

　しかし西南戦争の後、財政難により官設鉄道の新規建設は、1889年全通の東海道線など一部の例外を除きおおむね停止した。政府部内では、井上勝が政府による鉄道建設（官設）を主張したが、財政安定をはかる大蔵卿・松方正義の方針により、以降は民間企業（民鉄）を主体とし、これを国が援助する形で鉄道網の整備が進んだ。ただし各民鉄に対する援助の内容は建設する地域事情に応じて大きく異なっていた。幹線鉄道輸送を担った日本鉄道・山陽鉄道・九州鉄道・北海道炭礦鉄道・関西鉄道の「五大私鉄会社」のうち、

市場条件にめぐまれない東北を地盤とする日本鉄道には、建設資金の利子8％を国が負担し、加えて開業後における利益8％を国が保証したほか、官有地の無代払い下げや民有地の買い上げと払い下げ、用地の地租（土地の所有者に対し、その地価に応じて課される税金）免除など政府の手厚い援助が与えられたが、市場条件にめぐまれているとみられた山陽鉄道の場合、建設に際しての援助は日本鉄道に比べて少なく、建設費に対し1マイル（≒1.6 km）当たり2000円の補助金が交付されたのみであった。

1881年に発足した日本鉄道は、1883年上野―熊谷間を開通させた。1887年5月には、民鉄の保護・統制を目的とする私設鉄道条例が公布され、1888年には山陽鉄道が兵庫―明石間の営業を開始し、また関西鉄道が12月末に草津―三雲間を開通した。1889年には官設鉄道東海道本線の東京―神戸間が全通し、また甲武鉄道が、新宿―八王子間の営業を開始、さらに九州鉄道が博多―千歳川間を開通させ、一方経営難に陥っていた官設鉄道の手宮―幌内間が民営化され、北海道炭鉱鉄道となった。九州鉄道はその後、1890年赤間―遠賀川間と黒崎―遠賀川間、1892年門司―黒崎間、高瀬―熊本間、鳥栖―佐賀間をそれぞれ開通させた。このようにして日本鉄道の業績好調に刺激を受け、また私設鉄道条例の公布も影響して民間資本による鉄道建設が相次いだ結果、明治24年末における全国の民鉄総延長は1875 kmに達した。

その後明治期における民鉄の発展を見ると、山陽鉄道は1893年広島まで開通し、1901年には神戸―下関間を全通させた。同社はわが国で初めて、寝台車や食堂車を運行した鉄道であった。また1904年には甲武鉄道が東京の飯田町―中野間を電化し、電車の運転を開始している。

このようにして民間資本に依存する形で建設の進められてきたわが国の鉄道は、国家による幹線鉄道の統一的運用と、経営難に陥った民鉄の救済を目的として1906年3月鉄道国有法が公布されたことにより、再び官設鉄道を中心に運営されることとなった。同法にもとづき、1907年までに17私鉄、およそ4500 kmが4億8200万円で買収され、国有鉄道路線網の基礎が確立した。その後1909年には鹿児島本線の門司―鹿児島間が全通し、一日二往復の直通列車が運行されることとなった。また1911年には中央本線が全通し、飯

田町ー名古屋間に直通列車が運行された。1912年には全国的列車ダイヤ大改正が実施され、これにより最初の特急列車が新橋ー下関間で運行を開始した。所要時間は実に下り26時間8分、上り25時間15分であった。

　国有化はいわゆる幹線鉄道を中心としてすすめられた。そのため国有化以前より営業しながら局地的（ローカルな）輸送の担い手として国有化を免れ、その後大手民鉄へと発展したのが関西の南海鉄道（現・南海電鉄）と関東の東武鉄道である。

　南海鉄道は、日本鉄道ならびに東京馬車鉄道に次ぐ日本で3番目の民鉄・阪堺鉄道（はんかい）として設立された。1884年2月、関西経済界の重鎮藤田伝三郎・松本重太郎・田中市兵衛・外山脩造ほか18名が大阪ー堺間の鉄道敷設願書を提出し、6月に敷設の許可を得て、大阪堺間鉄道会社（のち阪堺鉄道株式会社と改称）を設立した。阪堺鉄道は1885年12月に難波ー大和川北岸間を開通し、1888年5月、大和川北岸ー堺・吾妻橋川間で営業を開始した。明治25年12月には難波ー住吉間を複線化し、さらに1896年3月3フィート6インチ（官設鉄道と同じ1067 mm）への改軌を決定した。1897年12月には住吉ー堺間も複線化された。

　一方1889年5月に堺ー紀ノ川間の鉄道敷設を出願した紀泉鉄道と1891年出願の紀阪鉄道は、1893年10月に合併、紀摂鉄道株式会社となり、1896年には南陽鉄道、そして南海鉄道へと改称していた。1896年3月設立免許を得た南海鉄道株式会社は、1897年10月堺ー佐野間、11月佐野ー尾崎間をそれぞれ開通させ、堺以南に路線を延伸していた。この南海が1898年10月、阪堺を吸収合併するとともに、尾崎ー和歌山北口間を開業し、かくして統合なった南海は1903年3月、難波ー和歌山市間を全通させ、また1906年4月には急行列車「浪速号」「和歌号」の運行を開始した。所要時間は1時間50分で、食堂を備えた車両も連結された豪華列車であった。このほかのちに南海の高野線となる高野登山鉄道が、1898年1月に堺東ー狭山間、3月に狭山ー長野間を開業している。

　東武鉄道は、1897年11月に創立され、1899年8月北千住ー久喜間、1902年4月北千住ー吾妻橋間、9月久喜ー加須間、1903年4月加須ー川俣間、1907

3

年8月川俣ー足利町間、1909年2月足利町ー太田間、1910年3月太田ー新伊勢崎間開業、7月新伊勢崎ー伊勢崎間と路線を延伸していった。また1912年2月の浅草ー鐘ヶ淵間、7月の北千住ー西新井間を皮切りに、大正期〜昭和初年は路線の複線化を逐次進めていった（1912年12月鐘ヶ淵ー北千住間、1920年3月西新井ー草加間、6月杉戸ー久喜間、1921年4月武里ー杉戸間、10月草加ー越谷間と武州大沢ー武里間、1922年5月越谷ー武州大沢間）。

(2) 電車運転の始まり

　明治期における鉄道輸送は、蒸気機関車が客貨車をけん引する形で行われていたが、都市内の輸送に関しては明治後期に電気を動力とする旅客車＝電車の運行が開始された。その先駆けは京都市で、1895年日本最初の電車路線となる京都電気鉄道が開業した。開業したのは市の南部に位置する伏見から市中心部まで6.6kmの区間で、琵琶湖疎水による水力発電を電源とした。この路線はのち1918年京都市に買収され、京都市電の一部となった。ちなみに電車が登場する以前においては、1882年開業の東京馬車鉄道をはじめとする馬車鉄道が一部の都市で交通機関として導入されていた。しかし糞尿や餌の問題があり、京都電気鉄道の開業後しばらくすると、これら馬車鉄道の多くは路面電車へ移行した。

　蒸気機関車（蒸機）により運転される列車は、多くの車両を連結できるため輸送力に富み、また高速度での運行が可能であった。しかし煙突より大量の煙や火の粉を発生するため、家屋の建て込んだ都市内への乗り入れは反対される場合が多かった。さらに折り返し駅で機関車を切り離し、列車の進行方向側先端に再度連結する必要があった。また蒸機の主流であるテンダー式機関車（機関車本体と、燃料および水を搭載した炭水車から成る）の場合は、転車台（ターンテーブル）により方向を転換する必要もあった。加えて蒸機は比較的頻繁に水と石炭を補給する必要もあり、運転間隔を短縮するには制約が大きかった。その点電車は速度や輸送力では列車に及ばなかったものの、煙や火の粉が周囲に迷惑を及ぼすことも無く、また方向転換が容易であった

ため、市街地におけるフリークェントサービス（多頻度運行：一定時間内に多くの列車を走らせること）に適していた。そのため路面電車は都市内の交通機関として発達し、名古屋（1898年）、東京（1903年）、大阪（1903年）等の大都市はもとより、北は旭川から南は那覇までの地方中核都市にも路面電車が開業した。

1905年には、日本初の都市間高速電気鉄道（インターアーバン）が東西で開通した（ここで言う「高速」とは、「路面電車を大幅に上回る速度で運行する」あるいは「列車なみの速度で運行する」の意味である）。関東では、1898年2月川崎大師への参拝者輸送を目的に創立された大師電気鉄道が、1899年1月に六郷橋―川崎大師間を開業した。4月、大師電気鉄道は京浜電気鉄道と改称し、以後1901年2月六郷橋―大森間、1902年6月蒲田―稲荷橋間、9月六郷橋―川崎間、1904年5月品川―大森海岸間と路線の延伸を重ね、1905年12月の川崎―神奈川間開業によって京浜間を全通させた。この間1904年9月には日本初のボギー式電車を登場させている。

それまでの電車は一両に2軸の車輪を備えた「単車」で、車体を大型化すると曲線の通過に支障をきたすおそれがあった。これに対しボギー式の車両は、2軸一組の「台車」を一両に2組備えることで、大型車体でも急曲線の通過が可能であった。「列車」に匹敵する輸送力を確保するためには車体の大型化が不可欠であり、車体の大型化にはボギー式の採用が必要だったのである。

一方関西でも1905年、阪神電気鉄道が梅田―三宮間を開業し、大阪と神戸の両都市間を電車で結んだ。阪神は開業時からボギー式の大型車両を導入、これを高速・多頻度で運行し、「待たずに乗れる阪神電車」のキャッチフレーズで官設東海道線から多くの客を奪った。こうして阪神は、都市間高速電気鉄道のビジネスモデルを確立したのである。これは当時技師長であった三崎省三の米国視察における知見をいかしたものであった。阪神間にはすでに官設鉄道東海道線が営業していたため、鉄道の監督官庁である逓信省は並行路線の建設を認めなかった。しかし道路上に敷設したレールを用いて運行する「軌道」については内務省の管轄下にあったため、これならば認められる可能

性が高いとみて、軌道として阪神間の営業を申請したのである。しかし全線道路上を走行するのでは、速度の点で鉄道に太刀打ちできない。そこでターミナルの直近のみ道路上の併用軌道を走行し、残る大部分は専用の線路上を走行して速達性を確保する、という方法をとったのである。蒸気機関車けん引の客車列車を運行する官鉄は、速度と一列車あたりの輸送力では阪神電鉄に勝っていたが、運転頻度と利用可能な駅の数では劣っていたため、阪神間のごとき近距離の移動では、実質的所要時間で阪神は官鉄に対し優位に立った。

その後関西では、阪神の成功に刺激され、1910年に2社が電車運転を開始した。その一つは京阪電気鉄道で、大阪市内の天満橋と京都市内の三条を結び開通した。京阪間では、淀川右岸を運行する東海道線の運賃が27銭と高く、そのため運賃が上り12銭・下り10銭であった淀川の蒸気船が貨客輸送の主力であった。そこで東京の渋沢栄一や岡崎邦輔などの実業家グループによる京阪鉄道と、村野山人や松本重太郎など京阪神地区の財界人らによる畿内電気鉄道という、淀川左岸の京街道沿いに大阪と京都を結ぶ電気鉄道を建設しようとする二つの計画が同時期に立てられたが、両派は話し合いの末に一本化し、1906年京阪電気鉄道を設立したのである。1914年同社は都市間高速電気鉄道としては初めて急行列車を運転した。

いま一つは箕面有馬電気鉄道（現在の阪急電鉄宝塚線・箕面線）で、梅田―宝塚・箕面間で開業した。当初計画では関西有数の温泉地である有馬温泉と大阪を直結することとなっていたが、資金不足から終点を当時はひなびた温泉地に過ぎなかった宝塚とした。そのため満足な乗客数が見込まれず、「ミミズ電車」と揶揄された。そこで創業者の小林一三はさまざまな乗客誘致策を展開し、民鉄経営のビジネスモデルを開拓したのである。1910年沿線の池田市室町で住宅地の分譲を開始したが、これは本邦初の月賦による住宅販売であった。また同年には電灯電力供給事業も開始しており、さらに箕面では動物園を開園している（ただし不動産の賃貸事業や電灯電力供給事業は、阪神をはじめ先行開業した民鉄において、すでに行われていた）。1911年には宝塚新温泉の営業を開始した。当時の温泉場は男性向けの遊興地か、あるい

は病気や怪我の療養を目的とする湯治場のいずれかであったが、この宝塚新温泉は家族揃って楽しめる新しいタイプの温泉場として好評を博した。

　このような成功の余勢をかって1912年、宝塚新温泉内に温水プール・パラダイスが新設されたが、こちらは時代を先取りしすぎた余り失敗に終わった。そこで1913年、パラダイスの活用策として宝塚唱歌隊を組織、1914年宝塚新温泉余興場（パラダイスの建物を劇場に改造）において歌劇の上演を開始、成功を収めた。これが今日の宝塚歌劇団である。

　1914年には大阪電気軌道が上本町ー奈良間を開通した（後の近畿日本鉄道奈良線）。生駒山をトンネルで貫通することで大阪ー奈良間の所要時間を55分と関西本線（旧関西鉄道）に比べ15分も短縮し、乗客を奪った。しかしトンネル工事による多額の出費が原因で、一時は沿線の生駒聖天から賽銭を借りるほどの経営難に陥ったこともあった。

　開業以来蒸機列車（蒸気機関車、SL）で運行してきた南海電鉄も、1906年2月、電化を内務大臣に出願し、1907年8月にまず難波ー浜寺公園前間の電化を完成させ、1911年11月、難波ー和歌山市間の全線電化を完成させた。また1912年10月には、のち南海に合併される高野登山鉄道（1907年9月に創立され、同年11月に高野鉄道を吸収合併）が、電車併用運転を開始した（その後同社は、1914年10月長野ー三日市町間、1915年3月三日市町ー橋本間と延伸を重ね、同年4月大阪高野鉄道と改称したのち、9月には橋本ー紀ノ川口間を開業している）。

　このように20世紀初頭の関西では、阪神の成功を先駆けとして都市間高速電気鉄道の開業が相次いだが、それらに共通する特徴（箕面有馬電気軌道を除く）は、人口密度の高い既成市街地を結んで建設されたことである。そのため開業時から経営は安定していたが、一方で急曲線が多くなり、また駅数も多かったため、1920年代以降並行して新たな路線が開業すると、速度の点で劣位に立つこととなった。

　なお関東地方では、1911年に京成電気軌道（後の京成電鉄）が押上ー市川間を開業し、のち1926年には社名の由来となった最終目的地の成田まで延伸した。また1913年には京王電気軌道（後の京王帝都電鉄）が笹塚ー調布間で

営業を開始した。

(3) 1920〜30年における民鉄の発展

　1920〜30年代にかけ、現在大手民鉄と呼ばれる鉄道会社の主要路線が相次ぎ開通した。東武鉄道の根津嘉一郎、西武鉄道の堤康次郎、東京急行電鉄の五島慶太、阪急電鉄の小林一三など個性的な経営者が輩出し、鎬を削った。その強引な経営手法から堤は「ピストル」、五島は「強盗」といった物騒な通称で呼ばれた。
　1920〜30年代に関西で開業した民鉄路線に共通して見られた特徴は、人口密度の低い地域へ極力直線的に線路を敷設し、都市間の「超」高速度輸送を省線や在京民鉄に先駆けて実現したことであるが、その半面利用者が少なく、経営難に悩まされることが多かった。

阪神急行電鉄
　阪神急行電鉄（阪急）は、1918年神戸進出を期して箕面有馬電気軌道が改称したもので、神戸線（十三－神戸［後の上筒井］）を1920年に開通させた。既存の阪神電鉄や東海道本線よりも北側の山手地域を直線的に少ない駅数で結び、開業時で梅田－神戸間の所要時間は50分と、ライバル阪神より12分速達する文字通りの「急行」電鉄であった。小林一三は開業時の神戸線を「奇麗で早うて、ガラアキ、眺めの素敵によい涼しい電車」と新聞広告でアピールしたが、彼自身が「ガラアキ」と認めたように沿線人口が少なかった上に、既存の2路線と競合する神戸線の乗客数は昭和10年代まで低迷した。1922年には集電装置をそれまでのポールからパンタグラフに交換し、阪神間の所要時間を40分へ短縮した。また1926年には日本初の全鋼製車両600形を導入し、さらに1936年には神戸市中心部の三宮へ、高架線で乗り入れを果たした。

第 1 章　民営鉄道(1)

南海鉄道

　南海鉄道は 1922 年 9 月大阪高野鉄道・高野大師鉄道と合併し、12 月難波－和歌山間を複線化、所要時間 1 時間 35 分の急行列車を運行開始した。1923 年 6 月には集電装置をトロリーポールからパンタグラフへ交換することにつき当局の認可を受け、高速運転への対応をはかった。1924 年 7 月には「電 7」型電車 40 両（電動客車と制御客車で各 20 両）を新造、うち 6 編成 24 両を以て難波－和歌山市間所要時間は 1 時間 30 分の急行を 4 両編成にて運行開始した。いずれの車両にも貫通扉が備えられて客車間を自由に行き来することができ、また特等室・喫茶室・洗面所等を備えた豪華車両が連結され、各編成にそれぞれ浪速号・和歌号・住吉号・浜寺号・大浜号・淡輪号の名が与えられた「ネームドトレイン」であった（なお同じ 1923 年、高野線では 11 月妻信号所－学文路間、12 月学文路－九度山間を開通させ、また 1925 年 7 月高野山電気鉄道〈同年 3 月創立〉が九度山－高野下間を開通させている）。

　1926 年 12 月には天下茶屋－粉浜間の複々線化が完成し、難波－和歌山市間で特急の運行を開始した（所要時間は 1 時間 15 分）。また 1929 年から 30 年にかけ、阪和電気鉄道（後述）の開業に備え狭軌の 600V 区間用としては最大の 150kw モーターを装備した車体長 20m の大型鋼製車電 9 系（のち 300 系を経て 2000 系）が一挙に 30 両製造された。阪和が天王寺－和歌山間を全通させた 1930 年 6 月より南海は、対抗策として難波－和歌山市間所要時間 1 時間の特急を 1 日 15 往復運行開始した。1931 年 12 月には粉浜－住吉公園間が複々線化され、また 1932 年には高野線と高野山電鉄（1930 年 6 月高野下－高野山間を全通）が直通運転を開始した。

　省線紀勢本線は 1933 年 12 月 20 日に線路が白浜口（現白浜）の次駅紀伊富田まで達し、大阪市内の天王寺・難波と白浜口の間が線路で結ばれた。そこで 1934 年 11 月 17 日より南海は南紀直通「黒潮列車」の運行を開始した。難波－和歌山市間はモハ 2000 形 2 両が直通用の国鉄客車 3 両を牽引し、同区間をノンストップ運転の 58 分で走破した。創業以来、いかなる優等列車にも途中停車駅を設け、沿線旅客の便宜を図ってきた南海としては初のノンストップ運転であった。同様の南紀直通列車を運行していた阪和電鉄に対し、距離

や線路条件、それに和歌山市内でのスイッチバック(一旦停車し、進行方向を反転すること)といったハンディを抱えた南海としては、白浜口への到達時分を少しでも短縮するため、「黒潮号」を南海本線内ノンストップとするほか方法はなかったのである。「黒潮号」は1935年3月ダイヤ改正で、難波―和歌山市間が55分とさらにスピードアップされたが、これは戦前の同区間における最高記録であった。

1930年の阪和電鉄全通以来、南海と阪和は大阪―和歌山間で旅客の争奪戦を展開していたが、1933年12月より阪和が「超特急」の天王寺―和歌山間45分運転を開始すると、南海から阪和へと阪和間直通旅客の移行が見られるようになった。速度では対抗が困難とみた南海は、サービス面で阪和に対抗することとし、1936年の夏、2000系2両編成の付随車(モーターを装備していない車両)に冷房装置を取付け、特急の一部で列車冷房を実施した。1937年夏には冷房編成を4本へと増やし、特急の全列車で冷房を行って好評を博したが、日中戦争の影響もあり、せっかくのサービスも同年限りで打ち切られることとなった。なお1938年2月には高野線の汐見橋―長野間が複線化され、また9月には難波―天下茶屋間の複々線化が完成した。

京阪電鉄・新京阪鉄道・阪和電鉄

京阪電鉄では1933年、本線蒲生(がもう)信号所―守口(現在の守口市)間を複々線化し、また1934年には京阪本線の天満橋から三条を経て琵琶湖畔の京津線(けいしん)浜大津に達する直通特急・びわこ号の営業運転を開始した。一部に路面軌道を有しまた急曲線の連続する京津線へ乗り入れ運転を行うため、連接式構造の60系電車を新造してこれにあてた。ちなみに連接式とは、隣り合う車輌の連結部に台車を配するもので、これにより、通常の鉄道車両よりも急曲線をスムースに通過させることができる。また阪神間などの動きを見て淀川の右岸に競合線が開業することを恐れた京阪は、1922年に系列会社として新京阪鉄道を創立、自ら淀川右岸への新路線建設に着手した。同社は結局1930年京阪に合併され同社の新京阪線となった後、1931年天神橋―京阪京都(大宮)間を全通させた。京阪間を高速度で直結する新京阪線には1927年12月より100

系が投入された。およそ2カ年で73両が製造された100系は、社内ではP-6（Passenger carの6番目の形式）と呼ばれ、わが国における長距離高速電車の草分けとなった。二重窓や自動ドア、150kWの主電動機を備えた全鋼製車両の100系は、東海道本線との併走区間で特急「つばめ」を追い抜き、東洋一の電車と呼ばれた。なお同線は名古屋への延長も計画されていたが、昭和恐慌により資金調達が困難となったため中止を余儀なくされた。

　また1930年、阪和電鉄が阪和天王寺－阪和東和歌山（現JR和歌山）間を全線開業した。これは和歌山方面にも電力関係で利権を有していた京阪電鉄の出資と技術支援を得たもので、同社の「超特急」は阪和間を45分で結び、当時狭軌鉄道における世界最速の列車となった。しかしこの阪和電鉄は、沿線人口の希薄な阪和間の山手地域を直線的に結んだため経営不振に陥り、1940年にはライバル・南海鉄道に統合され、同社の山手線となった。

　1934年吹田から須磨、さらに明石へと電車の運転を開始した省線は、引き続き京都－吹田間の電化を進め、1937年10月10日運転を開始、普通電車のほか、京都－神戸間に流線型モハ52系3編成を含む急行電車の運転を開始した。これに対し京阪では、列車の増発や運賃の値下げ等で集客に努力し、さらに本線急行用として2両編成の流線型電車で転換クロスシートを備えた1000形と、ロングシート装備の1100形を投入した。1000・1100形が登場した当時、流線型の鉄道車両は世界的に流行しており、国内でも省線が蒸気機関車C55、電気機関車EF55、モハ52系電車等の流線型車両を新製していた。民鉄でも各社で流線型車両の投入がみられたが、それらが両数も少なく珍しい存在であったのに対し、京阪の場合は1000形10両、1100形8両と大量の増備であった。なお戦後の1949年、京阪の再発足に際し京阪間で特急運転が1950年から開始され、1000、1100形も整備された上で運用に供された。

参宮急行電鉄

　1932年には参宮急行電鉄（参急）が桜井－宇治山田を開通させ、大阪電気軌道との直通運転で上本町－宇治山田間に所要時間およそ2時間の特急電車を運転開始した。これにより大阪からの日帰り伊勢参詣が可能となり、また

同区間で3～5時間を要する省線を圧倒した。同社が開業時に用意した2200系電車は、車体長が当時日本最大級の21mで、平坦地での最高速度は110km/hを越え、山岳区間の急勾配（青山峠ー長谷寺付近33‰（パー・ミル。〈パー・ミル：千分率〉は、鉄道の勾配を示す際に用いられる単位））でも65km/hで登坂・降坂が可能、と傑出した高性能車両であった。また省線の客車よりも格段に広い座席を備え、洗面所や特別個室を設け、電気暖房を採用するなど設備の面でも充実していた。1938年、大軌・参急系の関西急行電鉄（関急）は、省線名古屋駅の地下に新設された関急名古屋駅（現・近鉄名古屋駅）に乗り入れ、桑名ー名古屋間を全通させた。これにより大軌・参急・関急の3社接続による名阪間連絡運転が実現した（上本町ー名古屋間189.5km）。ただし大阪と伊勢方面を結ぶ大軌・参急が軌間1435mmの標軌を採用していたのに対し、名古屋と伊勢方面を結ぶ関急は1067mmの狭軌であったため、乗客は中川駅での乗換を余儀なくされた。大阪ー名古屋間の直通運転が実現するのは、戦後の1959年9月、伊勢湾台風からの復旧時に名古屋線（旧関急）の軌間を大阪線（旧大軌・参急）と同じ1435mmに拡幅して後のことである。

東京急行電鉄
　一方この時期における関東方面の動きとしてまず、のちの東京急行電鉄各線をなす企業と路線の成立についてみれば以下の通りとなる。1910年10月武蔵電気鉄道（のちの東京横浜電鉄）、1917年6月池上電気鉄道、1918年9月田園都市会社、1923年2月目黒蒲田電鉄がそれぞれ設立された。これらのうちまず池上電気鉄道は1922年10月池上ー蒲田間で開業し、その後1923年には雪ヶ谷ー池上間を開業した。次いで目黒蒲田電鉄が1923年3月目黒ー丸子間を開業し、以後11月丸子ー蒲田、1927年8月桐ケ谷ー雪ヶ谷間、10月大崎広小路ー桐ケ谷間、1928年6月五反田ー大崎広小路間と路線を延伸した。最後に東京横浜電鉄が1926年2月多摩川園ー神奈川間を開業し、以後1927年7月大井町ー大岡山間、8月渋谷ー多摩川園間、1928年神奈川ー高島町間、1929年11月自由ヶ丘ー二子多摩川園間、12月大岡山ー自由ヶ丘間、1932年

3月高島町ー桜木町と路線を延伸した（のち1943年、東京急行電鉄が二子多摩川園ー溝ノ口間を開業）。

　これら企業のうち目黒蒲田電鉄と田園都市会社は1928年5月に合併した。さらに1934年10月、目黒蒲田電鉄が池上電気鉄道を合併し、また1938年4月には東京横浜電鉄が玉川電気軌道を合併した。1939年10月、目黒蒲田電鉄は東京横浜電鉄を合併したのち、東京横浜電鉄と改称した。そして1942年5月、東京横浜電鉄と京浜電気鉄道、小田急電鉄が合併して東京急行電鉄（大東急）が発足、さらに1944年5月には京王電気軌道も合併してその勢力は一段と拡大した。このようにして戦前の東急は、五島慶太の経営する目黒蒲田・東京横浜両電鉄を核に、相次ぐ企業統合によって東京圏の西部をすべて勢力圏とする巨大な交通集団へと発展していったのである。

小田急電鉄
　関東の大手民鉄としては最後発のグループに属する小田急は、1923年5月、小田原急行鉄道株式会社として創立された。資本金は1350万円で、取締役社長には利光鶴松が就任した。同社は1927年4月、小田原線新宿ー小田原間を一挙に開通させ、世間の注目を集めた。その名が流行歌「東京行進曲」の歌詞にも登場するほどであった（4月は一部単線での開業。10月に全線複線で開通）。これにより東京と箱根・伊豆方面が短絡されるとともに、神奈川県内陸部の発展に貢献した。その後1929年8月、小田急は利光が取締役社長を兼ねる東京山手急行（1928年創立、資本金3400万円）の株式を取得して関係を深めた。東京山手急行は1930年11月に東京郊外電気鉄道株式会社と改称したのち、1931年2月に渋谷急行鉄道株式会社と合併した。この渋谷急行鉄道は1933年1月帝都電鉄株式会社と改称したのち、8月に渋谷ー井之頭間を開通させ、1934年には井之頭ー吉祥寺間の開通により全線を開通している。一方小田原急行鉄道は、1934年4月、大野信号所ー片瀬江の島間を全線複線開通した。1941年3月、鬼怒川水力電気株式会社（明治43年創立、資本金1350万円、取締役社長利光鶴松）が小田原急行鉄道会社を合併の上で、小田急電鉄株式会社に改称した。翌1942年5月には、東京横浜電鉄・京浜電気鉄

道・小田急電鉄の三社が合併し、東京急行電鉄となった。

京浜電鉄

わが国都市間高速電気鉄道の先駆けとなった京浜電鉄は、昭和期に入ると1928年6月に2両連結運転を開始した。1929年6月神奈川ー月見橋間、1930年2月横浜ー月見橋間と路線を延伸して東海道本線横浜駅に乗り入れた。またこの年4月、系列会社である湘南電鉄が、黄金町ー浦賀間と金沢八景ー湘南逗子間を開業している。1931年12月、湘南電鉄との連絡運輸を目的として横浜ー黄金町間を延伸開業し、横浜市の中心部に到達した。1933年には湘南電鉄との相互乗り入れによる品川ー浦賀間の直通運転を開始した。このようにして一体化の進んだ湘南電鉄を京浜は1941年11月に合併した。しかしその京浜も、1942年5月には、東京急行電鉄に合併された。

東武鉄道

蒸機（蒸気機関車）運転による鉄道として発足した東武では、大正末～昭和初年にかけて伊勢崎線系統の既開業区間において電化を進め、電気鉄道への脱皮を図った。1924年10月浅草ー西新井間、1925年10月西新井ー越谷間、1926年10月越谷ー粕壁間ならびに粕壁ー久喜間、1927年4月久喜ー館林間、10月館林ー伊勢崎間、1928年3月太田ー相老間と電化区間は拡大した。またこの間、1926年6月の川俣ー館林間、1927年4月久喜ー羽生間、1928年4月曳舟ー亀戸間（電化と同時に）と複線化も並行して進められた。

一方1929年以降は、当初よりの複線電化区間として新規路線の開業が相次いだ。1929年4月杉戸ー新鹿沼間、7月新鹿沼ー下今市間と日光線の延伸がすすみ、10月には下今市ー東武日光間の開業により日光線が全線開通し、日光への特急電車運転が開始された。また1931年5月には浅草雷門ー業平橋が複線電化で開業し、待望の浅草乗り入れが実現した。この際東武ビルと浅草雷門駅が完成し、ターミナルデパートとして松屋が営業を開始している。また同年8月には、新栃木ー東武宇都宮も電化開業している。

一方池袋をターミナルとする東上線関係では、1920年6月、東上鉄道を合

併し、1923年10月坂戸町－武州松山間、11月武州松山－小川町間と路線を延伸、大正14年7月の小川町－寄居間開業により、東上線は全通に至った。なお東上線の場合、電化が複線化に先行してすすめられ、1929年10月池袋－川越市間、12月川越市－寄居間が電化された。その後1935年12月の上板橋－成増間、1937年5月の成増－志木間と、遅れて複線化も進められた。

西武鉄道

　現在西武の主要路線である池袋線の前身にあたる武蔵野鉄道の歴史は、1911年10月に免許を取得したことに始まる。1912年3月に会社が設立され、1915年4月、池袋－飯能間で運行を開始した。開業以来蒸機列車を運行していた同社が、郊外化の進展に対応して池袋－所沢間で電車運転を開始したのは1922年11月のことであり、1925年12月には全線（池袋－飯能）の電化が完成した。また1928年8月池袋－練馬間、そして1929年3月練馬－保谷間と複線運転区間を拡大している。

　一方現在の新宿線の前身である武蔵鉄道は、1921年10月、武蔵水力電気より鉄道事業の譲渡を受けたのがそのはじまりである。武蔵水力電気はもともと川越電気鉄道を経営していたが、これが川越鉄道を合併し、それがさらに武蔵鉄道へ譲渡されたわけである（川越鉄道は1892年に免許を取得、会社を設立し、1894年国分寺－東村山間で営業を開始、さらに1895年3月には川越までの全線で営業を開始していた）。この武蔵鉄道はその後西武鉄道と改称し（旧西武）、1927年4月には東村山－高田馬場間を複線で開業、さらに1928年4月には山手線高田馬場駅に乗り入れた。

　また西武の前身企業の一つである多摩湖鉄道は、1928年4月に国分寺－萩山間を開業したのち、11月萩山－本小平間、1930年1月萩山－武蔵大和付近（仮駅）と延伸を続け、1936年12月武蔵大和付近（仮駅）－村山貯水池間の開業によって全線開業に至ったものである。

　さてこれら企業のうち、統合に向け主導権を握ったのは堤康次郎率いる武蔵野鉄道で、同社は1940年3月に多摩湖鉄道を合併、また1945年9月には旧西武鉄道を合併し、西武農業鉄道と社名を改めている。

京成電鉄

　京成電鉄は1909年京成電気軌道株式会社として創立され、1912年11月3日、押上ー江戸川間および高砂ー柴又間が開通した。以後路線は1913年の柴又ー金町間から1916年には船橋まで延伸され、これにより旅客・収入とも大幅な増加をみた。そのため1918年12月には2両編成での運転が開始された。1921年には船橋ー千葉間が開通した。総武線の蒸気列車が一時間に一本程度運行されるのみであった東京ー千葉間で、電車運転による利便性向上を望む住民の要請にこたえ、千葉方面への開業を先行させたものであった。また千葉までの沿線は海岸線に沿っていたため、これは海水浴客の輸送にも貢献するものであった。1926年12月津田沼ー酒々井間が開通し、続いて同月24日には酒々井ー成田花咲町間も開通して、設立当初の目的であった成田までの全通を果たした。これは1927年の成田山初詣客に好評を博した。1927年4月には成田延長線が開通し、花咲町の仮駅を廃止して、成田駅が営業を開始した。1931年12月、青砥ー日暮里が開通した。これにより京成は山手線の日暮里駅に接続することとなり、乗客の利便性は大幅に向上した。1933年12月には、地下駅として新たに設けた京成上野駅への乗り入れを開始した。1936年7月からは3両編成の列車による運転を開始した。

(4) 地下鉄道の普及

　1920年代後半から30年代の初めにかけてわが国では、大都市の高速輸送機関として地下鉄の建設が進んだ。東京では1927年東京地下鉄道が上野ー浅草間を開業し、1935年これを新橋まで延長した。一方東京高速鉄道 は1938年 青山六丁目（表参道）ー虎ノ門間を開業し、以後渋谷ー青山六丁目（表参道）間、虎ノ門ー新橋間と延長を重ね、1939年には東京地下鉄道と直通運転を開始、浅草と渋谷が地下鉄で結ばれた（現在の東京メトロ銀座線）。

　一方大阪では、市営高速鉄道（市営地下鉄）が1933年梅田ー心斎橋間で開業した（後の御堂筋線）。これは1935年難波まで、さらに1938年には天王寺まで延伸された。なお一般民鉄の地下線による都心乗り入れは1925年開業の

宮城電気鉄道（現・JR 東日本仙石線）による仙台駅へのそれが全国初であったが、関西圏ではまず新京阪鉄道が 1931 年に西院－京阪京都（大宮）を地下線で開業させた。一方阪神は、1933 年に神戸三宮（1936 年元町まで延長）、1939 年には大阪梅田でそれぞれ地下駅を開業している。関東では先述の京成上野駅（1933 年）があり、また中京地区では先述の関急（1938 年）に続き、名古屋鉄道（1935 年名岐鉄道と愛知電気鉄道が合併して発足）が、1941 年新たなターミナルとして地下駅である新名古屋駅を開業した。

(5) 京阪神地域における省線の電化と複線化

「私鉄王国」といわれた関西でも、昭和期に入ると省線が電車運転を開始し、また複々線化を推進して巻き返しを図った。電化はまず 1934 年に吹田－神戸間、1937 年京都－吹田間で実施され、一方複々線化は 1925 年吹田－上淀川仮信号場間から始まり、1926 年歌島信号場－東灘間、1929 年茨木－吹田間、1930 年梅小路－向日町間ならびに高槻－茨木間、1933 年向日町－高槻間、1937 年東灘－神戸間ならびに大阪－塚本間、1938 年京都－梅小路間と逐次進み、完成した区間では電車と列車（機関車が客貨車を牽引するもの）を別の線路で運行することが可能となった。1934 年、大阪－神戸間に三ノ宮駅のみ停車 28 分運転（普通は 38 分）の「急行電車」（いわゆる関西急電、料金不要の優等列車）を設定した（30 分間隔で 29 往復）。また阪神の元町延長に対抗するため、同年 4 月から急行が元町駅にも停車するようになった。1936 年には阪神間の急行専用車両として、当時流行の流線型車体を持つ 52 系（流電）が投入され、1937 年 10 月には急行電車の運転区間を京都－神戸間に拡大した。

(6) 民鉄の戦時統合と国鉄への買収

1940 年 2 月 25 日陸軍統制令が施行され、これによって鉄道は陸上交通機関の総動員体制に組み込まれた。多数の私鉄や運輸事業者が地域ごとに強制

的に統合され、軍需工場への通勤や資材の運搬手段とされた。その結果東京では、東京地下鉄道と東京高速鉄道が、帝都高速度交通営団（営団地下鉄、現在の東京メトロ）へと統合された。また1944年、首都圏西部に路線を有する東京横浜電鉄、目黒蒲田電鉄、小田原急行鉄道、京浜電気鉄道、京王電気軌道、帝都電鉄が合併し、東京急行電鉄（大東急）が成立した。一方関西では1940年12月、南海が経営難に陥った阪和電鉄を吸収合併、山手線とした。また1943年には阪神急行電鉄（阪急）と京阪電気鉄道が合併して京阪神急行電鉄が誕生した。1944年5月、南海は山手線を運輸通信省に譲渡し、また6月には関西急行鉄道と南海が合併して近畿日本鉄道が発足した。

　このほか国策輸送に必要な路線を有する会社は、国による強制買収の対象となった。その結果中国鉄道は津山線、豊川鉄道・鳳来寺鉄道・三信鉄道・伊那電気鉄道は飯田線となった。

第二章

民営鉄道(2)
戦後における展開

(1) 大私鉄の分割と日本国有鉄道の発足

　第二次大戦後、GHQの指示により財閥解体が行われ、鉄道分野でも戦時中に大合併した私鉄は1947年から分割され始めた。東京地区では大東急が東京急行電鉄、小田急電鉄、京浜急行電鉄、京王帝都電鉄の4社に分離した。帝都電鉄は、大東急成立以前は小田急電鉄の系列下にあったが、分離後の単独経営が懸念された旧京王電気軌道とのセットで新会社の発足となった。

　一方大阪地区では、近畿日本鉄道から南海電気鉄道、京阪神急行電鉄からは京阪電気鉄道がそれぞれ分離した。この際旧京阪電鉄が心血を注いで建設した新京阪線は阪急に属することとされ、同社の京都線となった。

　なお官設鉄道は、戦前の鉄道省による直接管轄から、運輸通信省、運輸省の管轄を経て1949年4月1日、運輸大臣が監督権を有する公共企業体・日本国有鉄道（国鉄）となった。

(2) 首都圏における民鉄経営の展開

　高度成長期、経済の発展につれ大都市への人口流入が続き、通勤客は著しく増加した。1960年、東京地区における通勤路線の乗車率が300％を超えた（総武線312％など）ことから国鉄は、混雑解消のため「通勤五方面作戦」を作成し、混雑の著しい東海道本線・中央本線・総武本線・東北本線・常磐線の5路線を複々線化した。地価が暴騰しつつある都市部の増線工事であった

ため、各線とも膨大な工事費を投じて完成に至った。また民鉄や国鉄が営団地下鉄や都営地下鉄と提携、地下鉄に郊外からの通勤電車がそのまま乗り入れる相互直通運転を推進し、乗客の利便性向上とターミナル駅の混雑緩和対策とした。1960年に京成電鉄が都営浅草線に乗り入れたのがその嚆矢で（その後京浜急行を加えた三社相互直通運転に発展）、1962年東武鉄道の営団日比谷線乗り入れ（のち東急を加えた三社相互直通運転に発展）などが続いた。以下東急、東武、小田急、西武、京成、京浜急行各社の事例によって、より具体的に戦後の首都圏における民鉄経営の展開をみてみよう。

東京急行電鉄

戦後の東急は、1948年6月より京浜急行電鉄、小田急電鉄、京王帝都電鉄が分離し、鉄道路線としては1942年以前の規模に戻って再発足した。同社における戦後最大の鉄道事業は、1966年4月の溝の口ー長津田間開業を皮切りとする田園都市線の建設であった。1967年4月のこどもの国線長津田ーこどもの国間開業を挟み、1968年4月長津田ーつくし野間、1972年4月つくし野ーすずかけ台、1976年10月すずかけ台ーつきみ野間と田園都市線の延伸は進み、また1977年4月新玉川線の渋谷ー二子玉川園間が開業したことにより、東急の本拠地である副都心・渋谷と直結するに及んだ。これにより開発の遅れていた神奈川県の内陸部が一転住宅地として発展し、また利用者の増加によって東急のターミナル・渋谷における商業施設の繁栄をもたらした。

東武鉄道

戦後の東武における事業展開の特徴は第一に、国際的観光地・日光を沿線に有しているために、戦前以来の伝統である豪華特急列車の拡充が積極的に進められたことである。はやくも1948年8月には日光への特急列車運転が復活し、翌1949年4月、特急「けごん」「きぬ」の毎日運転が開始された。1951年9月には、特急ロマンスカー5700系を新造し、また1956年には日光線特急用として高性能軽量構造・全電動車方式の特急車1700系を新造した。さらに1960年、日光線特急用にデラックス・ロマンスカー（DRC）1720系を新

造した。日光観光輸送のライバルである国鉄は、日光線にデラックス準急「日光」を運行していた。準急とはいえ使用されている157系電車は当時の国鉄特急車に匹敵する豪華車両であったが、東武のDRCはそれをさらに上回る快適性とサービスを提供し、国鉄を圧倒した。一方伊勢崎方面では、1953年11月より伊勢崎線浅草－大間々間でビジネス急行の運行を開始した。これが好評であったため、1969年9月には伊勢崎線の専用急行車両として1800系を新造した。1979年この1800系急行は6両編成へと増強された。また東上線では、戦後初期の1949年4月に秩父鉄道長瀞までの乗り入れが開始され、観光需要の開拓をめざした。さらに同年9月からは行楽特急フライング東上号の運転も開始された。

　戦後の東武における特徴の第二は、東上線と伊勢崎線の東京近郊区間において宅地開発が進み、通勤・通学輸送の抜本的強化が迫られたことである。通勤通学輸送強化の先駆けとして1953年3月、車体長20mの大型車7800系が新造された。また東上線では1954年3月の鶴瀬－上福岡間ならびに新河岸－川越間、10月の志木－鶴瀬間、1965年5月の川越市－坂戸町、1967年9月の坂戸町－高坂間と複線化がすすめられ、1967年12月より8両編成列車の運転を開始、さらに1976年11月からは10両編成の運転が開始された。一方伊勢崎線系統では1962年5月より営団地下鉄日比谷線への乗り入れを開始した（北千住－人形町間）。1964年6月には地下鉄日比谷線乗り入れ列車が6両編成に増強され、また8月には日比谷線が中目黒まで全通した。1971年5月には地下鉄乗り入れ列車を8両編成とし、1981年3月には地下鉄日比谷線乗り入れ運転の区間に北春日部－東武動物公園間が追加された。1972年7月には8000系通勤冷房車が投入され、また同11月には野田線（1947年3月の柏－船橋間から電化開始）でも6両編成列車の運転が開始された。同年12月には伊勢崎線でも8両列車の運転が開始された。このように通勤通学用電車の長編成化が進んだため、1969年10月の時点で東武の電車保有数は1000両を突破した。また1974年7月には、伊勢崎線の北千住－竹ノ塚間で、関東民鉄初の複々線化が完成した。

小田急電鉄

　1948年6月、旧小田急線は東急より分離独立し、小田急電鉄株式会社として再発足した。戦後の小田急を特徴づけることの一つとして、ロマンスカーによる特急の運行があげられる。再発足した1948年10月には、はやくも新宿―小田原間でノンストップ特急電車の運転を開始していた。翌1949年10月からは特急の毎日運行を開始し、また1950年8月、関係会社である箱根登山鉄道の小田原―箱根湯本間を三線軌条とし（箱根登山鉄道の軌間が1435mmであるのに対し小田急のそれが1067mmであるため）、特急・急行電車の直通運転を開始、新宿―箱根湯本間乗り換えなしの行楽が楽しめるようになった。さらに1955年10月には国鉄御殿場線にディーゼルカーによる特別準急列車の直通運転を開始している。1957年6月、低重心と8両連節構造を特徴とするロマンスカーSE車（Super Express）が就役した。このSE車は同年9月、東海道本線上にて狭軌鉄道の速度世界記録145kmを樹立した俊足車両で、その斬新な色彩・デザインも相まって人気を博した。さらに1963年3月、11両連節構造の新ロマンスカーNSE車（New Super Express）が就役した。NSEは運転席を二階に上げ、車両の最前部に客席を設けて展望室とし、利用者とりわけ子供たちの憧れの的となった。1968年7月には、御殿場線の電化にともない、それまでのディーゼルカーに代えて5両に短縮されたSE車による直通運転を開始した。

　一方戦後の小田急は沿線が宅地として人気を集め、また多摩ニュータウンの建設もあって通勤・通学客の増加が著しく、輸送力強化に全力が傾注された。1964年2月には新宿立体駅が完成し、また1967年11月、新宿駅ビルが完成した。また1976年9月には、郊外の拠点として発展の著しい町田駅で駅ビルが完成している。多摩ニュータウン関係では1974年6月多摩線の新百合ヶ丘―小田急永山間が開通し、1975年4月には小田急永山―小田急多摩センター間が開通している。また1977年7月には急行の10両運転が開始され、1978年3月に営団千代田線と相互乗り入れ運転開始した際は、準急の10両運転を開始している。

西武鉄道

　戦後、1946年11月に西武農業鉄道から社名を改め新たなスタートを切った西武鉄道にとって、以後昭和50年代（1975〜1984年）に至るまでの課題となったのは路線の複線化であった。新宿線では1950年4月の東村山—柳瀬信号所間にはじまり、1958年12月柳瀬信号所—所沢間、1967年10月所沢—新所沢間、1969年9月新所沢—入曽間、1980年3月南大塚—脇田信号所間と逐次複線化がすすめられた。また池袋線では1953年4月の田無町—東久留米間にはじまり、1959年12月清瀬—秋津間、1960年5月秋津—所沢間、1965年11月所沢—西所沢間、1966年5月西所沢—小手指間、1968年11月武蔵藤沢—入間市間、仏子—笠縫信号所間、1975年3月入間市—仏子間と複線化がすすめられた。このほか1952年3月には新宿線高田馬場—西武新宿間の運行が開始され、また1967年11月には拝島線小平—萩山間、1968年11月には国分寺線恋ヶ窪—羽根沢信号所間でそれぞれ複線運転が開始された。また通勤通学客向けの輸送力強化策としては1963年11月に池袋線池袋—所沢間で私鉄初の10両編成による運転が開始された。一方観光客への対応としては、秩父線（吾野—西武秩父間）の開業とともに1969年9月、専用ロマンスカー5000系が投入され、特急レッドアロー号の運行が開始され、観光資源にめぐまれた秩父地方と池袋を83分で結んだ。このレッドアローは利用客から好評であったため、1976年3月に5000系を増備し、それまで4両編成であったレッドアロー号を6両編成とするとともに、池袋線の池袋—飯能間で毎時運転を開始した。

京成電鉄

　1945年6月社名を京成電鉄に変更した京成は、戦後の1951年に架線電圧を1200Vから1500Vへ昇圧し、また1952年5月には座席指定特急「開運号」の運転を開始した。1955年9月には4両編成の列車による運転を開始した。
　その後京成電鉄は、1959年の10月から11月にかけて、1372mmから1435mmへの軌間変更工事を実施した。これは東京都営地下鉄1号線（浅草線）との相互直通運転に対応するための工事であった。かくして1960年12

月4日、わが国初となる地下鉄との相互直通運転が開始された。
　この他戦後の京成電鉄における重要な出来事としては、新東京国際空港（千葉県成田、1978年5月開港）の開港があげられる。空港へのアクセス交通機関として京成に対する期待は高まり、1972年成田－成田空港間の新線を竣工した。また新東京国際空港の建設に対応して、1973年12月、特急スカイライナーが成田までの運行を開始した。

京浜急行電鉄
　戦後の1948年6月、旧京浜電鉄は東急より分離し、京浜急行電鉄を設立した。1951年3月に全線の1500V昇圧を完成させた京浜急行は、昭和30年代末以降観光開発を目的として三浦半島先端部への路線延伸を進めた。1963年11月久里浜－野比間、1966年3月野比－津久井浜間、7月津久井浜－三浦海岸と延伸され、1975年4月の三浦海岸－三崎口間開業で一応の完成を見た。
　一方戦後の京浜急行は、沿線人口の急増で通勤・通学客の輸送力強化に追われた。1968年6月には品川－泉岳寺間を開業し、都営地下鉄浅草線との相互直通運転を開始した。これにより京浜急行の乗客は乗り換えなしで都心に直行することが可能となった。また1969年12月には三浦海岸－京成成田間で特急の直通運転を開始した。輸送力増強の切り札として連結両数の拡大もすすめられた。1970年3月には朝ラッシュ時の特急10両運転が金沢文庫－横浜間で開始され、また1974年12月には朝ラッシュ時の特急12両運転が金沢文庫－横浜間で開始された。さらに1978年3月からは、朝ラッシュ時の特急12両運転区間が金沢文庫－神奈川新町間に延長された。

(3) 関西圏における民鉄経営の展開

　戦後の高度成長期において関西圏では、乗降客の増加対策として阪急梅田駅（1973年完成、9線10面）、南海難波駅（1980年完成、8線9面）などの大規模ターミナルが整備された。阪急梅田駅は自動改札を全面的に採用した駅の先駆けであった。また1970年大阪でアジア初の万国博覧会（大阪万博

が開催されるのを機に、大阪市とその周辺で公共交通の整備が進められることとなり、京阪電気鉄道と近畿日本鉄道は市内中心部へ路線を延伸し、他社線との乗り換え利便性向上を図った（京阪：天満橋→淀屋橋、近鉄：上本町→難波）。以下では京阪と南海の事例によって、戦後の関西圏における民鉄経営の展開をより具体的にみてみよう。

京阪電気鉄道

　京阪では淀屋橋延伸の 1970 年から通勤用車両として冷房車 2400 系と、中型車ながら一両当たり片側 5 ヶ所の扉を備えた 5000 系を各々導入した。2400 系冷房車は混雑時の快適性向上を目指して導入されたものであり、また 5000 系は混雑時の乗降時間短縮を目的とするものであった。当時通勤用電車は国鉄で使用される車体長 20 m の大型車で一両あたり片側 4 カ所、民鉄で使用されることの多い 18 〜 19 m の中型車では片側 3 カ所に扉が設けられるのが常であった。さらに 1971 年、京阪は特急車 3000 系を導入した。この特急車は京阪特急の伝統を継承し、特別料金不要ながら転換クロスシートを備えたロマンスカーで、また車内にはテレビ受像機を設置し、京阪間を移動する乗客の人気を集めた。

　このように京阪電鉄では、戦後の沿線における住宅開発と淀屋橋延長による利便性の向上で急増した乗客に新型車両の投入で対応しつつ、1970 年以降は戦前から一部区間で達成していた本線の複々線化をさらに推進した。1970 年天満橋－野江間、1976 年守口市－門真市間、1980 年土居－寝屋川信号所間と工事は進み、天満橋－寝屋川信号所間 12.6 km は当時私鉄最長の複々線区間となった。さらに 1982 年、土居－寝屋川信号所間も複々線化された。このほか関西では阪急、近鉄、南海も複々線運転を行っているが（阪急の場合は十三－梅田間で宝塚・神戸・京都の三路線が並走する三複線）、これら三社の場合は複数の路線がターミナル手前の区間で並走する結果成立したものであり、関西の民鉄で単一路線の複々線化を達成したのは京阪のみである。

南海電鉄

　戦後、近畿日本鉄道からの分離独立によって再発足した南海電鉄は、昭和20年代から30年代にかけ、本線において観光需要を中心とする南紀・四国方面旅客の獲得をめざし、国鉄直通列車や連絡船接続列車の整備・拡充に力を注ぐ一方、高野線でも豪華指定席特急の運行を開始して参詣客の獲得をめざした。

　1948年、南海本線難波―多奈川間に深日港―四国・淡路航路連絡列車の運行を開始し、淡路・四国への進出を企てた。特に淡路航路連絡には、急行「なると号」（のち「淡路号」と改称）が運転された。また1951年には南紀直通列車の運行を再開した。1952年7月、高野線に特急こうや号の運転を開始した。この列車には、1938年貴賓車として新造され、豪華なソファーを備えた展望室付きの流線型車両クハ1900が高野山方に連結された。またこの年には、南紀直通の専用客車としてサハ4801を新造した。基本的構造は国鉄スハ43形に倣ったが、シートや内装は豪華なものとし、また当時珍しかった蛍光灯を装備していた。1957年9月には南海本線で特急及び急行の一部5両編成運転を開始した。1956年5月6日には70周年記念事業の一環として、本州と四国徳島を最短時間で結ぶ航路を和歌山―小松島間に開設し、難波―和歌山港間には四国連絡列車「あわ号」を2往復運転した。1959年7月、国鉄側のディーゼル化に対応して南紀直通列車を客車からディーゼルカー（国鉄キハ55系に準じた車両）に置き換え、準急きのくに号を難波―白浜口間に全車座席指定制で運転開始した。1960年12月、南海汽船による和歌山―小松島間航路が大阪から徳島へは国鉄の宇高連絡船経由よりも便利ということで人気を呼んだため4往復に増便されたことに伴い、四国連絡列車を増発した。1961年2月、南紀直通ディーゼル準急「南紀号」を、難波―新宮間に運転開始した。7月、高野線で特急新こうや号の運転を開始した（デラックスズームカー20000系を投入して）。1962年4月、四国連絡列車「あわ号」「とさ号」を特急に格上げした。

　一方通勤・通学客増加への対応策は以下のように展開された。1969年11月、高野線急行の一部で6両編成運転を開始し、また1970年7月に南海線、

1971年6月には高野線で、それぞれ通勤冷房車の運転を開始し、ラッシュ時における快適性の向上を図った。1973年5月、和歌山市駅のターミナルビルが竣工、また10月には高野線、続いて南海線でも架線電圧を1500Vに昇圧し、輸送力強化に対応した。1974年3月には高野線の河内長野ー三日市町間を複線化し、また10月には難波駅改造第一期工事が完成して、南海本線の新ホームが使用開始された。1975年5月に新紀見トンネル（1853m）を貫通させた高野線では、11月にラッシュ時の一部8両運転を開始した。1976年11月、難波駅改造第二期工事が完成し、高野線も新ホームの使用を開始した。1977年4月、南海本線玉手ー大和川間の高架化第一期工事が完成し、外側2線のみで高架運転が開始された。1979年5月、高野線の天見ー紀見峠間が複線化され、また1980年6月には、南海本線の玉手ー大和川間が高架複々線化された。同年11月、難波駅改造工事の全工事が完成した。地上3階、地下3階のターミナルビルを有し、地上3階にあるプラットホームは8線9面で、うち5線は10両、3線は8両編成の電車が発着可能で、一日40万人の乗降客が円滑に利用することが可能となっていた。1981年11月、高野線準急（泉北高速準急）の10両運転を開始し、また高野線複線化工事の一環として紀見峠ー御幸辻間に林間田園都市駅を開設した。1983年6月、高野線千早口ー天見および、紀見峠ー御幸辻間を複線化し、また7月には南海本線大和川ー石津川間を高架化、上り線の使用を開始した。1984年3月、高野線の三日市町ー千早口間を複線化し、大型（車体長20m）のステンレス車が乗り入れを開始した。1985年5月、南海本線の堺市内高架化工事下り線が完成した。

（4）相互直通運転の進展

次に関西圏における相互直通運転の進展を概観しよう。関西圏における相互直通運転は、神戸地区が大阪周辺に先行した。1958年神戸市で神戸高速鉄道が設立され、1968年東西線・南北線を開業した。これにより阪急電鉄・阪神電鉄・山陽電鉄が東西線への乗り入れを通じて相互直通運転を開始した。阪急・阪神は神戸高速線を経由して山陽電鉄の須磨浦公園まで、山陽電鉄は

阪急六甲と阪神大石まで乗り入れ運転を行った。また神戸電鉄は単独で南北線へ乗り入れ、新開地に達した。後年阪急が山陽電鉄線内への乗り入れを廃止する一方、資本面での結び付きを強めた山陽と阪神は阪神梅田―山陽姫路間へと相互直通運転を大幅に拡大している。なお1988年には北神急行電鉄が開業し、神戸市営地下鉄との相互直通運転を開始した（新神戸―谷上間）。これにより人口増加の著しい三田地区や有馬温泉を擁する神戸電鉄の沿線が、神戸市の中心である三宮地区と直結された。

　一方大阪市では、市営地下鉄が1969年堺筋線天神橋筋六丁目―動物園前間を開業した。同線は市営地下鉄で初めての架線集電方式を採用し、阪急千里線ならびに京都線との相互直通運転を開始した。当初計画では南海の乗り入れも検討されたが、軌間の相違（地下鉄と阪急は1435 mm、南海は1067 mm）により断念を余儀なくされた。

　1970年、大阪万博の開催されたこの年、北大阪急行電鉄が江坂―千里中央仮駅―万国博中央口間を開業した（万博閉幕後は千里中央仮駅―万国博中央口間を廃止し、現在の千里中央駅を開業）。万博開催期間中における会場へのアクセス手段として、さらに当時開発の進んでいた千里ニュータウン（大阪府下の豊中市と吹田市にまたがる千里丘陵を切り開き建設されたわが国初の大規模ニュータウン）への交通機関としても重視された同線は、市営地下鉄御堂筋線と同様の第三軌条（サードレール）集電方式を採用し、開業と同時に御堂筋線との相互直通運転を開始した。このほか千里ニュータウン地区へのアクセスとしては、阪急電鉄が1953年8月千里山―南千里間1.6 kmを延長開業していた千里線を、さらに1967年3月、南千里―北千里間3.4 kmを延伸することにより、都心と千里ニュータウンを直結している。

　1971年には泉北高速鉄道が中百舌鳥―泉ヶ丘間を開業した。泉北ニュータウンへのアクセスとして整備されたもので、南海高野線との相互直通運転を実施した。1966年2月、大阪府、大阪府住宅開発公社、日本住宅公団などの公共資本によって、総面積1520 haに及ぶ泉北ニュータウンの建設がはじまった。南海高野線と国鉄阪和線の中間にあって、在来の鉄道網から大きく隔ったこのニュータウンの巨大な交通需要に対しては、鉄道の新設が絶対に必

要であり、大阪府から南海電鉄に鉄道建設の要請があった。しかし南海側からみると、巨額の建設費を必要とするにもかかわらず、開業後の長期にわたる欠損が予想され、かつ沿線住宅開発にも関与できないこの新線を簡単に引き受けることはできなかった。府当局との交渉によって到達した結論は、大阪府都市開発会社が鉄道を建設、経営し、南海電鉄が駅務、運転、保守などの業務面を委託されるという新しい方式で、大阪府都市開発は、府が49％、大阪瓦斯、関西電力（約18％）や在阪の銀行3行（各5％）の出資によって設立された第三セクターであった。千里ニュータウンの鉄道建設にあたっても第三セクターの北大阪急行鉄道が設立されたが、泉北ニュータウンの場合は鉄道企業の出資がみられない特異な例となった。1969年9月、高野線中百舌鳥駅から分岐しニュータウン内を縦断する鉄道の建設がはじめられ、1971年4月、中百舌鳥一泉ヶ丘間が開業した。その後ニュータウンの建設が南方へ拡大されるに伴い泉北高速鉄道の路線も延伸され、1995年までに和泉中央までの14.3kmが開業している。

　この他関西地区では、昭和30年代（1955～1964年）に阪神が西大阪線（尼崎一千鳥橋）を延伸し、難波で近鉄と結んで相互直通運転を行う構想があり、同構想に基づき1964年西大阪線は西九条まで延伸され国鉄大阪環状線と接続したが、それ以降の工事は延伸予定地周辺の住民による反対運動などを原因としてながらく中断していた。平成に入ってようやく工事が再開され、2009年阪神なんば線が開業、西九条一難波間が結ばれた。これにより、近鉄と阪神は近鉄奈良一阪神三宮間で相互直通運転を開始した。また近鉄は奈良線の旧生駒トンネルを利用して1986年に東大阪線を開業し、大阪市営地下鉄中央線との相互直通運転により大阪市の中心部と奈良県の生駒地区を直結した。これは京阪奈丘陵における学研都市を中心とする開発事業に即したものである。

　今一つ京阪奈丘陵の開発にもかかわる動きとしては、京都市が市営地下鉄の開通とともに、竹田駅を介し近鉄京都線との相互直通運転を開始したことがある。近鉄京都線は国鉄（JR）京都駅と近鉄奈良線大和西大寺駅を結ぶ旧奈良電鉄の路線で、奈良電鉄は資本関係から京阪本線と相互乗り入れを行っ

ていたが、その後近鉄との関係が深まり合併に至ったため、京阪本線との相互乗り入れは廃止された。京都市営地下鉄との相互直通運転開始によって、近鉄京都線の京都市中心部乗り入れが復活したのである。

(5) 急電から新快速へ

　戦後の関西地区において国鉄は急行電車を復活させ、やがてそれは新快速の運行へと発展した。1949年、京都―大阪間で急行運転を再開し、6月にはこれを京都―神戸間に延長した。1950年急行に当時の新鋭車両・80系（湘南電車）を投入し、1957年には80系電車による準急列車の名古屋―大阪間運行にともない、急行電車を快速電車に改称した。1958年には姫路までの電化完成により一部快速の運転が姫路まで延長され、1970年には競合する民鉄への対策として、日中毎時1本の6往復のみながら、京都―西明石間に新快速の運行が開始された。さらに1972年、山陽新幹線の岡山開業により余剰となった急行形電車153系を投入し、新快速を京都―明石間毎時4本に増発した。15分間隔のパターンダイヤとして高頻度と時刻表不要の便利さを強調し、大阪―京都間を29分で運転して所要時間でライバルを圧倒した。1980年国鉄は、競合他社の特急専用車（阪急6300系、京阪3000系）に対抗するため、枕カバー付の転換クロスシートを備えた新快速専用の新造車両・117系電車を投入した。当時の国鉄は、度重なる運賃の値上げで利用客が激減した「冬の時代」で、車両の標準化を余儀なくされていた。しかしこのような状況にありながら国鉄は、関西地区に敢えて破格の豪華車両117系を投入したのである。当時国鉄において、中距離の通勤通学輸送を担う車両に、座席の向きを乗客が自由に変えられる転換クロスシートが装備されるのは異例のことであり、国鉄の新快速運行に対する意気込みを示したものといえる。また新快速の表定速度は85.6 km/hに達し、これは在来線の全列車中2番目の速さであった（最速は特急「加越」5号の86.1 km/h）。

(6) 国鉄の経営破綻と分割民営化

　国鉄は公共企業体として国家財政とは別の独立採算制でありながら、運賃改訂や設備投資について国会審議を必要とする不自由な経営体制にあった。戦後復興期の、復興のための設備投資の必要性やその順位が明らかであり、低く抑えられた運賃も増え続ける需要によって充分賄われた時代には、このシステムはスムースに動いていた。しかし復興が終了して後、国鉄の財政は悪化しはじめた。まず東海道新幹線が開通した1964年、それまで黒字を維持してきた国鉄の収支が単年度ながら赤字を計上した。その後も単年度の赤字が続いた結果、1967年には蓄積した黒字を食い潰し繰り越し赤字に転落した。かくして1969年、国鉄は財政再建を目指し第一次再建計画を策定した。しかし以後も赤字の拡大は止まらず、1971年には通常の企業活動に必要な支出のみ収入金額を超え、「負債を返済できない事態（償却前赤字）」に陥った。その後種々の対策が検討されたが解決には程遠く、国鉄の赤字は増え続けた。1980年頃より赤字問題の抜本策として分割民営化案が検討され、1987年国鉄は地域毎に分割の上民営化された（JRの発足。北海道・東日本・東海・西日本・四国・九州の各旅客鉄道と車両のみを持ち全国共通運行のJR貨物に分割）。

　JR西日本（西日本旅客鉄道）の発足は、関西の「私鉄王国」に危機をもたらした。東海道・山陽本線の新快速を目玉とする「アーバンネットワーク」の整備は、私鉄の中・長距離客を奪った。朝ラッシュ時にも新快速が運転されるようになり、また3扉の近郊型車両ながら転換クロスシートを備えた新型車輌221系が投入された。またJRは、福知山線を電化する一方、尼崎ー京橋間に東西線を建設して片町線改め学研都市線と結び、1997年直通運転を開始した。これは従来大阪ー宝塚間で圧倒的な優位を誇っていた阪急宝塚線に大きなダメージを与えた。私鉄各社の相次ぐ運賃値上げによって運賃の格差も縮まり、徐々に私鉄から乗客が転移した。1995年1月17日に発生した阪神・淡路大震災では、JRが阪神間でもっとも早く全線の運転を再開し、不通区間を残す他私鉄からの転移客を吸収した。その結果、高速運転や頻発運転、さらには通勤定期代の安さなども認知され、他私鉄の復旧後もそのままJRを

利用する転移客が目立った。このためそれまで都市間の高速輸送が売り物であった在阪私鉄各社は、速達性を犠牲にして停車駅を増やし、中間駅の乗降客を細かく拾う方向へと運行方針を大きく転換し、また鉄道業の落ち込みを補うため、事業の多角化（不動産、流通、観光・レジャーなど異分野への進出）を推進した。

　一方、2005年4月25日、JR宝塚線（福知山線）塚口－尼崎間で列車脱線事故が発生、死者107名、負傷者562名の大惨事となり、民営化後におけるJR西日本の経営姿勢がきびしく問われることとなった。

第三章

百貨店(1)

百貨店の誕生－三越と日比翁助

(1) 近世～明治初年の三井呉服店

　わが国における商業近代化の有力な担い手であった百貨店。本章ではわが国における百貨店の先駆けとなった三越の創業期における動きについてみてみよう。百貨店・三越の前身となる越後屋・三井呉服店は、三井家事業の原点であった。近世（江戸時代）初頭、伊勢松坂（今の松阪）出身の三井八郎兵衛高利が江戸で開業した越後屋は、後発商人ゆえのハンディを克服すべく「現銀掛値なし、店前売り」の革新的商法を採用し、一躍わが国を代表する大呉服商となった。しかし幕末から明治維新と激しく転変する時代の中、越後屋はかつての上得意であった大名たちを失い、業績不振に陥った。越後屋の前途を危惧した三井家は、1872年3月、新たに創設された三越家に越後屋の事業一切を譲渡し、三井家から分離した。

　だがその後、江戸改め東京はかつての繁栄を取り戻し、越後屋の業績も次第に回復、明治20年代（1887～1896年）末には三井呉服店と改称し、再び三井家事業の一つとなった。ただしこの時三井家は呉服店に対し、三井家復帰の条件として経営の近代化を求めた。三井家事業の統括者であった中上川彦次郎は、近代化の尖兵として高橋義雄を送り込んだ。高橋は1861年水戸に生まれ、81年慶応義塾に入学、卒業後は時事新報に入社したが、その後87年に渡米し、イーストマン商業学校に学んだ。帰国後の高橋は三井銀行に入り、大阪支店長を経て、若干34歳で三井呉服店の理事に抜擢された。三井呉服店において高橋は、米国留学中の百貨店・ワナメーカーにおける実地調査

の経験を生かし、全力をあげ経営改革に取り組んだ。しかしこれには奉公人出身の店員らが強く反発し、新旧店員の対立が激化、三井呉服店は存続の危機に直面した。この危機を乗り切るため高橋は、さらに有望な人材を呉服店へ送り込むよう中上川に訴えた。その候補者となったのが日比翁助である。

　日比翁助は1860年福岡県久留米で、竹井安太郎（弥太夫）吉堅の次男として生まれた。長じて地元で小学校の教員として勤務するかたわら、著作を通じ福沢諭吉の思想に接し、深く傾倒した。1879年日比家の養子となったが、福沢に対する憧れは止みがたく、1880年上京し、慶応義塾に入学した。慶応義塾を卒業後、海軍天文台からモスリン商会を経て、1897年三井銀行に入った。慶応義塾の先輩であった中上川に高く評価されたためである。和歌山支店に支店長として赴任した日比は、中上川の期待に応え同支店の経営を建て直すことに成功、その功績を評価され翌年には本店副支配人に抜擢された。また和歌山時代には、慶応義塾の同期生で三井銀行大阪支店に勤務していた池田成彬との親交を深めた。

(2) 日比翁助と三井呉服店の経営近代化

　1898年9月、日比は三井呉服店に副支配人として入社した。日比は高橋の期待に応え、次々に大胆な方策を打ち出して呉服店を変革し、着々と百貨店の体裁を整えていった。まず呉服店における伝統的な販売方式であった「座売り」の廃止を断行、「総陳列」という新たな販売方法を採用した。店内の畳をすべてはがし、薄縁（うすべり。へりをつけたゴザ）を敷き、下足番に履物を預けて入店させる方式に変更したのである。さらに履物にズック製のカバーを掛けさせることによって、客が靴を脱がずに入店できるようにした。また日比は、取扱商品の拡大を図り、呉服専門であったものを雑貨類まで扱うようにした。さらに建物も土蔵造りから洋館に改築した。

　1904年11月、三井呉服店は本家より独立し、資本金50万円の株式会社に改組した。この時専務取締役に就任、事実上の経営最高責任者となった日比は、新聞に1ページ大の広告を載せ、わが国小売業史上名高い「デパートメ

ント・ストア宣言」を行った。1905年11月には再度組織を変更し、社名を三越とした。

　呉服店の近代化と百貨店化をめざし奮闘する日比には、これを内外において支える二人の人物があった。一人は常務取締役の藤村喜七である。藤村は三井呉服店の大番頭を勤め、暗闇の中で、手で触れただけで呉服の種類と柄を判別すると言われたほどの「呉服の達人」であり、また日比が「俺は金を散ずる役割で、儲けるのには藤村さんがいる」と評する堅実な手腕で、呉服店の内部において日比を支えた。いま一人は池田成彬である。のち三井財閥の総帥となった池田は、慶應義塾時代以来の友人として日比の経営改革を外から支えた。池田は三井銀行で営業部長に就任した直後、内外の反対を制し、資本金50万円の三越に80万円を無担保で融資した。この資金は、日比が呉服店において様々な改革を進めていく上での貴重な糧となった。

（3）広告宣伝活動—「今日は帝劇、明日は三越」

　さらに日比は、広告宣伝活動にも大いに力を注いだ。まず上流・有名人（皇族、陸海軍や外務省の高官、三井十一家の夫人、当時人気絶頂であった東郷平八郎元帥など）を三越に招待し、イメージアップを図った。また美術家・文士・書道家らとも懇意になり、その縁故を利用して書画・陶器の会を催した。日比は当時流行の担い手であった花柳界にも注目した。毎晩のごとく柳橋・芳町・日本橋・新橋・赤坂などの花街に通いつめ、有名な芸者に三越製の帯を進呈して三越の商品が流行の尖端であることを世間にアピールさせた。芸者のほかにも役者や芸人を招き、食事を供した上に土産まで持たせて帰し、彼らを三越びいきとした。

　また日比は広告専門家の草分けであった浜田四郎を起用した。三越入社後の浜田はまず、1907年東京勧業博覧会が開催されたおり、無料ガイドブック『東京遊覧案内』と『博覧会場内新聞』（週2回刊）を発行するとともに、元禄美人画に「東京に来たりて博覧会を見ざる人ありや、博覧会を見て三越を訪わざる人ありや」のコピーを添えたポスターを作製し、公衆浴場や理髪店

に配布するなど、博覧会とのタイアップによる広告宣伝活動を展開して注目を集めた。翌1908年、欧米へ百貨店事情の視察に赴いた浜田は、欧米の百貨店において盛んに催事が行われていることを知り、帰国後これを参考として月ごとの特別売り出し（1月―防寒具、2月―雛人形、3月―春着、4月―五月人形、など）、各種展覧会、児童博など、絶え間なく「催事」を開催して、三越の集客に貢献した。さらに浜田は、今日なお有名なキャッチフレーズ「今日は帝劇、明日は三越」を考案したことでも知られる。

(4) ハロッズとの出会いから三越開業へ

1906年4月、日比は留守を藤村にまかせ、欧米百貨店の視察に旅立った。ロンドンでは世界的に知られた名門百貨店ハロッズに一般客を装って毎日通いつめ、店内をくまなく見学し、品物の配置や店員の応対など、百貨店経営上の様々な要点を会得した。さらに日比は、専務のバーブリッジや店主のハロッズといったトップマネジメントに面会し、収支決算や広告の方法、店員の給与体系など、具体的な経営のノウハウから百貨店経営の哲学にまで及ぶ幅広い知識を吸収した。この時得た知識は、帰国後彼が百貨店を創設するにあたって、大きな力となった。

1907年11月、視察旅行より帰国した日比は、ただちに百貨店の創設準備に着手し、百貨店・三越を開店した。開店にあたり日比が目標としたのは、単なる大型の小売店ではなく、上流社会の娯楽場・社交場を兼ねた一大殿堂であった。そのため店内の装飾は豪華絢爛たるものとし、また呉服売場には一流中の一流品を取り揃え、春・秋のシーズンに先駆けて開催される染色呉服の新作発表会には「逸品会」と名付けた。さらに洋品・雑貨部門でも、高級舶来品の品揃えにつとめた。

日比は様々な顧客サービス・新商法を考案・採用し、三越の売上拡大につとめた。まず日本で三番目の自動車を配達用として採用した。自転車すら珍しかった当時、これは三越のイメージを大いに高め、「配達が二、三日遅れても三越のマークをつけた自動車で配達して欲しい」と希望する客が現れたほ

どであった。また当時、多くの企業経営者はジャーナリズムに対する理解が浅く、新聞記者を敬遠するのが常であった。だが日比は、新聞記者の来訪を歓迎し、彼等のインタビューやアドバイスを積極的に活用した。そのため当時三越の社長室には、常に新聞や雑誌の記者がたむろしていたという。

　電柱や電車の吊革への広告も行われた。また「三越」の文字と十二支の模様を染め抜いた風呂敷を顧客に配布し、店員にはその風呂敷をもった人に常に道や電車の座席を譲るよう命じ、宣伝効果と顧客サービスとの一石二鳥を狙った。「三越少年音楽隊」を結成したことも注目される。これには他の百貨店も注目し、1911年には松坂屋が追随した。また阪急の小林一三が宝塚少女歌劇団を創設したのも、この「三越少年音楽隊」から着想を得てのことであったといわれる。この他に、日比が取り入れた新たな経営手法としては、雑誌『三越』を発行し通信販売のノウハウを確立したこと、メッセンジャーボーイの活用、端切れ見切り売り出し、実用百貨バーゲンセール、現代名画展、地方出張販売、などがあげられる。

　1908年、三越は大阪および京城に支店を開設し、1914年にはルネサンス式五階建（一部六階建）の新館を落成させ、「スエズ運河以東第一の大建築」「東洋一の百貨店」と絶賛された。1918年7月に日比が辞職し経営の第一線から退いた後、1923年関東大震災が発生した。この震災からの復興過程において、百貨店業界では第一次大戦期より始まった「大衆化」の流れが加速し、低価格とサービスの充実をめぐって激しい競争が繰り広げられるようになった。しかし日比が築いたわが国百貨店の基本的な姿――単なる大型小売店を越えた、文化と娯楽と社交の殿堂――は、その後も長らくわが国の百貨店業界に受け継がれた。1931年2月22日、日比翁助は没した（享年72）。三越は彼の功績に対し、同社としては初の盛大な社葬をもって報いた。

第四章

百貨店(2)

百貨店の大衆化とターミナルデパートの出現

(1) 百貨店の大衆化

　第一次大戦中の物価高と、大戦後における反動恐慌は、百貨店が「大衆化」する契機となった。大戦前の百貨店は高額所得層と中産上層を主たる顧客としていたが、大戦期以降は大衆化戦略を採用し、顧客層を一般市民層まで拡大したのである。三越の場合、1919年、新築の丸の内別館にて「木綿デー」を開催し、木綿製品を廉売した。また1922年からは「三越マーケット」を開設した。これは反動恐慌後、物価調節のため政府により推進された「節約デー」に協力すべく常設した実用品の売り場であった。また三越と肩を並べる老舗百貨店・白木屋ではこの時期、「暴落新値大売出し」を実施した。これは反動恐慌による物価暴落で打撃を蒙った問屋より大量購入した商品と、手持ち商品の一部を廉売（絹物は半額、毛織物は定価の1/3）したもので、異常な売上を達成した。また1922年からは呉服と雑貨の「格安売り場」を常設した。

　しかし百貨店大衆化の流れが本格化したのは関東大震災（1923年）以降のことであった。震災により一般小売店が被災し、復興が遅々として進まない中、生活再建に必要な物資を求める人々の需要にこたえたのは、比較的早くから営業を再開できた百貨店であり、百貨店は震災直後より被災者のため日用品の廉売を開始していた。これにより百貨店は、「大衆」という巨大なマーケットが存在することを改めて印象づけられ、以後取扱商品に日用品・実用品を加えることとなったのである。

経営方針を大衆化に転換した百貨店は、以後積極的な市場の拡大策に乗り出した。その第一は既存店舗の店舗拡充と支店・分店の新設であった。大阪市では1922年高島屋が、御堂筋拡幅以前の南北方向におけるメインストリートであった堺筋沿いの長堀橋南詰に7階建ての大店舗を新築した。東京の百貨店も、震災復興の過程で以前よりはるかに大規模化し、また本店所在都市内や他の主要都市に支店・分店を相次いで開設した。市場拡大策の第二は出張販売であった。これは百貨店が未だ呉服店であった明治期以来、組織的に行ってきた伝統的な拡販の手法である。公会堂などを借りて店舗を仮設し、百貨店の商品を一定期間に限り販売するもので、大都市から近隣地方都市、そして遠隔の地方都市へと次第に範囲が拡大され、出張先の小売商、とりわけ呉服商に大きな打撃を与えた。拡販策の第三は通信販売であった。これは地方居住者に百貨店からカタログを送付し、注文が来た商品を郵送・販売するもので、高島屋では1902年より写真入り定価表や生地見本を添付した『新衣裳』を発行し、また1928年からは大阪店で新聞広告を利用して通信販売を行った。一方三越では、カタログを樺太・北海道・台湾・朝鮮・満州まで発送し、植民地では独占的地位を確保した。

このほか大衆化時代の百貨店における市場拡大策として注目されるのは、1926年高島屋が、当時米国で流行していた10Ｃ（テンセント）ストアにヒントを得て開設した「なんでも十銭」売場である。以後同社は各地に均一価格の売場を設け、それは均一店チェーン「十銭（テンセン）ストア」として急速に発展した。ここで販売される商品（メリヤス肌着、荒物、陶磁器、金物など）の大半は産地の生産者または産地問屋より直接仕入れたものであり、さらに1936年頃からは売価に応じた商品を問屋側に製造させていた。

(2) ターミナルデパートの台頭

阪急百貨店

百貨店の大衆化は以上のように百貨店の販売手法にさまざまな革新をもたらしたが、さらに大きな変革はターミナルデパートの出現である。ターミナ

ルデパートの先駆けとなったのは1928年阪急電鉄がその大阪方ターミナル・梅田駅に開業した阪急百貨店である。阪急の創業者・小林一三は、同社の前身である箕面有馬電気軌道が開業当初において経営環境に恵まれていなかったことから、不動産分譲や観光・レジャー事業などに経営を多角化してその不利を補った。その小林が畑違いとも思われる流通業に参加したきっかけは、彼が梅田駅前である光景を目にしたことであった。

　小林は阪急が最初に開発した住宅地である池田室町に自宅を構え、そこから毎日電車に乗り、沿線を観察しながら梅田の阪急本社に出勤することを日課とし、また梅田到着後も社長室にこもることなく駅の内外を巡視して、従業員の勤務状況を確認するとともに新しいビジネスの着想を得ることに努めていた。ある日小林は、阪急電車を降りた乗客が大挙してバスに乗車する姿を目にした。不思議に思い調査したところ、バスの行く先は大阪市の中心部で営業する百貨店であることが判明した。これらのバスは集客策の一環として各百貨店が無料で運行していたものであった。しかしいかに無料とはいえ、駅から時間を費やして多くの人々が百貨店へと向かう姿を目のあたりにした小林は、もし駅前に百貨店があればこれらの人々は無駄な時間を費やすことなく買い物ができ、また百貨店側も集客のために無料バス運行などの無駄な経費を要せず、その分低価格で商品を提供できるため、消費者と百貨店側の双方にとってメリットがあると考えたのである。

　しかし電気鉄道を中心に豊富なビジネスの経験を有するとはいえ、小売業に関しては全くの素人であった小林は、直ちに百貨店の経営に乗出すことはリスクが大きすぎると考えた。そこで小林は、1920年11月梅田駅に竣工した阪急電鉄本社ビルの1階を東京・日本橋に本店をおく老舗百貨店・白木屋へ賃貸し、マーケットを経営させることとした。白木屋は当時東京と大阪で数多くの支店を出店しており、これに小林は注目したのである。小林は白木屋に店舗を賃貸することにより、家賃収入を確保する一方で、ひそかに百貨店の経営ノウハウを吸収していった。白木屋出店の条件として、家賃を売上の5％とすることのほかに、二つの付帯条件が定められた。その一つは、日々の売上の証拠となる「日計表」を提出することであり、いま一つは、契約は

1年ごとに更改することであった。この日計表提出によって阪急側は、商品別そして時間ごとの販売に関する詳細な情報を得ることができ、これを詳細に検討することで、百貨店経営のノウハウを自らのものとすることができたのである。

　このようにしてノウハウを十分に蓄積した後、1925年6月、阪急はビル賃貸借契約満了を期に、白木屋との賃貸契約を解除した。阪急側は白木屋に対し、売上比5％の家賃を10％に引き上げる旨通告した。10％の家賃では採算が合わないため、白木屋側は条件の再考を求めたが、阪急側がこれに応じなかったため交渉は決裂し、白木屋は退出を余儀なくされたのである。以後マーケットは阪急の直営となった。本社ビルから事務所を転出させ、2階と3階を阪急マーケットとして開業したのである。白木屋との契約満了に先立つ1925年2月、社内に阪急マーケット準備委員会が組織され、民鉄各社のターミナル周辺における食料品店などを調査し、その成果を報告書としてまとめるなど入念に準備を進めた上でマーケットの開業に至った。このようにして小売業経営をリスクの小さなマーケットの経営によって実体験し、さらにノウハウを蓄積した後、1929年3月、地上8階、地下2階建の本格的百貨店である阪急百貨店の開業に至ったのである。

　阪急百貨店は8階に大食堂を設け、それまで庶民にとって高価な洋食であったカレーライスを低価格（20銭）で提供した。欧州旅行の船中で食したライスカレーを忘れられなかった小林が、日本郵船の料理人をスカウトして始めたもので、多い日には1日に1万5千～2万食が供されたという。このために阪急百貨店は、専属の工場や牧場（牛肉を確保するため）までも直営した。さらに折からの不況（1929年世界恐慌、1930年昭和恐慌）で懐具合の厳しい人々には、5銭の「ソーライス」を提供してサービスに努めた。ソーライスとは正式のメニューではなく、福神漬が添えられたライス（白飯）に客がウスターソースをかけて食べることをこのように称したのである。本来ライスは他のメニューとセットで注文されるべきもので、単品で注文されては採算が合わなかったが、小林は、このような客でも景気が良くなればまともなメニューを注文するようになるかもしれないのだから、決して邪険に扱

ってはいけないとして、ライス単品の注文を認めるよう指示したのであった。

ちなみに百貨店における供食施設の先駆けは白木屋で、1904年日本橋店に蕎麦と寿司ならびに汁粉の出店を設けているが、本格的な百貨店直営の食堂としては、1907年4月1日、日本橋三越が店内に165㎡の食堂を開設し、和食（50銭）や寿司（15銭）とともに、米国より帰国して赤坂に製造所を構えていた森永太一郎（森永製菓創業者）が作るところの西洋菓子（10銭）、本郷に店を持つ藤村の和菓子（5銭）などを供したのが最初であり、そこではコーヒーや紅茶（各5銭）も用意されていた。この食堂は好評であったため、その後三越の大阪店にも設けられ、両店とも特に家族連れ、子供連れに人気を集めた。また同年、東京の松屋でも小規模ながら食堂が開設された。この試みに自信を深めた三越では、1914年日本橋に6階建新館を設けた際、その4階に120席の食堂を開設し、1921年の西館完成時には、その6階に855㎡（259坪）をもって600人が利用可能な大食堂を開設した。そこではメニューも和食、寿司、そば、サンドウィッチ、和菓子、洋菓子、アイスクリームと一気に充実した。また洋食については、1922年完成の東館6階に設けた第二食堂で提供されることとなった。お子様ランチについては、「お子様洋食」と称し、価格30銭で1930年12月に提供が開始されている。

またこうした百貨店の食堂については、昭和初年の『都新聞』記事に以下のような説明がある。「東京といふ処は何処へ行っても食べ物屋がある、殊にびつくりさせられたのはデパートの食堂だ」と東京見物に来たさる人から耳にしたことがあるが、実際このごろになって東京の街に飲食店の増えたことにはさすがの江戸っ子でさえも驚いている。銀座はもとより、郊外に近接した地域でも飲食店が眼につくほどで、またそうしたことから当時の東京人は「非常な食ひしん坊」となり、「一寸外に出ると必ず何か飲むか食べるかしなければならないといふ風」にさせていた。そしてこのように飲食店が多くなったのは、関東大震災以後のことであった。

その中でも「民衆的」に著しい発展を示したのは百貨店の食堂で、「階級意識がなく総ての人が何らこだはる気持ちがなく食べられるといふ処に快よさがあ」り、そこに当時の百貨店の食堂が躍進した要因があった。しかしこう

した食堂は百貨店となってはじめて設けられたものではなく、飲食の提供は前身たる呉服店の時代から顧客サービスの一環として行われていたという。かつて呉服店に買い物に来る人々は、ほぼ一日を費やして買い物をするのが普通であり、そのため昼食の時間を呉服店の店内で迎えることも決して珍しくはなかった。そのため呉服店側は茶菓や、また買い物に時間を要する顧客に対しては昼食の膳さえも供したという。しかしその後老舗呉服店が、百貨店化に向かって努力を重ね始めると、買物客の数も次第に増加し、そのため一々それらの客のため茶菓あるいは昼食を供することはできなくなったため、その代替策として食堂の経営が始まったのである。

　食堂が設けられた当初の百貨店は、男性客が少なく女性客が大半を占めていたため、汁粉や雑煮が主なメニューであった。しかしその後、女性客の欲求水準も上昇し、また男性客も増加したため、設備を拡張して和食弁当、中華料理、洋食、アイスクリーム、コーヒー、紅茶などを取りそろえるようになっていったのである。さらに震災後、百貨店の食堂は、百貨店経営の大衆化の影響もあってか「簡易食堂」という性格が加わり、洋食でも一品料理や、おでんに茶めしといった低価格のものが要求されるようになり、昭和初年（1920年代後半）当時はさらに季節のメニューや特種な料理までもが「簡易食堂」として要求されるようになったのである。一方百貨店側も、かつてのごとく買い物客に対するサービスという発想から進歩して、むしろこのような要求を逆に利用し、客をできる限り長く店内にとどめて売上げの増大を図る傾向がみられるようになったのである。

　さて阪急百貨店の開業後、当時「私鉄王国」を誇った関西では、いくつかの民鉄がターミナルデパートの経営に乗り出した。大阪電気軌道と大阪鉄道（いずれも現在は近畿日本鉄道）はそれぞれ大軌百貨店を1936年上本町に、また大鉄百貨店を1937年阿倍野橋に開業し、また京阪電鉄も小規模ながら京阪デパートを1933年天満橋駅に開業した。

大軌百貨店、大鉄百貨店

　大軌百貨店の場合、大阪電気軌道（大軌）が1926年8月、ターミナルであ

る上本町駅に大軌ビルディングを完成させていた。大林組が設計・施工し、鉄筋コンクリート造地上7階、地下1階の同ビルには、地階に小売市場（大軌市場）を、また1～3階には百貨店を設け、百貨店部門の運営には三笠屋百貨店があたった。1935年には阪急百貨店の成功に刺激され、直営方式で本格的な百貨店の経営を行うこととなり、同年8月より5階まで百貨店を拡張するための屋内改装工事に着工した。かくして1936年9月、大軌百貨店は全館開店に至った。なお同店は、戦時中の1941年3月には大軌と参急の合併にともない関急百貨店に、さらに1944年6月には関急と南海の合併による近畿日本鉄道の発足にともない、近畿日本鉄道上本町百貨店へと改称した。

　また大鉄百貨店は、経営状態が悪化しつつあった大阪鉄道（急成長が災いして1930年以降無配に転落）が、面目を一新すべく社運を賭して建設したターミナルビルに設けられた。当時の阿倍野橋駅界隈は、阪和電鉄の開業や市営地下鉄御堂筋線の延伸でミナミの玄関口として体裁を整え、「大阪の新宿」としてその成長性が高く評価されていたことから、同社はターミナルビル建設に踏み切ったのである。それまで小売業経営としては大鉄アーケードと称する商店街の運営しか経験を有しなかった大阪鉄道であったが、当初より百貨店の直営を目指し、在阪の各百貨店に社員を派遣するなど準備を進めた末、1937年7月部分開業、同年11月末には全館開店に至った。施工を担当したのは、大軌百貨店と同じく大林組であった。なお1944年、戦時統合により大阪鉄道が関西急行鉄道に合併されたため、大鉄百貨店も関急百貨店阿倍野橋店に改称し、さらに同年6月には近畿日本鉄道の発足により近畿日本鉄道阿倍野百貨店へと再度名称を改めた。

京阪デパート、高島屋、そごう

　京阪デパートの場合、その源流は、一つには京阪電鉄が1921年京橋で開業した京阪食堂であり、いま一つは、系列の新京阪鉄道が1926年7月大阪方ターミナルの天神橋駅に竣工した新京阪ビルヂングの1階に食堂、また3階にマーケットを開設したことであった（のちマーケットは4階へ売場を拡張）。京阪デパートは白木屋との共同経営により、ターミナル百貨店のメリットと

第4章 百貨店(2)

専門家による経営の長所を生かすことをめざしており、資本金の半額は京阪が出資、残額は白木屋その他が分担した。「百貨店界の大戦闘艦の間に介在せる小型巡洋艦」として「冗費」を省き、「良品廉価、消費者本位」を標榜し、「清新な実用百貨店」として独自性を消費者にアピールした京阪デパートではあったが、戦時体制への移行により1943年8月末解散を余儀なくされた。一方都市間高速電気鉄道の先駆である阪神電気鉄道も、阪急に対抗して梅田での百貨店開業をめざしたが、戦時体制への移行によりこの計画は中止を余儀なくされ、阪神百貨店の開業は戦後に持ち越された。

これらに加え関西地域では、呉服店系百貨店の中にも私鉄ターミナルビルに出店するものが見られた。高島屋は南海ビル（南海鉄道難波駅）に出店、南海店とした。南海ビルは御堂筋拡幅と地下鉄建設により面目を一新しようとする難波に新たな拠点を確立すべく、南海鉄道が不況下でありながら建設に踏み切ったもので、鉄筋コンクリート造地上8階地下2階、地階と7階の食堂にはわが国百貨店としては初の試みである冷房化を行った。高島屋は先行して完成したビル中央部において、1930年12月部分開業に踏み切り、1932年7月待望の全館開業に至った。完成した南海ビルは延面積が41,664㎡と当時わが国最大のターミナルビルであった。

また大阪心斎橋に本店をおくそごうは、阪神電気鉄道三宮地下駅の完成とともに1933年10月神戸店を元町から同駅ビルへ移し、三宮店とした。この駅ビルは地上7階、地下2階で、関西では初の地下駅上に建設された駅ビルであった。そごうが同ビルへの移転に踏み切ったのは、当時の三宮が阪神国道線（路面電車）の開業、省線東海道線の高架化、阪急神戸線の高架による乗り入れなどによって、将来における発展が確実視されていたためであった。そのため施工業者である大林組の仲介で、1931年1月阪神電鉄との間に賃貸契約を締結したのである。なおそごうはそれまで「十合呉服店」と称していたが、三宮店の開店とともに「そごう」の商号を用いるようになった。

一方関東地方の場合、戦前期における都市輸送の主力は省線（戦後の国鉄、現在のJR線）であり、民鉄は省線を補完する存在にすぎなかったため、ターミナルデパートの発達は関西に比べ遅れ気味であった。阪急の小林一三を師

と仰ぐ五島慶太が経営する東京横浜電鉄が1934年渋谷駅に開店した東横百貨店（現・東急百貨店東横店）は、関東における本格的ターミナル・デパートの先駆けとなった。

東横百貨店

　東横では、すでに大阪で成功していた阪急の梅田駅食堂を模範として、東横線渋谷駅造駅舎の2階に、東京で最初の私鉄直営食堂である東横食堂を開業していた。営業面積わずか50坪、従業員も13人と小規模ながら、30銭のコーヒー付ランチが評判になり、売上は1日100円に達した。このころの渋谷は、東横の他に省線山手線と玉川電鉄が発着する都内有数のターミナルで、しかも新宿では三越、伊勢丹、ほていやの三百貨店が営業していたのに対し、渋谷にはまだ一店もなかったことから、百貨店進出には絶好の条件が備わっているものとおもわれた。ただし当時、新宿駅の乗降客は渋谷駅の2倍にあたる31万5000人を数え、しかも渋谷駅では東横線よりも玉川電鉄の利用客が多いという状況で、また「昭和恐慌」後の不況期でもあったため、他私鉄の多くが安全な専門業者への委託・賃貸方式を採るなか、五島が推進しようとしていた大型店の直営に対し、社内では時期尚早と批判的な声も強かった。しかし開業後の東横線を支えていた補助金の期限が1936年には切れるという切羽詰まった状況の中、補助金に代わる収益源として浮上したのが本格的百貨店の直営であったから、五島は「百貨店を開業することによって、玉川電鉄の利用者をも吸収し、新宿に迫る発展をめざすべきである」と反対派の抵抗を押し切り、百貨店の開店準備を進めた。ターミナル・デパートの元祖である阪急はもとより、他の百貨店にも実習生の受け入れを依頼し、ノウハウの習得に奔走した。

　五島は百貨店の敷地として、省線山手線、玉川電鉄、東京市電に囲まれた600坪を確保した。鹿島建設に工事を担当させ、ここに地下1階、地上7階、延べ面積3000坪のビルを竣工させたのは1934年10月25日のことであった。建設費は諸設備もふくめて231万3000円に達した。開業後の売上げは好調で、11月だけでも13万970円を計上した。同じ月、東横線の運輸収入が13

万4900円であり、早々にして鉄道業と肩を並べたのである。東横百貨店は、洋品・雑貨・食料品などの日用品を中心として品揃えを行い、商品はすべて現金で仕入れ、仕入値を抑えることで安価に商品が販売できるようつとめた。また営業時間は夜9時までとし、年中無休であった。そのため渋谷の小売店主からは苦情が殺到することとなった。また同じく渋谷をターミナルとする玉川電鉄が、東横百貨店に対抗しうる百貨店建設の計画をすすめていたことから、これを阻止し、東横百貨店の営業面積を1万坪に拡張するため、玉川電鉄の買収をすすめた。その結果、玉川電鉄には目黒蒲田・東京横浜両電鉄から重役陣が送り込まれるとともに、五島が社長を兼任することとなった。

その後における東横の百貨店事業に関する動きとしては、三越買収問題があげられる。当時三越の月商は380万円で、東横百貨店の20万円とは雲泥の差があったが、その三越をあえて買収しようと五島が考えた一因としては、東横百貨店の開業にあたり五島が先発の百貨店各社に実習生の受け入れを要請した際、唯一三越のみが協力を拒んだことがあるといわれる。しかしその直接的発端は、前山久吉からの三越株10万株を時価で譲渡するという申し出であった。前山は内国貯金銀行の社長で、三越の取締役も兼任していた。そして前山は、五島が玉川電鉄の買収に乗り出した際、自らが所有する玉川電鉄株2万株を五島に譲り全面協力していた。

五島が前山の申し出に心を動かされた理由は、私的な感情を別とすれば、東京の中央部に流通事業の拠点を確保したいとの構想を抱いていたことにあった。五島は池上電鉄と玉川電鉄の買収に成功し、次は東京地下鉄道へと買収の手を伸ばすつもりであった。東京地下鉄道を買収し、五島の関与する東京高速鉄道と結び、これで日本橋の三越本店と、東横百貨店あらため三越渋谷支店を結ぶ、というのが五島の秘めたる野望であった。

1937年7月、五島は前山所有の10万株を買い取ることを決断し、交渉を重ねた結果、一株当り95円で買収することとなった。しかし10万株の総額が950万円に達したため、銀行に融資を仰いだことから、極秘にすすめていた買収計画は露見した。そのため財界各方面から圧力が加わり、三井・三菱両銀行からは資金調達を拒絶されるに至った。さらに敬愛する小林一三まで

もが「蛙が蛇を呑むより無理だ」と翻意を促した。こうして五島は、やむなく三越の買収を断念したのである。

松屋、伊勢丹、白木屋……
　一方このころ東京では、呉服店系のターミナル・デパートとして松屋が1931年、東武鉄道の浅草駅ビル内に出店し、また1930年伊勢丹は、発展著しいターミナル・新宿に店舗を移した。老舗・白木屋も1933年、京浜電気鉄道と共同で京浜百貨店を設立し、京浜デパートの名で品川駅や鶴見駅、また菊屋の名で池袋駅に出店した。
　東西を問わず百貨店の経営に大きな影響を及ぼしたのが地下鉄の開通であった。大阪市では1933年梅田ー心斎橋間に市営高速鉄道御堂筋線が開通したが、この沿線には高島屋（難波）、大丸とそごう（心斎橋）、阪急（梅田）が集中して立地していた。これに対しそれまでメインストリートであった堺筋沿いの三越や松坂屋は次第に地盤沈下した。なお市営地下鉄の建設は名市長として知られる関一（はじめ）による大阪市開発政策の一環で、御堂筋の道路拡幅と同時並行的に進められた。それまで御堂筋は、車のすれ違いも困難な狭い通りであった。
　一方東京では東京地下鉄道により1927年浅草ー上野間の地下鉄が開業し、1939年には東京高速鉄道と相互乗入れを開始、浅草ー渋谷間が地下鉄で結ばれた。東京の主要百貨店はこの路線に沿って立地していた。上野で百貨店を営業する松坂屋では、1930年地下鉄広小路駅と上野店の地下売場がつながり、地下鉄と直結した最初の百貨店となった。これに続き日本橋でも三越本店が、1932年建設資金を自ら負担する形で地下鉄に三越前駅を開設させた。この日本橋は三越本店の他に1903年洋風高層建築により百貨店化した白木屋と、1933年日本生命が建設したビルを賃借し東京進出を果たした高島屋が店舗を有し、東京を代表する百貨店の集積地であった。一方明治維新以降「文明開化のショーウインドー」として発展し、地下鉄の沿線でもあった銀座では、1924年松坂屋、1925年松屋、1930年三越と、大正末〜昭和初年に百貨店の開店が相次いだ。

(3) 反百貨店運動の展開-「大型店問題」の源流

同業組合加入問題

　東京市において、関東大震災まで各百貨店は旧来の「呉服屋気質」を脱しておらず、取扱商品の種類や顧客のタイプ、経営方針などにおいて各店各自の特色を発揮していた。例えば三越は山の手方面の知識階級を目標として仕入を行い、さらに上京者を顧客として吸収しようとしていた。一方白木屋は、主としてその販売目標を下町の商人と花柳界に置くことで、独自の個性を保っていた。また高島屋は「貴族階級」を相手にし、松坂屋と松屋は日用品や雑貨に主力を注いでいた。そして一般的に百貨店は、「何か贅沢品を売るところ」と考えられ、そこに出入りするのは「大体奥様連とのみ思はれ」ていた。各百貨店がこのような経営方針をとっていたため、震災前には百貨店と一般小売業者との間の対立抗争も未だ激しいものとはなっていなかった。

　ところが関東大震災により、東京府下の商店街は壊滅状態に陥った。震災後、一般小売業者が資金の欠乏により再起がはかどらない中、百貨店はその潤沢な資本を利用して「未だ冷えきらぬ灰の中から立ち上が」り、即時に店舗を新築あるいは改造して営業を開始した。そして東京市の内外に多数の支店あるいは分店を設置し、しかも従来の高級品に加え、日用必需品を取扱品目に加えることとなったのである。当時の新聞記事は震災後の百貨店について以下のように記している。

> 「大量に仕入れて安い品物を買ひよく売る」之がデパートの標語である。殊に震災後は三越白木屋を始め松屋松坂屋等何れも出入に便利のため、下駄草履泥靴何でも御構ひなしの軽便と安くて調法な食堂があり、ひもじくば食堂へ、疲れたら休憩所へと云つた工合で、例へひやかし半分に入つた連中でも結局は浴衣地一反なり、ネクタイ一本なり買はねばならぬやう仕向けてゐる。三越では毎日店員が、他のデパートに客らしく入つて値段を調査し、若し同じ品物で自分の店より一銭でも安い品物を発見したものには、一件五円、又は十円の賞金を与へる。簡単な事だが経

営上如何に競争の烈しいかゞ察せられる。

このように震災を転機として東京市の百貨店が大衆的な存在に転じ、さらに東京以外の百貨店もこの傾向に追随したため、百貨店は一般小売業者の活動領域を次第に浸食するようになり、その結果両者間の利害対立が顕在化した。小売商の総売上高にしめる百貨店の割合をみると、東京の場合、1922年には小売商総売上10億9085万4000円のうち百貨店は9784万8000円で8.97％をしめるにすぎなかった。しかし1933年の『東京市商業調査書』では、百貨店の売上が東京市の25.0％をしめ、商品別では織物被服類（61.6％）、建具・家具・指物（51.1％）、小間物・洋品（50.6％）などの品目で百貨店の割合の高さが目立った。さらに1935年ごろの東京市調査でも百貨店は、小売商総売上の24.5％をしめていた。そこで小売商人たちは、このように勢力を急拡大した百貨店を、同業組合に加入させることによってその営業活動を規制しようとする動きに出たのである。そもそも百貨店の同業組合加入問題は、明治末より百貨店と同業組合側の間で争われてきた重要課題であり、これが小売商の経営状態が悪化した昭和初年（1920年代後半）に、改めてクローズアップされたのである。

1900年3月公布の重要物産同業組合法によって成立した同業組合、それに加入することを強いられていた中小小売商たちは、組合員が従わなくてはならない「販売価格その他の協定」も、百貨店が「その圏外にあつては甚だ不利であり組合の発達も阻碍される虞がある」と考えた。そこで同業組合側は重要物産同業組合法第4条の条文「同業組合設置の地区内において組合員と同一の業を営む者はその組合に加入すべし」を楯にとり、百貨店に対して同業組合への加入を迫った。しかし百貨店側は「何百種の商品を取扱つてゐるのだから、一々同業組合に加入した日には煩瑣に堪へないばかりか、第一各々の組合に各商品が拘束される結果として、全般の統制を害し、デパートそのものゝ活動を鈍らせるものがある」として、同業組合への加入を拒んだのである。

この抗争のはじまりは、1907年頃の東京靴組合が起した三越に対する訴訟

であった。これに対し三越は、重要物産同業組合法第4条の但書が「但し営業上特別の情況により農商務大臣において加入の必要なしと認むるものはこの限りにあらず」と規定していることを根拠として、百貨店を同法の対象から除外するよう当局に申請を行いつつ裁判に臨んだ。しかし大審院まで持ち越された裁判の結果は、三越の敗北に決した。三越は、その後もさまざまな組合から訴訟を起され、そのたび敗訴に終わった。しかし三越は、「組合加入となれば、あらゆる組合にも同様のお付合ひをせねばならぬ。これはやり切れない」と判断し、「訴訟費用お構ひなし」で「執拗に争い」、敗北を繰り返した。そのため昭和初年にいたっても三越大阪支店が大阪家具同業組合に訴えられ、大阪控訴院にて劣勢のうちに係争中であった。

　また、営業方針を大衆路線に切り替えた百貨店によって圧迫を受けていたのは小売商のみではなかった。小売商や百貨店に商品を卸す問屋もまた、百貨店によって圧迫を受けていたのである。資力に恵まれた百貨店は、問屋に対し低価格での納品を強いたのみならず、中には三越のように主要絹織物産地の桐生と京都に「仕入部」を設け、また随時他の産地に出張し、直接仕入を行うものもあった。また百貨店は問屋に対し、囮（おとり）商品（店舗に顧客を集めるため、赤字覚悟の低価格で販売する商品）として販売するものを、指定の価格で納めるよう半強制的に申し渡していた。それに対し問屋側は、百貨店の指定する価格で納品した場合、利益を得るどころか原価すら回収できないと知りつつも、大事な得意先を失ってはならないと考え、涙を飲んで納品していた。しかも百貨店の中には、返品されても「二束三文」の安値でなければ処分が出来ない「流行物」や、季節外れとなった売れ残り品、さらに品傷みとなり商品としての価値を失った品物などを、製造業者や問屋に遠慮なく返品して来るものもあったという。このように関東大震災後においては、百貨店と問屋の関係は以前とは逆転して百貨店が優位に立っていた。こうした点を考えると、同業組合が百貨店を同業組合に加入させるための運動を執拗に展開したいま一つの理由として、百貨店に対し復権をもくろむ問屋の思惑があったものと思われる。

　こうした背景を持つ同業組合側の加入要請に対し百貨店側は、同業組合が

加盟強制の手段とし徴収する「過料」については、組合の主張通り支払えとの判決が下った場合には支払いながらも、大審院にまでいたる訴訟を常に繰り返し、可能な限り同業組合への加入を拒否する姿勢を貫いていた。百貨店が同業組合への加入を固く拒み続けた表向きの理由は、百貨店はきわめて多くの種類に商品を扱っているため、該当する同業組合すべてに加入した場合、莫大な経費を支出しなければならなくなるので、このような巨額の負担を免れられるのであれば、訴訟に敗北を喫するその都度20円から30円の罰金を払っている方が得だ、ということであった。しかし百貨店が同業組合への加入を固く拒み続けてきたより重要な理由は、同業組合に加入した場合、百貨店が売上を伸ばす上で大きな武器としてきた囮販売が出来なくなることにあった。百貨店は、その販売力を利しての大量仕入れにより一般小売業者よりも仕入値を抑えることができたが、これに加えて多種多様の商品を扱っていたため、その一部は仕入値以下で販売しても、損失を他の多くの商品で埋合せることができるため、店全体としては影響が皆無であったのみならず、むしろこのダンピング販売でより多くの顧客を集め、かえって多額の利益を上げていたのである。これは一般小売業者にとってはこの上なく恐るべき打撃であった。そのため小売商たちにとって、百貨店を同業組合に加入させ、囮販売を阻止することは何よりも優先すべき急務だったのである

　この問題に関する政府の対応は以下のようなものであった。百貨店側の申請を受けた同業組合の所轄官庁である商工省は、まず百貨店を一つの業種とみなし、百貨店だけで同業組合を結成させる可能性を探った。しかしその結論は、百貨店のみでの同業組合結成は、根拠薄弱につき困難、というものであった。そこで同省は、百貨店が取り扱い品目ごとに同業組合へ加入することは困難であると認め、従って百貨店は重要物産同業組合法第4条の但書が言うところの「営業上特別ノ情況ニヨリ主務大臣ニ於テ加入ノ必要ナシト認ムル者」に相当するものと判断することによって、強制加入の対象から除外することに決定した。こうして1928年6月2日、商工省は三越と白木屋の両百貨店に対し、既に加入していた同業組合からの脱退を認可した。以後この措置は関西地方の百貨店にも適用され、一般化していったのである。

こうした政府(商工省)の決定に反発した同業組合の団体・東京実業組合連合会は、商工省に対し、百貨店の同業組合からの脱退認可を取り消すよう要望を出すとともに、脱退認可の根拠となった第4条但書の削除を柱とする同業組合法の改正案を帝国議会に提出するように迫った。しかし商工省は、百貨店の同業組合からの脱退はこれを認めた直後であり、従ってこれをただちに逆戻りさせることは出来ないし、また当時の同業組合は種々の弊害を伴っており、それは商工省がこの理由から組合法の改正を計画したほどのものである、との理由で実業連合会＝同業組合側の要求を退けた。かくして、同業組合に結集し百貨店を同業組合に加入させてその営業活動を規制しようとした小売商人たちの目論見はひとまず失敗に終わった。この時期における政府(商工省)の態度は明確で、消費者の利益を第一に考え、同業組合の規制から百貨店のような革新的小売業者を可能な限り自由にしようとするものであった。

百貨店法の制定

　同業組合への加入により百貨店の勢力拡大を牽制しようとの試みに失敗した中小小売業者が次に目指したのは、百貨店の営業を直接規制する新たな法律＝百貨店法を制定することであった。戦後の1956年に再度制定されたそれと区別するため第一次百貨店法とも呼ばれる同法の制定過程は以下の通りである。

　1932年6月11日、百貨店の圧迫で前途を悲観した小売店主が、日本橋三越本店で割腹自殺をとげた(「三越の椿」事件)。この事件を転機として、行き詰まりを示していた反百貨店運動は再び活発化し、百貨店法制定を求める動きが強まった。1932年7月14日、東京商業会議所(東商)と百貨店協会の懇談会が開催された。反百貨店運動の高揚を憂慮し、みずから開催したこの懇談会において東商は、百貨店側に営業活動の自制を求め、了承を得た。一方商工省は、同年7月25日の省議において百貨店法につき審議を行った。その結果、第63臨時議会への百貨店法案上程を図ることとした。ここでの百貨店法案は百貨店の営業制限を強く打ち出したものであったため、これを重

く見た百貨店協会は法案阻止の運動を開始し、中島久万吉商工相に会見の上、法案の提出見合わせと百貨店側の自制を申し出た。その結果百貨店法案は取り下げとなり、「商品券取締法」のみが上程・可決された。

1932年8月11日公表された協会側「自制案」の内容は、①出張売出しの禁止、②商品券の制限、③支店・分店新設の禁止、④「囮政策」の禁止、⑤無料配達区域の整理縮小、⑥毎月一斉に3日休業、⑦協会の商業組合への移行とそれによる統制、など、「大衆化」以来百貨店各社が展開してきた新たな商法をことごとく封印しようとするものであった。協会がこのような自制協定に応じた理由は、第一に世論を慮り中小小売商問題の緩和と沈静化を図ることであり、次いで協定により営業費の削減を図ることであった。つまり「自制案」には、激しい競争を余儀なくされていた百貨店同士のカルテルという性格もあったのである。

その後、商業組合法の成立を受けて百貨店協会は商業組合に改組したため、自制協定も商業組合法にもとづく営業統制規程へと移行した。しかしこうした協定や統制には違反するものが絶えず、ために小売商団体はその不備を指摘し、百貨店法の制定を迫った。そのため百貨店法案が1935年より数次にわたり議会に提出されたが、成立には至らなかった。

1936年12月、小売業改善調査委員会の決議が第四回総会で採択の上、商工大臣へ提出された。これは各地の商工会議所が実施した「商店街調査」と、学術振興会小売業問題委員会の見解を基礎とするもので、百貨店の経済的役割を評価しつつも、その弊害を緩和するための規制を要望していた。具体的な規制の内容としては、濫設拡張の防止、経営に関する統制の強化（営業日、営業時間、販売価格、出張販売）、統制を公正に行うため百貨店委員会の設置、などであった。これを受け商工省は再度百貨店法の立案作業を進め、1937年第70議会に提出したが、これも審議未了で廃案に終わった。結局百貨店法が成立したのは同年開催の第71議会においてであり、8月11日公布された。

（第一次）百貨店法の内容は、百貨店の営業、支店／出張所の設置、営業拡張、出張販売などを許可制とした上、閉店時刻・休業日を規制するとともに、百貨店組合の組織化や、許認可事項を協議する百貨店委員会の設置を百貨店

側に要求していた。しかし百貨店法は百貨店による小売商への圧迫こそ多少緩和したものの、1930年代まで大都市百貨店は発展を続けた。結局（第一次）の百貨店法は、百貨店相互の過当競争を抑制したに過ぎないものであった。

第五章

百貨店(3)
第二次世界大戦後の首都圏地域における百貨店

(1) 概観

　戦後の首都圏地域における百貨店業界の動きとしてまず特徴的であったのは、戦前においては関西に後れをとった関東地方（首都圏）の民鉄企業による百貨店経営が積極的に展開されたことである。その背景としては政治と文化のみならず経済の分野も含めた東京（首都圏）への一極集中と、それにともなう人口の急増、消費市場の急激な拡大があった。また消費市場の急激な拡大を感知した関西の老舗百貨店が、主要鉄道駅付近への出店で東京進出をはかったのも、この時期の首都圏地域の特徴であった。昭和20年代末から30年代初めに阪急が大井町（1953年11月）と数寄屋橋（1956年5月）に進出し、また1954年に大丸（東京駅八重洲口）、1957年に十合（現そごう、有楽町駅前）、1959年に高島屋（別会社横浜高島屋を設立、横浜駅西口）と続いた。そごう東京店の開店コピーで、フランク永井の低音にのって流行歌にもなった「有楽町で逢いましょう」は、百貨店がデートの場となるほど庶民の暮らしに定着したことを象徴していた。さらに東京駅八重洲口で開店した大丸東京店は、全館夜8時までという当時としては画期的な長時間営業を成功させるため、「奥様、お嬢さま、三時間のデパート勤務はいかがですか」のキャッチフレーズで、パートタイム勤務者の募集に踏み切った。250人の募集に対し応募者は8000人に及んだという、かくして百貨店は、パートタイム勤務者を就労体系に位置づけた最初の巨大産業となった。

　一方東京を本拠とする老舗百貨店は、旗艦となる本店の数次にわたる増改

第5章　百貨店(3)

築で足場を固めたのち、人口急増地区の郊外や地方中核都市へ支店を出店した。また電鉄系ターミナル百貨店の成功を見た昭和40年（1965年）以降は、ターミナルへの志向を強めた。さらに国際的イベントを展開し、また海外デザイナーと提携、加えて当時「三種の神器」といわれたテレビなど家電製品の扱いを増やすなど、新しい生活様式を提案しながら空前の成長を謳歌することとなった。このころ三越の販売商品のなかで新製品がもっとも多かったのは家電製品で、白黒テレビ、電気洗濯機、トランジスタラジオ、テープレコーダーなど、当時の家電製品はそのほとんどが三越から最初に売り出され、技術革新の進展で製品価格が低下するにつれ、大型の売れ筋商品となっていった。ちなみに首都圏地域以外の百貨店でも、1956年7月名古屋市の3百貨店（松坂屋、オリエンタル中村、丸栄）がテレビ、洗濯機、扇風機をメーカー指示価格の2割引きで販売したが、その後メーカーと歩み寄り7月から5％引きで販売するという出来事があり、また1957年2月には阪急百貨店がプライベートブランドの「阪急テレビ」を発売している

　1955年、この年全国百貨店の売上額は2018億円と、2000億円の大台を突破した。この動きに対して、百貨店の巨大化を防ぐべく再度制定されたのが百貨店法（第二次）であった。百貨店法は、そごうが東京進出を果たした直後の1956年6月、実施に移された。しかしそのかたわらで、首都圏地域における百貨店各社は勢力の拡大を重ねた。伊勢丹は新宿本店の増築を積極的に進め、1955年の西側隣接地増築を皮切りとし、1968年に完了した第七期工事までほぼ毎年増床を続け、1968年売場面積は5万㎡を超えた。三越も1955年以降本店の増築を続け、日本橋地区で戦前から三越の最大のライバルであった高島屋東京本店もこれに対抗した。東京・池袋を本店とする西武百貨店も計画的に増床に取り組んだ結果、1965年9月の時点で、都内で売場面積4万㎡を超える店舗は四店となった。また西武百貨店や伊勢丹、三越、高島屋、松坂屋などは、大都市周辺や地方都市への支店開設に力を入れるかたわら、商品供給や共同仕入れ機構の設立などを通じ地方百貨店への影響力を高めていった。しかしセルフ販売と本部集中仕入れを武器に、多い年には年間20店も出店するスーパーの成長を前にして、次第に百貨店は守勢に追い込まれて

いった。

　副都心として今日わが国最大の乗降者数を誇る新宿では、伊勢丹や三越といった呉服店系百貨店の進出がはやくから見られた一方で、電鉄系百貨店の開業は高度成長期まで遅れた。新宿―小田原間を本線とする小田急電鉄が小田急百貨店を開店したのは1962年のことであった。百貨店法によれば通産大臣は百貨店の新増設を認可する場合、百貨店審議会の意見を聴取することになっており、また審議会はあらかじめ地元の商工会議所にある商業活動調整協議会（商調協）の結論を尊重するのが建て前であった。小田急が百貨店の開店を申請した当時における商調協の結論は、新宿地区については百貨店のない駅西口に新設を計画する小田急と京王帝都に各1万7000㎡を認めるというもので、また伊勢丹（当時3万5600㎡）には8500㎡の増設が認められ、これにより同店は日本橋三越並みの売場面積を得た。さらに新宿三越（同1万500㎡）には1万3000㎡の増設を認め、これにより同店は銀座松屋と売場面積で肩を並べることとなった。開業後の小田急百貨店は、1967年小田急新宿駅ビルを新たな本館とし、また1976年には東京都町田市の小田急町田駅ビルに町田店を出店、さらに1985年には系列の江ノ島電鉄が経営していた江ノ電百貨店を同社藤沢店として発展していった。また新宿と八王子を結ぶ京王帝都電鉄（現・京王電鉄）の場合、1961年に京王百貨店を設立、1962年5月には高島屋と業務提携し、従業員教育や仕入れなどに関する経営のノウハウを取り入れたうえで、1964年新宿店を開店した。なおこの1964年には、国鉄の新宿駅ビルも開業している。

　1967年、2月に大丸の売上高が日本の小売業で初めて1000億円を突破したこの年、百貨店各社は、スーパー部門への積極的な進出を開始した。この時期、それまで西武と東横を例外としてスーパーには傍観的な姿勢を保っていた多くの百貨店が、いっせいにスーパー部門への進出をもくろんだが、その理由は、六大都市において売場面積3000㎡以下の店舗であれば、百貨店法の規制対象とならないことであった。このころ百貨店の新設店舗は、あらゆる商品を揃え顧客動員を最大化するという観点から、売場面積2万平方メートル以上を要求される時代に入っていた。しかし、大規模な店舗を出店するた

めには、地元商店街などとの調整が必要となり、自らの希望する売場面積を確保できることは稀であった。そのため急成長するスーパーが百貨店経営者の注目を集めたのである。高島屋は、高島屋ストアでスーパー部門の強化をはかった。当時の計画によれば、提携先であったウールワース（米国）の商品を取り扱うことで、1966年40億円、67年70億円の売上げを見込んでいた。また大丸は、ピーコック産業を設立し、東京と大阪を中心とするスーパーの展開を決定、1967年の売上目標を35億円とした。松坂屋は松坂商事で14億円の売上げをめざし、また伊勢丹は伊勢丹ストア、阪急はオアシス、三越は二幸と、それぞれスーパー展開のための子会社を設立した。

1969年、二子玉川に高島屋ショッピング・センターが開業し、百貨店を核店舗にすえ計画的に建設された本格的ショッピング・センター（SC）の先駆けとして注目を集めた。このプロジェクトを推進した倉橋良雄は、横浜高島屋の出店（後述）を成功させた経験をもち、鉄道交通時代から自動車交通時代への移り変わりにより、今後は二子玉川周辺が交通の要になると判断した結果、ここを日本初の本格的SCの建設地に選定したのである。開発主体は高島屋の子会社である東神開発で、売場面積約1万6500㎡の高島屋を核店舗として約120の専門店により構成した。同SCは1970年代後半に入ると、急速に売り上げを伸ばし、開設初年の104億円から18年後には1000億円を突破した。

1970年代に入ると、その後半、百貨店の構造的な問題点が顕在化し、業態の危機が初めて認識された。売り上げは低迷し、とりわけ地方百貨店で、「百貨店離れ」が進行した。地方百貨店は大半が同族企業であったため、経営方針が保守的になり、老舗の看板に安住して革新を怠った。また、大都市百貨店が主宰する共同仕入れ機構から供給される商品が、地元客の嗜好に合わないことも多かった。そのため地方百貨店では、業績の格差が広がり、丸井今井、天満屋、トキハなど一部有力地方百貨店が地域に密着して地盤を強固にする一方、救済を求めて都市百貨店の傘下に入る百貨店も少なくなかった。1976年には高島屋が京成百貨店（東京都）にテコ入れし、また伊勢丹は1969年3月より提携していた藤五伊勢丹（高崎市）に対し資金、人材面の支援を

行った。

　当時地方への進出がとくにめざましかったのは三越である。1977年2月には、火災が原因で倒産した大洋（熊本市）と前三（前橋市）へ役員を派遣し、またニューナラヤ（千葉市）と岡島（甲府市）にも同じように経営幹部を送り込んだ。さらに4月には、念願の名古屋進出を、オリエンタル中村との提携で果たした。それまでもオリエンタル中村は三越と商品仕入れという形で業務提携していたが、このときは社長以下の人材を送り込み、完全に三越の経営支配下に収めたのである。1977年2月期段階で、オリエンタル中村は約20億円の赤字を計上しており、もはや独自経営を続けられる状態ではなくなっていた。

　しかし経営難に陥った地方百貨店は、都市百貨店よりもジャスコ、ニチイ、イトーヨーカ堂などの大手スーパーに救済を求めることが多かった。1978年のイトーヨーカ堂と札幌松坂屋の提携は、伝統の大手百貨店が支店経営に失敗し、新興スーパーに再建を託した画期的事件であった。

　またダイエー碑文谷ショッパーズ・プラザのようなライフスタイル別売場構成が、1976年に入って百貨店業界でも積極的に取り入れられるようになった。1976年には、都内はもとより全国的に、多くの百貨店が売場改装を実施した。都内だけでも伊勢丹本店、西武百貨店渋谷店、三越新宿店、京王百貨店、小田急百貨店、松屋本店などが売場を改装している。三越本店でも、1976年1月から、消費者のライフスタイルを意識して全フロアで「インショップ化作戦」を進めていた。

　1980年代にはいると、1983年2月期決算では、三越が不良債権の処分損で51億円の欠損を計上し、また大丸は梅田店の開業負担と不振で大幅な減益となった。高島屋も関連会社の経営不振により連続減益、松坂屋は28年ぶりの減収となった。このように大手百貨店がのきなみ不振であったため、八王子大丸、今治高島屋、三越神戸支店などが閉鎖に追い込まれ、翌1984年には京成百貨店が経営不振で丸井に営業権を譲渡するに至った。

　しかし大型景気に沸いた1980年代後半以降は、一転して百貨店業界に従来の常識を超えた巨大店舗「巨艦店」が相次いで開店した。それまでの都市百

貨店は、フルラインの本店クラスで売場面積が4万5000〜5万㎡であったが、このころ新たに出現した巨艦店は7万〜8万㎡の規模をもち、百貨店が単なるモノやサービスの売り場ではなく都市のインフラになりつつあったことを示していた。このような巨艦店ブームの先駆けは1985年開業の横浜そごうで、その背景は、小売商業における競争が、従来の大型店同士の対立から、広域の商圏間競争に変わったことにあった。その後、1991年3月に南館を新設した松坂屋名古屋店、1992年6月に既存店を核として隣接する二つのビルの再開発で売場を倍増した東武百貨店池袋店など、横浜そごうを上回る巨艦店が相次ぎ出現した。いずれも巨大で豪華な美術館を併設もしくは隣接させ、複合的魅力を打ち出していた。特に東武百貨店の場合、再開発は先に開業した東京芸術劇場、ホテルメトロポリタンなどを含む池袋西口地区再開発の一環として実施され、「百貨店は街づくりのインフラ」と位置づけられていた。

集客装置としての巨艦店の力はめざましく、伊勢丹新宿店の場合、1991年の年間入場者数は3300万人と東京ディズニーランドの約二倍に達した。巨艦店の開業が相次いだ背景には、このような集客力の魅力に加えて、1990年5月以降大規模小売店舗法の規制が緩和され、店舗の増床が容易になったことを指摘できる。また、公共企業体の民営化がすすめられたなかで、JRグループやJT（日本たばこ産業）などが簿価の低い一等地を有効利用するため、既存百貨店との事業連携に積極的になったこともその一因であった。しかし巨艦店舗は物販施設として投資効率が悪く、横浜そごうの場合、売上高は計画を上回り、1991年2月期は経常利益ベースで単年度黒字になっていたが、その一方で借入金の金利支払額が営業利益を上回り、310億円の累積損益を抱えていた。

(2) 関西呉服店系百貨店の東京進出

1954年、大丸は東京・八重洲に進出した。これが大成功をおさめ、1955年には、それまで百貨店売上高日本一の座を独占していた三越から日本一の栄冠を奪った。戦後、大丸は住友財閥の常務理事を務めた北沢敬二郎を社長に

迎えた。その北沢のところへ当時の国鉄総裁・長崎惣之助が訪れた。国鉄の経営はそのころから厳しさを増しつつあった。そのため長崎は国鉄に収益力のある新規事業を加えることを考えた。しかし公共企業体である国鉄には、単に収益を追求するための事業は許されていなかった。そこで、近い将来輩出が予想される定年退職者の受け皿となるような事業を模索した。その結果、長崎はすでに海外で行われていた民衆駅に注目した。国鉄の駅舎にビルを建て、そこへテナントを誘致し、国鉄はその管理を行い、管理費を徴収する。それが長崎の民衆駅構想であった。

　長崎は東京駅の八重洲側に民衆駅を建てることを考えた。しかし多数のさまざまなテナントが出店することには、管理上の不安があった。またテナントの募集に費やすことのできる人材や予算も乏しかった。そのような理由でいずれかの企業に一社でまとめて借りてもらえないものかと考えた長崎が、北沢の意向を質しに来たのである。東京への進出は、大丸にとってかねてからの悲願であったから、北沢は長崎の申し出を即座に受け入れた。このとき北沢は、民衆駅の建設資金についても大丸が応分に負担することを約束した。このように大丸が出店することを確約したため、長崎は安心して民衆駅の建設にとりかかることができたのである。「関西の大丸とはいったいどのようなデパートだろう？」と東京人の好奇心を刺激した大丸の東京進出は成功をおさめた。開業初日、開店を待つ人の列は八重洲から日本橋の高島屋まで達したという。

　大丸と大阪・心斎橋で本店が隣接し、売場面積もほぼ拮抗していたそごうにとって、大丸の東京進出は大いなる刺激となった。そこでそごうは1957年、有楽町駅前に東京店をオープンした。しかしこれは、思惑通りの結果をもたらさなかった。日本テレビで放映されたテレビドラマ「有楽町で逢いましょう」のロケーションに、そごうは店舗を提供するなど全面的に協力した。その結果タイトルの「有楽町で逢いましょう」は流行語となり、主題歌を歌ったフランク永井は「低音の魅力」で一躍スターとなった。しかし肝心の売り上げは振るわず、業界では有楽町店はそごうの命とりになるのでは、と噂された。翌1958年の決算でそごうは、有楽町店への支出が影響して欠損を計

上し、無配に転落した。不振の一つの原因は売場面積が1万4980㎡と狭すぎたことにあった。そのため十分な品揃えができず、「新しくできたそごうへ行ったが、欲しい物は何もなかった」と評判をおとし、客足は急速に遠のいた。いま一つの原因は家賃の高さで、そごうが出店した讀賣会館は、1カ月につき1坪当たり4000円の家賃を徴収した。そのためそごうは売場のみでも月額2000万円近い家賃を負担しなければならなかった。一方大丸は、出店の経緯により家主である鉄道会館ときわめて有利な賃貸契約を結んでいた。算定基準をそごうに合わせてみた場合、大丸の家賃負担は1坪あたり百数十円ときわめて低いものであった。

(3) 東横（東急）百貨店

　一方関東民鉄のターミナル・デパートに関する動きをみると、まず戦前いち早く渋谷駅に東横店を開店し、関東における電鉄系ターミナルデパートの先駆けとなった東横百貨店は、1950年12月、池袋店を日本停車場株式会社の建物を賃借する形で開店した。また1958年には、経営不振に陥り敵対的企業買収の標的となっていた老舗百貨店・白木屋を救済した上合併、日本橋店として、待望の都心進出を果たした。

　1964年2月29日、「東横デパートの本丸」といわれていた渋谷に、明くる年の秋、西武百貨店が進出することが新聞紙上で報じられた。犬猿の仲とみられていた東横と西武が同じ渋谷に、と地元の人々は驚く一方、地元商店街では「渋谷は東横が育てた町だが、これからの発展は東横だけでは無理だ。西武が発展の役割をしてくれる」と西武の進出に両手をあげて賛成する声も聞かれた。

　渋谷区役所通り商店会の会長によれば、渋谷は道玄坂と宮益坂にはさまれたスリバチ型の町であるため、現状ではこれ以上に町の繁栄は望めず、商店会でも打開策をいろいろ検討していたが、西武百貨店が開店すれば、人がそれだけ集まり、行きづまりの打開策となる。「新宿は三十分、渋谷は三分」といわれてきた来訪者の滞在時間の差が大幅に縮まり、地元商店で消費される

金額も異なってくる。西武百貨店は、建設が決定されたNHKの放送センターとならび、新たな渋谷の繁華街造りの基礎になる。西武進出を契機として沈滞した渋谷を建て直したい、というのが同会長の願いであった。

渋谷駅前商店会の副会長も、西武の進出を大いに歓迎していた。安売りを看板とするスーパーマーケットの進出には大反対だが、百貨店なら歓迎する。しかも三越や松屋などの老舗とは異なる新興勢力の西武ならば、活発な宣伝をするであろうから、それは渋谷の発展や、地元商店街の繁栄につながる。欲をいえば渋谷に、三つから四つの百貨店ができてくれれば、さらに宣伝・販売合戦は活発になり、渋谷に人が集まってくるであろう、と。つまり西武進出だけではもの足りない、というのがこの副会長の思いであった。

渋谷地下街共同組合の常務理事は以下のように述べた。西武の渋谷進出は今まで考えることもできなかった出来事でまったく素晴らしい。今後東急の新玉川線など渋谷に発着する交通網が発達し、目黒、世田谷、川崎方面から都心まで短時間で行けるようになると、渋谷はこれまで以上に「素通り」の町になってしまうと心配しており、これを打開するため大きな刺激が欲しいと願っていたところであった。西武と東急が互いに良い意味で競争してくれれば、渋谷は間違いなく新宿や池袋に劣らぬ魅力を持った盛り場になると思う、と。

以上のコメントから理解できるように、若者を中心として多くの来訪者を誇る今日の渋谷からは想像もできないことではあるが、西武進出以前、1960年代前半までの渋谷は、同じく副都心である新宿や池袋と比較した場合、一段も二段も劣る、活気のない町とみられていたのである。そのことは東急の総帥・五島慶太もよく認識していたようで、渋谷の魅力を高める方策を考えた末、東急文化会館の建設に踏み切った（1956年12月開館）。この施設はプラネタリウムと、スクリーン3つを備えた映画館、さらに結婚式場等も擁し、昭和30年代としては最先端の複合施設であった。

東横百貨店は、西武の渋谷進出に対抗すべく社名を東急百貨店と改め、イメージの一新をはかった。これにより1967年11月開業した新館は東急百貨店本店、従来からの渋谷東横は東急百貨店東横店、そして傘下に収めた白木

屋は東急百貨店日本橋店と改称された。日本橋が営団地下鉄東西線の開通によって銀座線と東西線の乗換駅となったため、日本橋店の立地条件が向上した東急百貨店は、1971年度の売上高が742億2300万円に達したが、その構成比は本店20％、東横店50％、日本橋店30％と依然として渋谷の、とりわけ駅と直結した東横店の比重が高かった。

1979年、東急は渋谷に、現代感覚のファッション専門店ビル「ファッションコミュニティ109」をオープンした。周辺は見ちがえるほどのモダンな雰囲気に一変、道玄坂に活気が戻り、道行く人々の流れや風俗にも変化があらわれた。しかし東急百貨店の1982年1月期売上高は、2488億円と西武百貨店の約半分にとどまっていた。

(4) 西武百貨店

戦前から東急のライバルとして伊豆や箱根の観光開発をめぐり激しい争いを繰り広げてきた西武鉄道では、戦後、創業経営者堤康次郎の息子・清二が流通事業を担い、勢力を急拡大した。もともと西武百貨店は1940年西武鉄道の前身・武蔵野鉄道が池袋東口の菊屋（白木屋と京浜電気鉄道が共同で設立した京浜百貨店が1930年出店）を買収し、武蔵野デパートに改称したのがその始まりで、1949年西武百貨店に改称していた。

堤清二が書籍販売の一店員として西武百貨店へ入社したのは1954年であった。この時、父である康次郎から清二に課せられた使命は、同じターミナル・デパートということでライバルと目されていた東横百貨店（のちの東急百貨店）に追いつき追い越すのみならず、百貨店業界の王者・三越を追い抜き、百貨店日本一を目指すことであった。1955年10月、清二は早くも取締役店長に就任したが、当時の西武百貨店は経営が悪化しており、前途は暗澹たるものであった。三越など有力百貨店の池袋進出に直面していたことがその一因であった。しかし清二は、こうした逆境を、多額の借入金による設備投資で覆していった。

西武百貨店が渋谷店を開店したのは1968年4月のことであった。渋谷駅か

ら50m北の神宮通りにある映画館「渋谷国際」と三井銀行、さらに道路をへだてた「渋谷松竹」の敷地は合わせて6600㎡余りで、すべて同一の人物が所有していた。映画界が不況であったため、これらの映画館をとりこわし、第一期工事として「渋谷国際」と三井銀行の跡地に地上8階、地下3階、延べ面積3万9600㎡のビルを建設、続いて第二期工事として「渋谷松竹」跡にも同じ規模のものを新築、道路にまたがる二つのビルを陸橋でつなぎ、これらを賃借して西武百貨店が渋谷店を出店することになったのである。

しかし渋谷西武は、開店と同時に華々しい業績を上げたわけではなかった。それが花開くには、1973年の渋谷パルコ開店までなお5年の歳月を待たねばならなかったのである。渋谷パルコは、池袋と大阪心斎橋に続くパルコの第三号店で、9階には赤字覚悟の西武劇場が開設された。パルコが西武百貨店と同じ神宮通りに出現すると、原宿族などの若者風俗とも合致して爆発的な人気をよび、NHK大ホールとオリンピックスタジアム、原宿駅に通ずる神宮通りは公園通りに改められた。それまで渋谷のメインストリートであった道玄坂の客も、その多くが公園通りへ流れ込み、「道玄坂はオールドファンの街、公園通りは現代っ子の街」と色分けされるようになった。

パルコは、ビルの各フロアをファッション専門店に賃貸し、テナントの売上高に応じて家賃を徴収、西武は家主としてのみならず、全体の宣伝やイメージアップと、そしてコンサルタントとして各テナントの指導を担当していた。堤清二は旧制東京府立十中（現・都立西高等学校）での同級生であった増田通二を、西武百貨店に入社させた。増田に託された任務は、経営危機に陥っていた池袋の百貨店・丸物を再建することであった。1968年当時、この関西系百貨店は池袋東口の駅ビルという最高の立地にありながら、正面に三越池袋店、南隣に西武池袋店、そして裏の西口に東武百貨店と、三方を強敵に囲まれ倒産寸前の状態にあった。いずれ丸物は破綻するとみた清二は、丸物の跡地に新たな強敵が出店することを懸念し、丸物の買収に踏み切った。

清二は丸物を、それまでの池袋には欠けていた、精選された店舗のみを集めたショッピング・センターに転換することを考えた。増田は清二の着想をさらに発展させ、ファッションの専門店だけを集めたショッピングビルに仕

立てようと目論んだ。丸物が生まれ変わるという噂を聞き、甘栗の店や電器店の主人らが、政治家の紹介状を携え出店を申し込んできたが、増田はそれらをすべて断った。生活の臭いがする洗濯機や冷蔵庫を置けば、それはもうファッションとは言えず、電器店を出店させるならば、取扱品目はオーディオだけでなければならない、というのが増田の考えであった。店名は、人が集まる公園という意味のイタリア語から「PARCO」と名付けられた。1969年開店した池袋パルコは、一業種一店の原則にこだわらず同業種で複数の出店をさせ、買い回りの相乗効果を高めていた。

1974年9月、池袋の西武百貨店本店では第九期増築工事が完成した。工費として200億円を投じた結果、売場面積は5万4000㎡に達し、伊勢丹本店、三越本店のそれを追い抜き日本一となった。最上階である12階には西武美術館が開設された。池袋本店は1982年、ついに宿願の年間売上高日本一の座を三越本店から奪いとった。

またこのころ西武百貨店は、千葉県船橋市でも「デパート戦争」を展開していた。国鉄総武線、京成電鉄、東武鉄道が発着する同市は、京葉工業地帯および東京のベッドタウンとして巨大な団地や分譲住宅の建設が相次ぎ、人口が急増しつつあった。そのため総武線の船橋駅を中心に西武、松屋、長崎屋、十字屋などの大型店が群雄割拠し、さらにクレジットの丸井も出店してきた。ここで1万7千㎡余の売場面積を確保した西武船橋店にとって最大のライバルは、百貨店・松屋であった。しかし松屋は、店舗が駅から遠くはなれており、市民の通行量も少ないという恵まれない立地条件に加え、売場面積が西武の五分の一と狭小であったため、西武船橋店の開店から四年後の1974年末に、船橋市から撤退した。

1976年には緑屋が西武流通グループに加わった。緑屋は戦後の月賦販売業界において、丸井と二強として争いを繰り広げてきた企業であった。1937年創業の丸井に対し、1951年創業と後発ながら緑屋がながらく業界第一位の売上高を堅持してきたが、丸井の売上高が490億円に達した1970年の時点でその立場は逆転した。丸井創業者の青井忠治と2代目社長となった青井忠雄の「駅のソバ」作戦が功を奏したのである。丸井はまず中央線沿線の豊田、三

鷹、吉祥寺、高円寺などで展開していた効率の悪い11店舗をつぎつぎと整理閉鎖し、一方で国鉄駅の近接地を入手しては、新設ないし移転増設により18店舗を開店し、テレビCMによって「丸井は駅のソバ」とその立地条件の良さを強調した。月賦をクレジットと称したスマートさと、若者に的を絞った商品政策が若者たちの心をつかんだ。父親の忠治が東京・中野に興した家具店から出発した丸井に入社し、26歳で取締役企画室長、そして1972年社長に就任した青井忠雄は、月賦をクレジットと名称変更させ、日本最初のクレジットカードを発行した。「丸井はどこ」「駅のそば」のテレビCMは忠雄が自らコピーを書いたとされる。

　一方緑屋の創業者で社長でもあった岡本虎次郎は、スーパーなみの多店舗化と大型化のみを急務とした。ボウリング場と住宅販売の拡充にも力を入れたものの、ボウリング場などは一過性の流行レジャーにすぎず、ついに緑屋は王座をうばわれ赤字経営に転落した。そこで1971年11月より総合商社・丸紅の支援を仰ぐことになった。その頃丸紅は、躍進する小売業界に接近するため、積極的にスーパー株を買い集めていた。1976年3月の有価証券報告書によれば、三菱商事の長崎屋50万株、西友ストア29万4060株、三井物産の長崎屋40万株に対し、丸紅は長崎屋の100万株を筆頭に、ジャスコ61万5000株、ダイエー50万9720株、いづみや45万株、ニチイ45万120株と、他の商社に比べ大量かつ広範囲に亘る大手スーパーの株式を保有していた。丸紅が小売企業の株を積極的に保有した裏には、三菱商事や三井物産に肉薄するためには、それらが進出していない業界に勢力を伸ばさなければならない、という計算があったといわれる。しかしその後丸紅は、一転して小売業界から撤退する意向を示しはじめた。その手始めは、丸紅を以てしても赤字の解消には至らなかった緑屋の経営主導権を西武流通グループに譲渡することであった。

　好調の丸井を目のあたりにして月販業界への進出をひそかに期していた西武流通グループは、1974年春までに緑屋株100万株を買い集めた。「再建にはやはり流通業界の資本力と競争力が必要だ」とこれを歓迎した筆頭株主・丸紅は西武に緑屋株150万株を譲渡し、また岡本社長とその一族も150万株

を譲渡したため、西武は合計400万株を得て持株比率9％を確保、第二位の大株主となった。その結果、1976年3月、西武の坂倉芳明が緑屋の社長に就任し、また堤清二は非常勤の取締役相談役となった。社長となった坂倉は、中期三か年計画を策定して緑屋の体質改善を推し進めた。店舗のリフレッシュを急がせるとともに、不要とみなした五つの店舗を早急に閉鎖し、そこに勤務していた店員たちをことごとく西武流通グループに出向させた。1980年、売上高660億円、経常利益100億円を計上するまでに再建が進んだ緑屋は、西武クレジットに社名を変更し、「セゾンカード」の発行を開始した。

　池袋店が単独店舗として年間売上高日本一という大きな目標を達成した堤清二は、次の目標を銀座に定めた。銀座の中心は服部時計店の大時計で有名な銀座四丁目交差点である。1984年にプランタン銀座、有楽町西武、有楽町阪急の三百貨店が相次いで開業した結果、銀座四丁目交差点を中心とする半径300m以内の地域で、有力百貨店間の競合が激化した。銀座では最大の売場面積を誇る松屋を筆頭に、松坂屋、三越は売場面積2万㎡を超え、そごう、プランタン銀座、有楽町西武、有楽町阪急は同1万㎡以上であった。松屋以下既存五店の年間売上高合計は約1800億円で、これは当時の東京地区における百貨店総売上高の1割に相当した。すなわち銀座は以前から大型店の過密地区であった。その銀座に新たな三店が加わったことで、近接する日本橋地区、さらには渋谷、新宿、池袋といった副都心の百貨店との「ゾーン間競争」は避けがたいものとなった。

　朝日新聞社の跡地をめぐる大手百貨店の争奪戦が開始されたのは、これより10年前のことであった。朝日新聞社は、築地への本社移転決定に伴い、本社跡地および隣接する日本劇場（日劇）の跡地で、日劇の所有者である東宝とともに再開発を行う意向を明らかにした。両跡地を合わせた敷地面積はおよそ2000坪となり、都心百貨店の出店先としては最後の一等地とみられた。これに対しまず進出希望を表明したのは西武百貨店であった。その後、東宝の兄弟会社である阪急や、高島屋、そごう、そして伊勢丹、東急百貨店、さらに三越も出店の動きを示した。しかし「最後の一等地」ゆえ、再開発ビルの権利保証金と賃貸料は法外な高さとなり、脱落する百貨店が相次いだ。最

後まで出店に固執したのは西武とそごうの二社であった。そごうが朝日新聞社跡への出店を希望したのは、人の流れが大きくかわり、既存の有楽町そごうにダメージを与えることをおそれたためであった。
　一方西武にとって、銀座進出は「悲願」ともいうべきものであった。事実上の戦後生まれである新興百貨店・西武は、銀座進出によって「一流の証明」を手に入れようとしていたのである。また当時西武鉄道は西武有楽町線を建設し、池袋線練馬駅と営団地下鉄有楽町線小竹向原駅を結ぶ工事を進めていたが、これが完成して西武池袋線と営団地下鉄有楽町線の相互乗り入れが開始されれば（それが実現したのは1998年3月のことであったが）、それまで池袋西武の顧客であった西武池袋線沿線の住人たちも、その少なからぬ割合が銀座で買物をするようになることが予想されていた。銀座出店はこうした動きに対応するものでもあった。結局朝日新聞本社跡地への進出を勝ち取ったのは、グループの存亡に関わる問題として銀座出店に取り組んだ西武であった。
　しかしその後、西武にとって想定外の事態が生じた。その一つは、阪急百貨店が企業防衛上の見地から日劇跡地への出店に踏み切ったことである。その結果、有楽町西武の売場面積は1万3000㎡足らずと大手百貨店の平均売場面積約3万㎡の半分にも満たないものとなった。いま一つは「銀座」という名称を使用できなかったことであった。地元銀座の老舗や古くから銀座で営業してきた百貨店が強く反対したことがその原因といわれる。
　かくして1984年10月6日、有楽町西武と有楽町阪急が同時オープンした。両店が出店したのは、朝日新聞社と日本劇場の跡地に建設された複合商業ビル有楽町マリオンの地下1階から地上8階までで、売場面積は阪急1万5000㎡余、西武1万3000㎡余であった。マリオンの入場人員は初日が25万人、翌日の日曜日が28万人、三日目の月曜日も23万人と連日20万人台で推移した。これにより松屋は売上高が2.5倍に増加し、またプランタン銀座も春の開店時オープン時と同じ入りを記録した。松坂屋は売上が4割増加し、また三越銀座店は売上げが7割増しの日もみられ、平均して3割ほど増加した。このようにマリオンが若者の人気を集めたことにより、地下鉄丸ノ内線銀座

駅では、開店初日の乗降客が、四カ月前の調査にくらべて5万人以上増加した。マリオン開業が銀座にもたらした集客効果は、当時「マリオン現象」と呼ばれ、百貨店業界で語り継がれることとなった。

(5) 東武百貨店

　東武鉄道の場合、戦前より伊勢崎線の起点・浅草駅に松屋を出店させる形でターミナルデパートを設けていたが、自ら百貨店経営に乗り出したのは戦後に入ってからのことであった。すなわち1960年に株式会社東武百貨店を設立、1962年同社東上線のターミナルであり、1956年7月の地下鉄丸ノ内線開通で東京駅と直結されたことによりターミナルとしての価値がいちじるしく高まった池袋駅の西口に池袋店を開業した。戦後の池袋で最初に百貨店を開業したのは1950年の東横で、これに次いで百貨店を開業したのが西武（1952年4月）、そして1957年10月には三越、同12月に関西系百貨店の丸物と、百貨店の開業が相次いだ。東武がこれら既存四店の営業する中へ新たに参入する形となったため、同地区の百貨店間における販売競争は激しさを増した。これら五つのデパートを売場面積の大きな順に並べると、西武が5万㎡、丸物2万6500㎡、三越1万3600㎡、東武1万2000㎡、東横6800㎡で、東武は面積で池袋の5店中4位、また都内の百貨店店舗21店中でも15番目という控えめなものであった。そのため、東武の進出に最も闘志を燃やしていたのは、面積の似通った丸物と三越であるとみられていた。

　当時の百貨店法によれば、通産大臣は百貨店の新増設を認可する場合、百貨店審議会の意見を聴取することになっており、審議会はあらかじめ地元の商工会議所に設けられた商業活動調整協議会の出す結論を尊重するのが建て前であった。池袋の場合、他地区と同様、審議会の決定は商調協の結論からおよそ一割店舗面積が削減されていた。当時百貨店の売上げは伸び悩む傾向にあり、都内各店の平均売上増加率も、この間における物価上昇を除けば1割にも満たないもので、新増設の申請が相次いだ前年とはかなり事情が変化していた。しかし東武側は、東上線の沿線には「公団住宅が建ち人口は急速

にふえている。景気調整の影響は少々あっても生活を営んでいる以上は消費は行われるから大丈夫」と意気軒昂で、建物が八分通り出来上がり、また審議会で正式の決定がなされると同時に宣伝を開始していた。

「五つものデパートが一カ所に軒をつらねたのは全国に例がない」と評された池袋で百貨店経営に乗り出すにあたり、東武がとった戦術は、百貨店を建物の一部にとどめ、複合施設として開業することであった。東武百貨店が出店した東武会館は、地上7階、地下2階、延べ4万2500㎡と、池袋で最大の西武百貨店にほぼ匹敵する面積を有していた。しかしながらこの時点で百貨店の売場として使用されたのは地下から4階までに限られ、残りのスペースについては、5階には秋から3300㎡のアイス・スケートリンクを設け、また6階より上のフロアには結婚式場や映画館などを開くこととなっていた。こうして池袋駅のホームから「若いお客をごっそり吸い上げる」というのが、百貨店の激戦地・池袋に新たな参入を試みようとしていた東武のもくろみであった。

その後東武百貨店は、同じく池袋に本拠を置く西武百貨店をライバルとして増床を繰り返し、後発ながら百貨店業界における存在感を急速に高めていった。1964年には東横百貨店の池袋店を譲り受け、池袋店別館として営業を開始した。開業当時の東横池袋店はこの地区における百貨店の先駆けとして大いに繁盛し、仕入や整理に従業員が徹夜で働いたこともあったが、売上高は1956年がピークで、競合する店舗の開業が相次いだ1957年以降は減少の一途をたどった。1962年に同じ西口へ東武が出店したことでやや売上げに回復傾向が見られたものの、大勢を覆すには至らず、1964年4月の売上高は前年同期比で東武の33.4％増に対し、東横池袋店は27.6％の大幅減であった。東横池袋店が駅ビルという最高の条件に立地しながら衰退したもっとも致命的な原因は、店舗が狭小であったことで、また1階部分が駅構内であったため売場を設けることができず、さらに店舗の改造も借家ゆえ思うに任せなかった。そのため売場には次第に人かげがまばらとなり、また実用品の販売が中心となり、半端物の特売や質流れ品の市まで開くありさまであった。

池袋店譲渡後の東横は、百貨店事業の全力を渋谷店と日本橋店へ注ぐこと

となった。5月25日の閉店後、池袋店に勤務していたおよそ300名の従業員は渋谷店に転任し、5月末の百貨店審議会で承認を受けたのち、6月1日旧東横池袋店の営業権は東武へ引き継がれ、その売場は中元商戦に活用された。東横譲渡直前における東武池袋店の売場面積はおよそ1万2000㎡で、当時池袋で営業していた百貨店5店舗のうち4番目に位置していたが、東横のおよそ7000㎡が加わり、また東横が3年前に拡張の許可を得た権利を合わせると、最終的な売場面積は3万5000㎡近くに達し、それまで他を圧倒していた西武のおよそ3万6000㎡にほぼ肩をならべるものとなった。さらに東武は、老朽化した旧東横部分を建物所有者と相談の上で大改築し、また東横の裏手にあった東武の所有地にも店舗を増築して、巨大店舗を作り上げることを計画していた。

こうした東武の計画に対し、東口で営業する三つの百貨店は「西口を一店が占有すれば大幅に成長してくるだろう。こちらも腰をすえてかからないと」と落ち着かぬ表情をみせた。一方地元の西口商店街は、かねてから東武・東横と共同で福引き大売り出しを行うなど「共存策」をとってきたため、「デパートが立派になれば町もうるおう」とこの計画をむしろ歓迎していた。

なお当時の新聞報道によれば、東横百貨店池袋店の東武百貨店への営業譲渡は、これに先んじて行われた東武と東急の両社間における事業提携に係るものであった。1964年5月4日、東武と東急は事業提携に調印した。その内容は地下鉄2号線（北越谷―東銀座―日吉）と6号線（長津田―大手町―志村―川越）が完成したあかつきには、両社の電車を相互乗り入れするとともに、取締役を交換するというものであった。この結果、当時東急の社長であった五島昇が5月15日東武鉄道の取締役に就任する一方、東武の社長・根津嘉一郎も5月29日東京急行電鉄の株主総会で東急の取締役兼務が承認された。

その後東武百貨店は1971年池袋店を増床し、売場面積を4万6564㎡に拡大した。1992年には増床で売場面積が8万3000㎡に達し、当時日本国内の百貨店では最大の店舗にまで成長したのである。

(6) 横浜駅前地区の再開発による発展

　横浜駅周辺に百貨店の進出が相次いだことも、戦後の首都圏における注目すべき動きであった。港湾都市として発達した横浜市では、港湾地区を扇のかなめとして市街地が形成され、中心市街地は国鉄桜木町駅にちかい野毛町から伊勢佐木町にかけて拡がっていた。関東大震災の復興計画に基づいて現在の位置に1928年開業した横浜駅は、これら市街地の核というべき地域から北側へ大きく外れていた。戦後の横浜駅は、東口を表玄関とし、西口は運河に隣接して貯木場や倉庫、資材置場などに利用されるに過ぎない寂しい場所であった。

　1951年、西口一帯の土地を所有していたスタンダード石油がこの土地を売却することになり、1952年12月、横浜駅をターミナルとする民鉄・相模鉄道は、横浜市と協力してこの土地の買収に成功した。その西口に人工的なショッピング・センターをつくろうと一大計画を構想したのは相模鉄道社長の川又俣次郎であった。当時相模鉄道の資本金が2億4000万円であったのに対し、計画の建設費は25億円と見積もられ、社内には「危険すぎる」あるいは「砂漠のような西口で商売が成り立つのか」と懐疑的な見方を示す者も多かったが、当時相模鉄道沿線の神奈川区や保土ヶ谷区は住宅地区として人口増加がいちじるしく、従って横浜駅周辺が横浜市北部に対する新しい中心商店街の適地になるであろうと考えた相模鉄道は、西口再開発に社運を賭したのである。

　しかし出店者の募集は難航した。まず伊勢佐木町の老舗百貨店・野澤屋（のちの横浜松坂屋）へ打診したが、相手にされず、また伊勢佐木町の商店主らも一様に消極的であった。そこで相鉄は交渉相手を高島屋に転じた。大阪の本社で交渉を受けた高島屋は、横浜駅西口の将来性について徹底的な調査を行った上で、出店を決断した。1956年4月、2階建てのアンテナショップ・高島屋ストア（6000㎡）を含む横浜駅名店街が開店した。翌1957年にはレストラン、結婚式場、文化教室、映画館などを収容した相鉄文化会館、そして横浜開港100周年の1959年には売り上げが予想を上回った高島屋がストア

を百貨店化し、相模鉄道、相鉄不動産、高島屋の共同出資による横浜高島屋（建物の正式名は相鉄会館）が開店した。高島屋の開店は、第２次百貨店法施行後初の百貨店開設であったため、全国的反対運動を招き、計画床面積の４割を削減することで、ようやく開設が認められたものであった（1961年10月２万6300㎡に増床）。以後1961年にはオフィスビルの相鉄ビルが開業し、1962年の横浜ステーションビル、そして1964年のダイヤモンド地下街完成をもって横浜西口の再開発の第一段階は終了した。

　1969年、相模鉄道は西口地区のさらなる高度利用を目指し、再開発の第２段階に着手した。それは相模鉄道横浜駅、横浜駅名店街、相鉄文化会館、相鉄会館（横浜高島屋）を一体化した新相鉄ビルの建設であった。新相鉄ビルは相鉄ジョイナスという愛称で1973年10月に百貨店部分がまず開業し（売場面積５万3950㎡）、その後逐次営業面積を拡大して、1978年までに全館を完成させた。また用地内の映画館は、別に相鉄ムービルという専門の映画館ビルを1971年に完成させ、ここに集中して営業させた。こうして1970年代には、横浜のショッピングの中心は在来の伊勢佐木町から西口に移ったと言われるようになったのである。相鉄ジョイナスでは、1976年４月に第２期工事が開始され、1978年５月屋上庭園「ジョイナスの森」とともに完成した。都心の大規模商業ビルの屋上に憩いの空間ともいうべき「公園」を設けたのは珍しく、1986年横浜市による「まちなみ景観賞」に選ばれている。

　一方1985年９月、横浜市東口の再開発が完成し、横浜そごうと横浜ルミネが立地して西口対東口の「横浜東西戦争」が始まり、横浜駅周辺は横浜の実質的な中心商店街を形成した。横浜市内から東京へ流れる購買力は年間4300億円といわれ、横浜そごうの開業にはこの購買力流出を阻止する狙いがあった。そごうが横浜駅東口への出店を申請したのは1969年６月のことで、翌1970年３月に出店許可を得た。1971年には横浜駅東口開発会社が発足し、横浜そごうをキーテナントとする大型商業ビルの建設が決定した。しかし1973年12月の起工式直後に第一次石油危機が勃発し、予算が当初の290億円から760億円へと大幅に増額したため、商業ビルの建設計画は一時期凍結された。1978年８月、横浜市は横浜市東口総合開発計画の変更を決定し、1980年11

月に地下街ポルタが完成、横浜そごうが出店する横浜新都市センタービルの工事がはじまった。1985年9月30日、横浜そごうは開業した。開店当日の入店客は30万人を超えた。横浜そごうの売場面積は当時日本最大の6万8413㎡で、6階には1000㎡の展示スペースを誇る「そごう美術館」が開設された。博物館法による登録美術館が設けられたのはこの横浜そごうのみであった。また9階の市民フロアには総面積2600㎡の「新都市ホール」が設けられていた。

横浜駅を拠点とする京浜急行電鉄の1990年代における輸送統計によれば、上り列車で横浜駅に到着する定期客の約半分は横浜駅で下車するが、その約40％はJR線、約15％は東急線、約10％は相鉄線に乗り換えてしまうため、正味の横浜駅下車客は35％となる。つまり横浜駅は、周辺のオフィスや商店街の多くの通勤客を吸収するとともに、より大きな通勤地・東京への中継地の役割を果たしていたのである。それは、東京で副都心と呼ばれる池袋、新宿、渋谷などにも共通してみられる特徴であり、横浜駅周辺も東京からみると副都心の一つになっていたことを示している。横浜そごうの開業時、西口の横浜高島屋と横浜三越に東口の横浜そごうを加えた横浜駅周辺における百貨店の総売場面積は15万759㎡に達していたが、これは当時渋谷の9万1806㎡（東急本店、同東横店、渋谷西武の合計）や池袋の14万1183㎡（西武本店、三越、東武の合計）を上回るもので、日本橋・八重洲地区の17万4005㎡（高島屋、三越、東急、大丸の合計）や新宿地区の16万2501㎡（伊勢丹、三越、小田急、京王の合計）に次ぐ規模であった。

一方横浜駅前地区の発展にともない地盤沈下の進んだ伝統的中心街・伊勢佐木町地区では、商店街をショッピング・モール（買物公園）化することで、再活性化をはかった。1964年横浜駅前にダイヤモンド地下街が完成したころから、伊勢佐木町は横浜第一の繁華街の座を横浜駅西口に譲らざるを得なくなった。1976年、西口の売場面積13万㎡、売上高1800億円に対し、伊勢佐木町は6万㎡、560億円と、売場面積では半分弱、売上高では三分の一弱の規模であった。また戦前は1日20万人を誇った客足も、このころにはその半分以下に減少していた。

このように衰退の甚だしかった伊勢佐木町商店街が、再活性化をめざし「イセザキモール」となったのは1978年11月のことで、これはわが国では旭川市、大阪市に次いで三例目の試みであった。オープンセレモニーには4～5万の人々が訪れ、一日中賑わった。アーケードを撤去、路面をタイル舗装とし、植樹で統一感を演出、商店街を終日「歩行者天国」としたこのモール化は大成功をおさめ、伊勢佐木町の来客数は平日でも従来の3割増、土日に至っては5割増となった。長年親しまれたアーケードの撤去には、「雨の日濡れずに買い物ができる地下街に客を奪われる」、あるいは「店頭に風雨が吹き込み、また西日がさして商品が傷む」と抵抗を示す店主も少なくなかった。しかしこのモール化には、アーケードに頼らず、集客のため自ら努力する方向へ各店を導くとともに、港町ヨコハマにふさわしい明朗な商店街とすることで集客を図ろうとする意図が込められていた。この前向きな姿勢がモール化を成功に導いたのである。

(7) 1970年代の銀座と日本マクドナルド

1971年7月20日、銀座三越の一階に日本マクドナルドの第一号店が開店した。同店は、開店一周年を迎えて間もなくの1972年10月1日と8日に、一日の売り上げ222万円をマークし、この種店舗として一店舗一日当たり売上高の世界記録を更新した。それまでは、ハンバーガーの本家・アメリカのミネソタ州にあるハンバーガーレストランが出した209万円が最高記録であった。しかもこの記録は、17年の歴史の積み重ねと、1日12時間という営業時間、さらに年間140億円にものぼる宣伝費をテレビにつぎ込んだことがもたらした結果であったのに対し、日本マクドナルド第一号店の記録は、10時間という営業時間で、テレビでの宣伝は一切行わず、しかも開店後1年数カ月という短い期間に達成したものであった。さらに八カ月後の1973年6月10日、同じく第一号店が、テレビCMの開始もひとつの要因となって、293万円の売上新記録を樹立した。そのため本家アメリカのマクドナルドからも、トップ・マネジメントが視察のため相ついで来日した。

マクドナルドは本拠地である米国において、郊外立地のファミリー・レストランとして成功してきた。そのため米国マクドナルドの経営者陣は「マクドナルドの出店先は郊外地区に限る」との固定観念を抱いていた。しかしこの第一号店を出店した日本マクドナルドの創業者・藤田田（ふじた・でん）は、このような固定観念とは逆に、東京の都心であり、わが国における流行の中心でもある銀座において、当時の日本人にはほぼ未知の食べ物であったハンバーガーを、当時もっとも一般的な銘柄であった煙草・ハイライト一箱の値段と同じ80円という価格で販売したいと考えた。けれども地価のきわめて高い銀座で、テーブルと椅子を設けた本格的レストランを開店しようとすれば、ハイライト一箱の値段でハンバーガーを提供することは到底不可能であった。銀座の一等地に、何とか地代のかからない店を開くことはできないだろうかと考え抜いた末、藤田は「軒先を借りる」ことを思いついた。既存店舗の片隅にわずかなスペースを確保するのであれば、経費の負担も軽くなり、手ごろな価格でハンバーガーを販売することが可能になると考えたのである。

　しかし品格を重んじる銀座では、藤田の発想に理解を示す家主は稀であり、軒先を貸すことすら拒まれた。そうした中でただ一軒、銀座三越のみが、当時専務であった岡田茂の英断で、藤田の申し出を受け入れたのである。岡田は慶応大文学部卒で、三越では宣伝部門を経て1968年銀座店の店長に就任すると、伝統の商法を無視し、若者向けのファッションを売物にした。レコード売場に騒々しいロックバンドを入れ、また女性店員にはミニ・スカートを身に付けさせ、さらに銀座四丁目の交差点へ海岸で戯れる女性の巨大な写真を飾らせて、古き良き銀座を愛する「銀ブラ族」をの顰蹙を買った。しかしこうした岡田の奇策は大成功をおさめ、銀座店には一日延べ13万人が来店し、売上高も前年度の二倍に当たる55億円へと急増した。これにより三越は、一時奪われていた売上高首位の座を、大丸から奪還したのである。のちに社長に就任した岡田は、「岡田事件」として大々的に報じられた不祥事で突然その地位を追われることになるが、銀座店長時代の岡田は、停滞気味であった老舗・三越の経営に活をいれた辣腕の経営者であった。これが藤田の日

本マクドナルドには幸いしたのである。

　銀座三越の片隅に設けられたマクドナルドのカウンターでハンバーガーを受け取った人々は、ハンバーガーを片手に1970年8月スタートの歩行者天国（ホコテン）を闊歩した。歩きながら齧るハンバーガーと、ホコテン、そして三越が演出した新奇なファッションは、新たな時代の銀座を象徴するものとなった。開店後一カ月における一号店の売上げは4000万円に達し、開店にあたって投下された3000万円の資金も、わずか一カ月でほぼ回収されたのである。

　その後藤田は、マクドナルドを新宿に出店した。新宿の表玄関である国鉄新宿駅東口の正面で営業していた高級食料品店・二幸の店内でマクドナルドが開業すると、その顧客層は一変した。ハイティーン（10代後半の若者）や長髪族（当時は非常識とされていた、髪の毛を長く伸ばした男性たち）など、二幸の常連客が眉を顰めるような客が、怒涛のごとく押し寄せた。その結果二幸は、店内を大改装し、二階を若者向けのファッションフロアとするほどの大変貌をとげた。マクドナルドの出現は、銀座や三越、二幸といった伝統を誇る老舗の商法に激しくゆさぶりをかけ、活性化するものであった。その一方で藤田（マクドナルド）は、こうした老舗のブランドや集客力を活用することにより、日本人に未知の食べ物・ハンバーガーを受け入れさせることができたのである。

第六章

百貨店(4)

戦後の関西における百貨店とターミナルショッピングセンター

(1) 阪神百貨店

　戦後の関西における百貨店業界の新たな動きとしてはまず、戦前より計画されていた阪神百貨店の開業があげられる（1957年4月設立、同年6月開業）。1955年から65年にかけて梅田ターミナル（国鉄、阪神、阪急、地下鉄）の乗車人員は、53万人から107万人へと倍増し、阪神百貨店の商圏人口も、60年の314万人から66年には398万人と27％の増加を示した。これにともない、阪神百貨店の売場は年々手狭となっていった。63年には大阪神ビルが完成し、売場面積は3万1310㎡に拡大されたが、それでも阪神百貨店は大阪神ビル全体の半分を占めるにすぎなかった。その後、1966年、68年、71年と三度の拡張が行われたのち、1974年11月21日、大阪神ビルの全館百貨店化が完成した。売場面積は4万2669㎡にまで拡張された。これは在阪百貨店中第3位の規模であった。

　かくて念願の大幅増床を実現した阪神百貨店ではあったが、石油危機後の景気後退によって収益性が低下する中での増床は、資本費と人件費の高騰をもたらし、同社の経営を圧迫した。さらにスーパーマーケットの台頭や消費者のモノ離れ、新築される国鉄大阪駅ビル（アクティ大阪）への大丸出店計画などが加わり、経営環境が厳しさを増していくことは明らかであった。こうした課題に対する方策として、1978年10月、第一次リフレッシュ計画が実施された。地下1階の食品売場から4階のファッションフロアと、8階の子供服、ベビー洋品の売場が改装され、特に地下1階は、それまで婦人雑貨

売場と共用であったものを全フロア食料品売場にあらため、食料品に関する「地域一番店」とした。これにより高まった地下食料品売場の集客力は、1階以上の売場にも波及した。「デパ地下の阪神」の基礎がここに確立したのである。1980年10月には、5階から8階までのリビング部門、余暇関連部門を対象として第2次リフレッシュが実施された。83年3月、残されていた食堂部門を中心に第3次リフレッシュ計画が実施され、総額42億円を投資した全部門の売場におけるリフレッシュが完成した。このリフレッシュを終えて間もない1980年12月、大丸の梅田進出計画が明らかとなった。阪神百貨店のリフレッシュ計画は、眼前のライバル・阪急百貨店に対する差別化を目的とするものであったが、それと同時に、大丸進出による梅田地区の商戦激化に対応できる百貨店づくりを進めてきたものでもあった。

(2) 阪急電鉄と阪急三番街

戦後の阪急において流通事業関連で注目すべき出来事は、阪急三番街の開業である。これは輸送量の増加に対応すべく実施された阪急梅田駅移転・拡張の副産物であった。1910年に阪急電鉄の前身である箕面有馬電気軌道が開業した当時、大阪方のターミナル・梅田駅は東海道本線南側の、現在阪急百貨店が位置する場所に設けられた地平駅であった。その後阪急梅田駅は、1926年の梅田―十三間複々線高架化完成とともに高架へと移されたが、1934年には省線大阪駅高架化工事の部分完成とともに、再び地平に戻された。戦後、1959年から京都線が乗り入れることとなった梅田駅に大きな転機が訪れたのは昭和40年代(1965～1974年)初頭のことであった。戦後の阪急電鉄は著しい乗客増に応じ電車の連結両数を逐次増やしていき、これに対応して梅田駅もまたホームを北側に延長していった。しかしこの方法は国鉄の高架線が障害となり限界に直面した。そのため1966年から梅田駅は東海道本線の北側(十三寄りに約400m)へ移されるとともに、高架化・拡張工事が行われた。

1969年秋、翌年の日本万国博覧会(大阪万博)開幕をひかえ、ショッピングゾーン・阪急三番街が阪急梅田駅の拡張移築とともに開業した。旧梅田駅

の西側に位置する阪急百貨店との間に生じた距離を補うため「動く歩道」（ムービング・ウォーク）を導入し、また地下の飲食店街には人工の川を設けて新しい買い物空間を演出するなどの工夫が、梅田ターミナルという抜群の立地と相まって阪急三番街は大成功をおさめ、この種ターミナル再開発の先駆けとなった。

　なお1953年6月、阪急電鉄は大阪、京都、神戸の三都心を結ぶ鉄道としての機能を強化するため、京都線大宮－河原町間1.9kmの地下線を完成させたが、1976年10月阪急百貨店は、京都線の京都側ターミナルとなった河原町駅の上に立地する京都住友ビルディング（住友不動産京都ビル）の地階～6階に入居する形で、河原町店を開業した。

(3) 南海電鉄となんばCITY

　戦後の南海電鉄は、創業70周年記念事業の一環として1956年、難波駅南側の会社所有地に南海会館を着工し、翌1957年10月、地上8階、地下2階、延面積3万8328㎡のビルが既設の南海ビル（高島屋南海店が入居）に隣接する形で完成した。このビルには西日本独占の洋画ロードショー劇場であるなんば大劇場を含む三つの映画劇場が開場した。

　その後1970年代に入ると、南海電鉄でも、阪急三番街に続いてターミナルの再開発に着手した。1972年からはじまり1980年3月に完成した「なんばCITY」は、南海難波駅のもつイメージと機能を一変するものであった。大阪の二大ショッピング・センターの一つであるミナミの難波が、近代化に関してキタの梅田に比べ立ち遅れているという面が指摘されるようになり、既存の南海ビルと南海会館の一部を含め、難波駅が大改築されることとなった。これによって同駅の3階部分はプラットホームとコンコース、2階は駅施設と店舗、1階～地下2階は店舗となり、この店舗部分が「なんばCITY」と命名された。

　「なんばCITY」構想は、南海電鉄が駅施設やその周辺に保有する土地の有効活用を狙い、流通事業への本格的な進出を決意したことと結びついていた。

その目的はまず、難波駅のショッピング機能を飛躍的に向上させることであり、さらに主要な鉄道駅を中心とする中小規模店舗のチェーン展開も意図された。後者は「ショップ南海」の名称で、1974年の北野田店が第1号となった。南海難波駅と阪急梅田駅の再開発における共通の基盤は、列車の発着線が多いため広幅な用地を最大限に活用している点である。都心ターミナルの特性をいかし、消費者の多様化する生活に見合うようファッション関連の店舗を主体とし、これに飲食店舗を加えた「なんばCITY」は、地上1階の「星の街」、地下1階の「月の街」、地下2階の「太陽の街」の三層から成り、店舗面積約3万6000㎡、店舗数約350で、一つの都市というにふさわしい規模の巨大さと多機能性を有していることから、「CITY」と命名された。地下一階には、日本初の静止衛星・きく2号を打ち上げたNロケットと同一形式のロケットをシンボルモニュメントとする「ロケット広場」を設け、利用客の憩いの場とした。

　この「なんばCITY」は、百貨店を傘下に持たない南海電鉄が初めて手がけた大型商業施設であったため、西武流通グループ（後のセゾングループ）の全面的な支援を受けて開業に至った。1978年、南海が「なんばCITY」に西武百貨店から村井照夫を迎え入れて以来、南海電鉄とセゾングループの間には蜜月ムードが続いているとみられていた。南海沿線に西友ストアの出店が目立ち始めたのもこのころからのことで、一時、両社は全面提携に踏み切るのではないかという噂もあった。またその後の1985年、セゾングループの朝日航洋は、南海電鉄系の大阪エアウェーズを合併・吸収し、日本最大のヘリコプター会社となったが、南海側は、沿線の開発にセゾングループの力を活用しようという思惑からこの合併に合意したものといわれた。

　その後南海難波駅周辺では、関西国際空港開業への対応として、また南海電鉄の創業105周年事業として南海サウスタワービルが建設され、1990年3月南海サウスタワーホテル大阪として開業した（2003年9月よりスイスホテル南海大阪）。また大阪球場（1998年解体）の跡地を再開発して新たなショッピングゾーン・なんばパークスの第1期部分が2003年10月、第2期部分が2007年4月にそれぞれ開業した。

(4) 京阪電鉄の流通事業

　京阪電鉄の京橋駅は、国鉄大阪環状線ならびに片町線と接続し、1970年代初頭の時点で梅田、難波、天王寺に次ぐ大阪市内有数の拠点駅となっていた。この京橋駅において京阪電鉄は、天満橋―野江間の高架複々線化工事と並行して駅ビルの建設を進めることとなった。念願の百貨店開業も検討されたが、さまざまな角度から検討の末、専門店を中心とし、賃貸借方式による複合ショッピング・センター、京阪ショッピングモールが1970年4月に開業した。1971年同モールの南側にダイエーが京橋ショッパーズプラザを開業したため、その影響が懸念されたが、結果的には相乗効果を発揮し、京阪ショッピングモールの売上高は、開業以来1974年度までの5年間2桁成長を続けた。

　しかし第一次石油危機以降は全般的な消費の停滞と、1980年代初頭（80～83年）に梅田地区で大型商業施設（ナビオ阪急、エスト一番街、アクティ大阪、大丸梅田店）の開業が相次いだことにより、売上高の伸びは横ばいに転じた。そこで1985年には大幅なリニューアルを実施し、施設名も京阪モールに改称した。その結果、売上高は前年比12％増を達成した。また1990年には近隣の鶴見緑地で開催された「国際花と緑の博覧会」（花博）にあわせ京橋駅ビル北館の建て替えを実施した。1990年3月開業した新ビルは地下1階～地上6階をショッピングゾーンとし、7階～15階には都市型ホテル・ホテル京阪が開業した。あわせて京阪モール全館のリニューアルも実施され、その結果売上高は前年比31％増を記録した。

　一方天満橋駅は、淀屋橋延伸以前における京阪電鉄の大阪方ターミナルであったが、延伸時に駅施設が地下へ収められ、その跡地に京阪ビルディングが建設された（1966年9月竣工）。同ビルには百貨店である松坂屋大阪店が起死回生を期して日本橋3丁目より移転の上開業したほか、銀行の支店とホテルが開業した。また旧天満橋跡地の残り部分については、その活用案としてボウリング場や水族館の建設も検討されたが、京阪ビルの建設を請け負った竹中工務店に再開発構想を全面的に委託した結果、OMM（大阪マーチャンダイズマート）ビルが1969年8月に開業した。わが国初の卸センターとな

った同ビルには、繊維雑貨関係の卸売業者を中心として当初80社が入居し、業務を開始した。

　また京阪電鉄では1952年4月京橋駅に隣接して京阪スーパーマーケットを開業し、流通事業への再進出を果たした。同スーパーはその後京阪ホームデパートから京阪デパートへと改称を重ねたが、これは将来における本格的百貨店進出を期してのことであった。先に述べたごとく、京阪モールの開業時にも百貨店進出が検討されたが、当時近隣では百貨店として三越の大阪店（北浜）と枚方店、さらに松坂屋大阪店（天満橋）、スーパーでは京阪沿線でダイエー、イズミヤ、ニチイ、長崎屋が営業していたことから、京橋地区における百貨店の営業は容易ならざるものとして見送られた。

　こうして一時は見送りとなった京阪電鉄の百貨店構想が再び浮上したきっかけは、1972年9月土居―寝屋川信号所間の高架複々線化工事が都市計画決定されたことであった。同工事に先立ち守口車庫が新設の寝屋川車両工場へ移転し、車庫跡地の活用法が検討された結果、公共施設とならび京阪電鉄が百貨店を出店することとなった。1983年には電鉄の100％出資で株式会社京阪百貨店が設立され、阪急百貨店で研修を重ねて人材を育成し、開業に向け準備を重ねた。当初計画では営業面積の45％にはテナントを出店させることとなっていたが、1984年2月全館直営へと方針が転換された。当初所要資金の節約よりも、百貨店として一体化された運営を重視しての判断であった。かくしてグループの半世紀に及ぶ悲願の実現として京阪百貨店守口店が開業に至ったのは1985年10月のことであった。

　また京阪本線沿線の樟葉駅前には、住宅地「くずはローズタウン」の開発にあわせ、1971年4月「くずはモール街」が開業した。これは開業前の予想を大きく上回る好調な業績を示し、その売上高は1972年度の62億円から74年度には131億円と約2倍に増加した。同モール街は三つのゾーンからなる専門店街と、ダイエーならびにイズミヤのスーパー2店舗によって開業し、74年10月には百貨店である松坂屋も加わった。

(5) そごうの躍進

　関西を地盤とする呉服店系百貨店のなかで、第二次大戦後にもっともめざましい成長をとげたのはそごうであった。その中心を担った経営者・水島廣雄は、もともと日本興業銀行に勤務する銀行マンであったが、1958年副社長としてそごうに入社し、1962年社長に就任した。

　水島が社長に就任した時のそごうは大阪（本店）、神戸、東京の三店舗を有するのみで、しかも地域一番店になりうる店は神戸店のみであった。そこで水島は、神戸店を地域一番店とすべく力を傾けた。当時神戸では大丸が、神戸随一の規模と売上を誇っていた。これを抜くことは至難の業と思われたが、ついに1971年、そごうは大丸を抜いて神戸一の売上を達成し、地域一番店となった。その結果、結婚式の引き出物や、企業の新増築、社長就任パーティの記念品など、それまで殆どみられなかった注文が殺到するようになった。また中元・歳暮の注文も急増した。地域一番店の包装紙は一種のステイタス・シンボルになったからである。このようにそごうが売り上げを伸ばしたため、その余波を受けた神戸三越は、閉店に追い込まれた。

　その後水島は、当時の社名「株式会社十合」に因みそごうを十店舗に拡大することを思い立ち、1972年「グレーターそごう」計画を策定した。その第一弾として1967年3月、千葉そごうが開店した。開店時のキャッチフレーズは「千葉で一番大きく、一番美しいデパート」であった。当時の千葉市の人口は36万人で、そこへ売場面積2万9737㎡と東京、大阪なみの本格的デパートを開業したため、同業者は、「五年ももたないだろう」と冷笑まじりの懸念を表明した。しかしその後千葉市は百万都市に成長し、それと歩調を合わせて千葉そごうの業績も順調に伸びていった。

　以後1971年7月のいよてつそごう（松山市、売場面積2万712㎡）、1973年10月の柏そごう（千葉県柏市、同1万8345㎡）、1974年10月の広島そごう（広島市、同3万4702㎡）、1977年9月の札幌そごう（札幌市、同2万8859㎡）、1978年10月のサカモトそごう（千葉県木更津市、同1万326㎡）、1979年10月の黒崎そごう（北九州市、同2万8259㎡）と出店が進められ、

「グレーターそごう」計画は達成された。これによりそごうは、北海道、本州、四国、九州の日本列島の四島すべてに店舗を有する初の百貨店となった。

その後水島は、1980年より新たなる目標「ダブルそごう（20店舗）計画」に着手した。その手始めとして1981年4月に開店した船橋そごう（千葉県船橋市）は、売場面積4万515㎡で、ワンフロアの面積1万5000㎡は世界一、また4000台収容の駐車場は日本一の広さであった。さらにその後、30店舗をめざす「トリプルそごう」計画を推進し、1991年秋の川口そごう（埼玉県川口市）開店で30店舗を達成した。

しかしその後、バブル経済の崩壊とともに多額の債務をかかえたそごうの経営は一転危機的状況に陥り、最終的には破たんし、水島の経営手法も社会のきびしい批判にさらされることとなった。

第七章

スーパーマーケット(1)
わが国における スーパーマーケットの生成

(1) 初期のスーパーマーケット

　スーパーマーケットとは本来、1930年代大恐慌時代の米国で急激に発展した、セルフ・サービス販売方式と中規模店舗の特定地域に集中したチェーン展開を特徴とする食料品店を意味するものである。わが国でスーパーマーケットの導入と普及が進んだのは第二次世界大戦後のことであり、導入期におけるわが国のスーパーは、米国と同様食料品を取扱商品の中心とする中規模店舗チェーンであった。

　しかしその後、わが国のスーパーは米国とは異なる道を歩むこととなった。すなわちダイエー、西友、イトーヨーカ堂など、のちにわが国を代表するスーパー企業とみられるようになったものは、いずれも食料品のみならず日用雑貨、衣料品、家具、電気製品などを取り揃え、大型の高層店舗を構えた「大衆百貨店」であった。1956年に制定された百貨店法（第二次）は、企業主義に立ち、基準以上の売場面積で小売業を営むものを百貨店としてその事業活動を規制した。これに対しスーパーは、フロアごとに別会社を設立し、全体として大型店を運営するなどの方法で規制を免れるケースが目立った。特に人口急増の地方中核都市などでは、スーパーが百貨店の役割を果たすかたちとなった。日本ではスーパーが米国流の食品スーパーではなく総合的品ぞろえのビッグストアとして発展したのも百貨店法の規制に一因があった。

　わが国で初めてセルフ販売を導入した食料品店は東京・青山の紀ノ国屋であったが、同社は駐留軍の軍人など在日米国人を顧客とする高級青果店であ

り、セルフ販売の導入も、経費節減による低価格販売より主要顧客である米国人の買い物における利便性を考慮してのことであった。また八幡製鉄（現・新日本製鉄）購買部（福岡県八幡市［現北九州市八幡西区］）でも、セルフ・サービス方式を採用した大規模な店舗（実質的スーパーマーケット）を開業した。ただしこれを利用できたのは八幡製鉄の社員のみであった。

　これに対し丸和フードセンター（福岡県小倉市［現北九州市小倉北区］）の場合、一般市民を対象としてセルフ・サービス方式による食料品の販売を行った点で、事実上日本初のスーパーマーケットとなった。同社はそれまで小倉駅前の著名な小売市場・旦過市場内で総合食料品店を営んでいたが、1956年、わが国にセルフ・サービス販売方式を広めることにより自社製品の販路拡大をめざしていた日本NCR（米企業ナショナルキャッシュレジスターの日本法人）の指導を受け、セルフ方式の導入に至ったのである。

　翌1957年、丸和の成功に刺激されて発足した主婦の店スーパーマーケットチェーン（スーパー開設を指導するコンサルタント組織＋ボランタリーチェーン）が、その第一号店を岐阜県大垣市で開業した。これは既存店舗のセルフ化ではなく、スーパーとして全く新たに設けられた初めての店舗であった。大垣店が恵まれない立地条件ながら大成功しスーパーの可能性を実証したことで、「主婦の店」はその後3年間に約100店が開業する勢いを示した。

(2) 電鉄系百貨店のスーパー進出

　先発組（主婦の店など）の成功で、1958年の秋から59年にかけて西日本の中小都市を中心にスーパーの開業が相次いだ。東大で統計学を講じていた林周二のベストセラー『流通革命』（中公新書、1962年）は、このブームに拍車をかけるものであった。相次ぐ新規参入は中小小売商による反対運動の的となった。ブーム後には経営の破綻が相次ぎ、「スーッと出て、パーッと消える」と揶揄された。また過当競争から、「安かろう・悪かろう」のチーピーストア化が見られた。ブームにより、スーパー業界にはさまざまな分野からの参入が見られた。個人の場合、生鮮食料品店、衣料品店、問屋、中小工業、

サービス業などから転じたものが多かった。一方法人企業の場合は大資本系と独立系に分かれ、大資本系はさらに百貨店系と総合商社系に分類できる。

百貨店系は1956年の第二次百貨店法制定により新業態への進出を余儀なくされたものであった。百貨店によるスーパーへの参入は、当初電鉄系百貨店を中心としていたが、やがて呉服店系百貨店の中にもスーパー出店を企てるものが増えていった。電鉄系百貨店によるスーパーの開設は東京において盛んで、沿線住民へのサービスを目的とする百貨店の郊外分店が前身であった。これらは設備投資額も大きく、また仕入を百貨店ルートに依存していた。百貨店のスーパー分野進出の例としては、西武百貨店系の西武ストア（後の西友ストア）、高島屋系のユートップ、そして東横百貨店（現在の東急百貨店）経の東光ストア（現在の東急ストア）などが代表格であった。

なかでも東光ストア（資本金1千万円）の攻勢はもっとも激しかった。同社が第一号店である食料品販売の武蔵小杉店を開設したのは1956年11月のことであった。つづいて目黒、五反田、大森、高円寺、自由が丘、横浜と東急電鉄沿線を中心に店舗開設のテンポを早めた。高円寺店の二階をセルフ化した1958年には7店舗を有し、1日当たりの総売上高は900万円に達した。月額に換算すると2億7千万円で、1957年にオープンした百貨店・有楽町そごうにほぼ匹敵する額であった。社長である五島慶太は、「都内にスーパーマーケットを200店は出すつもりだ」との大胆な構想を公表した。事実東光ストアは、わずかの間に既存の一般小売店を脅かす一大勢力となり、1961年には店舗数17、従業員1200名、年商は65億円に達した。なかでも東横百貨店地階の渋谷東光ストアは年商20億円で、17店のうちでトップを占めていたが、にもかかわらず閉鎖命令がくだされた。同店が、東横百貨店の売上高を奪っていたためであった。しかしながら東光ストア首脳陣はその後も本格的なビッグストアをめざして経営努力を重ね、1965年9月には店舗23、店舗面積3万5000㎡、年商120億円に達した。

1970年5月、東光ストアは、長崎屋と業務提携した。東京に本社をおく長崎屋は当時資本金21億円で、全国に50店舗を有していたが、衣料品を得手とするスーパーであったため、雑貨・食料品部門は地元の商店に委託するケ

第7章　スーパーマーケット(1)

ースが多かった。そこで56店舗を擁し、雑貨と食料品部門は強いものの衣料品部門では一歩遅れをとっていた東光ストアと業務提携し、互いの弱点を補い合いながらワンストップ・ショッピングをめざそうという狙いであった。長崎屋の年商が880億円、東光ストアが550億円であったため、当時業界ではこの提携を経て両社が合併すれば、その年商は1430億円と西友ストアの1320億円を抜き、飛躍的発展の契機になるものとみられていた。業務提携の第一号として東光ストアは、長崎屋のサンショッピングセンター鶴見店に食品・日用品のキーテナントとして出店した。

　一方西武百貨店系の西友ストアは1955年の設立で、1958年第一号店として土浦店を開業した。その後静岡にも開店したが、人材不足でいずれも低迷を続けた。スーパー経営に着手したのは東急にやや遅れ1962年のことで、西武鉄道新宿線の起点である高田馬場へニューヨークのセルフサービス・ディスカウント・デパートメント・ストア（SSDDS）を参考にした高田馬場店を開設した。これにより時代の流れをつかんだ西友ストアは、俄然上昇気流に乗った。自信を得た清二がこれを西友ストアの基本戦略としたためであり、西武百貨店に集中仕入れを協力させるのみならず、優秀な人材を次々と西友ストアへ出向させた。

　日本が高度成長に向けひた走っていたこの時期、流通業界に量販時代が到来したことを見てとった清二は、1963年、西友ストアを百貨店から分離独立させた。店舗数は10、年商は25億円であった。このときから、「清二の西武」は、単に百貨店を経営するのみならず、広く西武流通グループとして急速に拡大していったのである。そしてこの年5月1日、50店舗の新設計画を打ち出すとともに、伊藤忠商事から資本の導入を図った。その結果、伊藤忠と西友の共同出資によるマイマートが設立された。マイマートは、300坪の売場を標準とし、商品構成ではその70％を食品にあて、アメリカのスーパーマーケットに日本の特殊性を加味した店舗づくりを狙った。伊藤忠商事が西友との連携をはかった背景としては、当時「商社斜陽論」が喧伝され、商社が新規事業を模索していたことがあった。そのためまず、住友商事がスーパー進出を試み、全米第2位のスーパーチェーンであったセーフウェイと提携し、

日本にスーパーチェーン網をつくりあげようとした。しかし反対運動のすさまじさに住商は計画を大幅に変更し、セーフウェイとは技術提携のみにとどめることとした。一方伊藤忠商事は、東京、大阪、名古屋、福岡の四大都市圏でスーパーマーケットのチェーン展開を計画し、東京と福岡においてその計画を実行した。東京では西友ストアと連携してマイマートを展開、また福岡では地元の老舗百貨店・岩田屋と組み、サニーの名称でチェーン店の展開を図ったのである。

　東光の年商が120億円となった1965年、西友のそれは100億円に達し、スーパー業界のランキングでは八位となった。しかしながら、当時スーパーマーケットが「スーッと現われてパーッと消える」と言われた要因である過剰投資は西友にもみられ、その負担増に苦しみはじめた。基本戦略は良くとも、資金が不足していたのである。当時西武流通グループの借入金は、短期と長期合わせて400億円以上と推定されていた。

　1977年度、西友の売上高は4440億9900万円に達し、首位ダイエーの6762億7300万円に対してはかなりの差があったものの、単独第二位を確保し、第三位であるイトーヨーカ堂には約53億円、第四位のジャスコには約70億円の差をつけていた。しかし翌1978年度には、イトーヨーカ堂が4885億7700万円の売上を達成し、西友に約70億円の差をつけ二位に浮上した。さらに西友は4位のジャスコにもその差わずか40億円まで肉迫され、1981年にはダイエーの1兆1260億6500万円、イトーヨーカ堂の7644億9600万円、ジャスコの6094億8800万円に対し、西友は6071億2100万円とついにジャスコにも抜き去られた。売場面積8000㎡以上の大型店舗数でみてもダイエーの53店、イトーヨーカ堂の28店に対し西友は14店にとどまっていた（ジャスコは8店）。しかもこの1981年秋、ダイエーは西武の「本土」である所沢市にダイエー所沢店を出店したのである。商品の安さではダイエー所沢店と西友所沢店はほぼ互角とみられだが、品種の豊富さ、品質の優劣では西友が押され気味であった。

(3) 総合スーパーの台頭

　総合スーパーはわが国においてスーパーの主流となった。これは百貨店的に総合化・大規模化したスーパーマーケットで、**SSDDS**（セルフサービス・ディスカウント・デパートメント・ストア）、ビッグ・ストア、**GMS**などとも呼ばれる。1953年からスタートした日本のセルフサービス店は、1958年には約600店、59年には1000店を上回った。1956年、「主婦の店ダイエー」の第一号店である大阪・千林店が開店した。初年の売上高が2000万円であったダイエーは、1960年には店舗数4、売上高33億円、従業員310人となり、1970年には売上高約1400億円、従業員9000人に達した。1972年には売上高が3052億円となり、2924億円の百貨店・三越を抜き、創業15年目にして小売商業界の首位の座を占めることとなった。こうして伝統的百貨店と新興スーパー・チェーンとで首位の座が入れ替わった1972年の時点で、西友ストア（5位）、ジャスコ（6位）、ニチイ（9位）、ユニー（10位）とスーパー企業五社が上位十社売上高ランキングに顔を出していた。この小売業首位の座の交代は、どれほど百貨店の店舗が巨大で品揃え力に富んでいたとしても、単独店経営にとどまる限り、多店舗経営を中心とするチェーンストアに、売上競争の面では劣ることを実証した。小売業態としての販売額シェアも1974年をもって逆転し、スーパーが12.7％、百貨店が11.0％となった。

ダイエー

　以下ではまずわが国における総合スーパーの代表的存在といえるダイエーの歩みをたどることよって、総合スーパーがいかにして成立・発展したかを確認したい。同社の創業者・中内功は、神戸市で薬局を営む家庭に生まれ、兵庫県立神戸高等商業学校（現・兵庫県立大学経済学部）を卒業した。学生時代の中内は内向的な文学青年であったが、戦時中兵士としてソ連・満州（現・中国東北部）国境やフィリピンで過酷な戦場を体験したことにより、しぶとさを身に着けた。

　1951年3月、大阪市東区平野町に薬品の現金問屋「サカエ薬品」を父・秀

雄と次男の博が設立した。おおいに繁盛したこの店に、中内は店員として勤務した。自転車に乗ってサカエ薬品を訪れる客は途切れることがなく、店の前の幅10mほどの道路は半分が自転車で埋めつくされた。界隈の医師までがこの店を訪れ、また瀬戸内海の島から、一月分まとめて薬を買いに来る外科医や、北陸あるいは山陰からはるばる訪れる薬局主もみられた。それほどの交通費を費やしても引き合うほどサカエ薬品の販売価格は低く、900円の総合ビタミン剤を44パーセント引きの500円で販売していた。客との駆け引きは一切行わず、一個でも気がねなく買えたのも人気の要因で、道修町の武田薬品や塩野義製薬の社員が買いに来るほどであった。エスカレートする一般客のニーズに応え、化粧品や洗剤、石鹸、歯磨き粉といった日用雑貨も販売するようになっていった。

　1957年9月23日、「サカエ薬品」を退職した中内は、大阪市旭区千林三丁目の京阪電鉄千林駅前に「主婦の店ダイエー」一号店を開店した（店舗面積26坪）。千林に出店することとした理由は、大阪市内では「一番費用のかからない場所であったから」という。千林店は、13人の従業員でスタートした。店長のほかはすべて新採用の従業員で、開店から3日間の売上は、初日が28万円、二日目24万円、三日目23万円ときわめて順調であった。開店記念セールとして、映画館の入場券を景品にしたことが効を奏した。買い上げ額が100円を超えた客に、佐田啓二と高峰秀子が燈台守の夫婦を演じて一世を風靡した松竹映画「喜びも悲しみも幾歳月」の無料招待券を進呈したのである。客1人につき12円の入場料はダイエーが負担する形になった。近隣の映画館「千林松竹」の収容人員が600人であったにもかかわらず、千枚もの券を配ったため、当時の「千林松竹」支配人は二階の床が落ちはしまいかと、気をもんだとのことである。

　開店当時のダイエーは、両隣を安売りで名を馳せたヒグチ薬局と森小路薬局にはさまれ、「毎日が戦争」であった。ダイエーの店長が煙草を一服している間に、ヒグチが値段を下げていたこともあった。毎日目玉商品を紙に書いて貼り出していたが、ダイエーが有名メーカーの外用鎮痛湿布薬を65円で売り出すと、これに対抗してヒグチが64円に値下げ、それに対抗してまたダイ

第 7 章　スーパーマーケット (1)

エーが 63 円に値下げ、という具合であった。この商品の価格引き下げは 60 円が限界であったため、その水準に達すると、目玉商品は他の品に変更された。こうした低価格での販売にひかれ、はるばる京都から、隣近所を代表して買い出しに来る客もあり、両手に荷物を持って帰りの電車に乗車できるよう定期券を首からぶらさげていたという。このように激しい競争の中では、品切れは決して許されず、万一品切れとなった場合には、隣のヒグチで商品を補充するようダイエーでは従業員に命じていた。その場合、たとえヒグチでの調達価格が 100 円であっても、ダイエーでは 95 円で販売した。5 円の損よりも、品切れによって顧客をヒグチに奪われることを恐れたのである。

　第一号店が開業した 1957 年 12 月の大晦日、中内は、13 人の従業員に「今日は、百万円売ろう！それまでは店を閉めない」と宣言した。前日の 30 日が 30 万円の売上であったにもかかわらずである。通常は午後 9 時 50 分ころから「蛍の光」を流し 10 時には閉店していたが、大晦日の日は 10 時になっても店を閉じなかった。大晦日は鉄道が終夜運転を実施していたため、10 時をすぎても客足は絶えず、ついに元日の午前 1 時 30 分、100 万円の売上げを達成した。このとき店に残った商品は、歯ブラシ三本だけであったという。

　千林店の成功で自信を深めた中内は、1958 年 12 月、神戸三宮にダイエー第二号店を開業し、チェーン化の第一歩を踏み出した。1959 年 4 月には三宮店の 1 階で衣料品の、また 6 月には三宮店の拡張に伴い牛肉の、そして 1960 年には鮮魚及び青果のそれぞれ取り扱いを開始し、取り扱い品目を漸次拡大していった。その結果 1962 年には売上高が 100 億円、従業員数で 1000 人を突破した。

　1962 年の時点で、ダイエーの規模は次のような状態であった。売上高 100 億円、従業員数 1200 人、店舗数 6 店舗、平均売場坪数 3500 坪。6 店舗というのは、第一号の千林店をはじめ、三宮、三国（大阪市）、板宿（神戸市）、千林駅前、西神戸の各店である。中央指令室に当たる本部設立の計画は、1962 年にすでにスタートしていた。それは、1963 年 1 月 27 日、西宮において実現した。1300 坪、鉄筋 4 階建ての西宮本部が完成した。チェーン網の拡大は、この本部設立を機に次々と着手されていった。

1963年には福岡天神店、灘店（神戸市）、野寄店（同）、三宮第一店、宝塚店（兵庫県宝塚市）と立て続けに出店した。天神店は、岩田屋、渕上、丸栄など、百貨店やスーパーがひしめく激戦地区に1963年3月10日開店した。この福岡店における成功は、中内が最大の目標としていた東京進出への大きな布石となった。またこの年7月には、専門店複合型のショッピング・センター（SSDDS）を三宮に開店した。このSSDDSは、わが国におけるショッピング・センターの先駆けで、地上6階、地下1階、延べ面積は8609㎡、冷暖房が完備され、またスーパー系大型店としては初のエスカレーターとエレベーターを備えていた。ダイエーを核店舗とし、3〜5階は専門店で構成されていた。スーパーと専門店が同じ建物の下で営業することは、当時としては常識を超えるものであった。最終的に同店の階別構成は、地下に生鮮食品売場を配し、1階と2階はそれぞれ直営の食料品売場と衣料品売場、3階は専門店街とし、4階は直営の文具・玩具売場、そして5階には婦人服地・生地売場と催し物会場が設けられた。

　さらにこの年、渋谷に建設中であった地上10階、地下2階の長谷川ビルに東京での第一号店を構えようとした。しかし、地元の渋谷商店街から猛烈な反対運動が巻き起こった。同じころ進出を表明した西武百貨店の場合は、地元商店街から歓迎されていたにもかかわらずである。そのうえ、建坪の関係でエスカレーターが設置できないことが判明し、ダイエーの渋谷進出構想は幻に終わった。

　しかし翌1964年1月には、経営不振に陥った一徳ストアを買収し、再度首都圏への進出をはかった。これにより小岩、吾嬬、中目黒（いずれも東京都）と、浦和（埼玉県浦和市）の四店を手中に収め、その後ダイエー自らの手で1967年川口（埼玉県川口市）と東十条（東京都）に小型店をオープンした。売場面積は150坪から350坪程度の小さな店ばかりではあったが、すべて自前で店舗をつくるのとは雲泥の差があった。また2月には株式会社四国ダイエーを設立、大街道店（愛媛県松山市）を開店して四国進出を果たした。

　同年4月には庄内店を開店した。同店の立地する阪急電鉄宝塚線庄内駅（大阪府豊中市）周辺は、第二次大戦後における人口急増地域で、豊南市場に代

第7章　スーパーマーケット(1)

表される小売市場（いちば）が集積して激しい販売競争を繰り広げており、定期券を購入して市内の他地域から主婦が買い物に訪れる「安売りの町」であった。現在のイオングループの源流の一つであるスーパー・シロが第一号店を開業したのもこの庄内駅前である。そのため同地に進出するにあたってダイエーは、これら既存の市場やスーパーとの競合をさけるため、生活必需品以外の品揃えを強化し、専門店街やサービス部門を充実させ、来るべき消費社会の次段階を先取りした新しいタイプの店舗をここに開設したのである。三宮店で実験を試みた専門店街が導入され、並列した長方形の本館と別館の間には、憩いの場となる広場が設けられた。また別館には銀行、医療施設、美容室、ゲームコーナーから教養施設までもが開設され、買い物・健康・文化・娯楽の要素を兼ね備えた、三宮店よりもさらに進んだスタイルのショッピング・センターとなった。

　しかし、このように他を圧倒する店づくりをしたにもかかわらず、開店当初の庄内店における客足は予想を下回るものであった。そこで、農家からの新鮮野菜の直接仕入れ、当時人気絶頂であった女性漫才トリオ"かしまし娘"を呼び開催したイベント、駅前でチラシを配布して消費者を引き付け徹底的な安売りを行う、地元婦人会との親睦を図る、などの様々な試みが行われた。その結果、開店より1年を過ぎたころから売上は急上昇し始め、1966年ごろには、庄内店はダイエー全店の売上トップに踊り出た。

　またこの年9月、ダイエーはプライベートブランド（PB）商品グンゼブルーマウンテン肌着の発売を開始した。プライベートブランドとはスーパーなど流通企業がメーカーに発注して生産させ、自社ブランドを付して販売する商品で、生産を依頼した商品はすべて買い取ることを条件として仕入価格を引き下げ、メーカーによるブランドを付したナショナルブランド（NB）商品と実質的には同等の品を、より安い値段で販売するものである。欧米ではスーパーなど量販店における販売商品の大半はこうしたPBとなっているが、わが国では消費者のNBに対する信仰が強く、スーパーの発展にもかかわらずPBの普及は遅れていた。このグンゼブルーマウンテン肌着はわが国スーパー業界におけるPB商品の先駆けではあるが、グンゼという有名衣料メーカーの

ブランドを組み合わせることで消費者のPB商品に対する疑念を払拭しつつ、グンゼの製品を通常よりも低価格で供給できるという点に同商品の存在意義があった。

つづく1965年の一年間、ダイエーの新規出店は、わずか1店舗にとどまった。その1店舗も庄内の家具センターであったから、本格的なスーパーはまったく出店できなかったのである。その理由は、この年出店準備を進めていた尼崎、生田（神戸市）、千舟（大阪市）など関西地区の新店舗が、激しい出店反対闘争に直面し、すべて挫折したことであった。反対運動の激しさは、尼崎で用地をダイエーに売却しようとした金融機関が、契約直前でありながら、恐れをなして交渉を白紙に戻してしまったほどであった。

1968年11月30日、ダイエーは本格的郊外型ショッピング・センターの第一号店として香里店（香里ショッパーズ・プラザ）を大阪府寝屋川市に開店した（第一生命保険相互会社所有の建物へ）。スーパーゾーン5518㎡、専門店ゾーン6983㎡で、月商2億円を見込み、駐車場は400台が駐車可能と、当時の日本では図抜けて大規模な商業施設であった。専門店ゾーンには52の専門店が出店し、多様化する購買行動を満たすために「買い物の楽しさ」を強調する店づくりであった。

ダイエーと西友ストア

当時のスーパー業界には、西友ストアに代表される、中型店を特定地域へ集中的に出店する店舗展開策と、ダイエーのごとく拠点ごとに大型店を設ける展開策がみられた。西友は、西武鉄道や国鉄総武線の沿線に、中型店を数多く出店していた。西友の属する西武流通グループ内には、すでに西武百貨店という巨大店舗群が存在していた。そのため西友の出店戦略は、大型店（百貨店）の回りに中型のディスカウント店を配し、特定地域の占拠率を一気に上昇させようとするものになった。一方一途に「小売業の王者」をめざしていたダイエーには、香里ショッパーズ・プラザのような大型店が、ぜひとも必要であった。百貨店では首位大丸の売上高が1260億円、二位三越の売上高が1230億円であったこの年、ダイエーは、店舗数こそ38店ながら、年商で

は750億円と当時第二位の西友ストア（56店舗、510億円）、三位のジャスコ（68店舗、500億円）に大きく差をつけていた。

　その後中内は、本格的な東京攻勢を、「レインボー作戦」と名づけ展開した。東京を中心とする首都圏30～50キロ圏内の人口増加地域をポイントに、まるで虹をかけたように店舗を配置しようとするものであった。中内は、以前にも瀬戸内地帯の出店で「ネックレスチェーン構想」というキャッチフレーズを打ち出したことがあった。厳しさを増すスーパー間競争に先手を打つには、成長性の高い都市をまず押えるという戦略であった。ライバルである西友ストアは1968年までに55店舗の展開を終えていた。急ピッチな出店で、西武沿線はもとより、中央線、常磐線、東海道線の沿線にまで進出していた。一方この時ダイエーは、首都圏では6店舗を出店していたにすぎず、しかもそれらはダイエーの底力を見せるには小規模すぎる店舗ばかりであった。しかしながらこれらの店舗群を展開したことにより、東京の消費者にどのような消費傾向があるかを捉えることができ、これらのデータから、今後どのような品揃えをすれば良いかを割り出すことができた。またそれと並行して、大型店の出店が可能となる消費活動の活発な地域を見定めていった。

　その結果、レインボー作戦の核となり、ダイエーの名を首都圏の消費者に広く知らしめる場所として、ダイエーは町田市（東京都）を選んだ。小田急線が横浜と八王子を結ぶ横浜線と交差する町田市には、さいか屋、吉川、小田急、長崎屋、十字屋、静岡屋など、多数のスーパーや百貨店がすでに進出し、活況を呈していた。人口も20万人に達し、将来の人口増加も十分に見込めた。ダイエーは1969年6月20日、「レインボー作戦」の第一号店として「ダイエー原町田ショッパーズプラザ」を町田市の国鉄横浜線原町田駅斜め前に開店した。地上5階、地下1階、店舗面積7153㎡で、レインボー作戦の一大拠点と誇るにふさわしい規模を誇った。それまでの東京店がいずれも小型だったことから、中内もその大きさに感激を隠せなかったという。

　さらにその年12月5日、レインボー作戦の第二弾として赤羽店を国鉄赤羽駅（東京都北区）東口の工場跡（約1万㎡）に開店した。4階建てのダイエー直営店と3階建ての専門店街の二棟から成り、直営店の屋上には収容能力

約300台の駐車場を設け、年商60億円を目標とした。この赤羽店から直線距離でおよそ200mの場所では、西友ストアが赤羽店を1966年より営業していた。地上7階建ての大型店で、開店当時は東日本最大の小売店といわれ、69年当時も、西友ストア67店のなかで十指に入る規模であった。当時ダイエーの年商が916億円、傘下店数は43であったのに対し、二位西友ストアの年商は682億円、傘下の店数は67であった。

　新参のダイエーは、赤羽周辺の一帯に新聞大で4ページにもわたるカラフルなチラシを30万枚近く配布した。謳い文句は「一品たりとも、西友ストアより高い商品はありません」というもので、砂糖1 kg 66円、外資系ナショナルブランド（NB）マーガリン「ラーマ」225 g入り55円、十個入り卵89円、ナショナル（現パナソニック）カラーTV19型12万8800円（メーカー希望小売価格18万9千円のところ）、シャープカラーTV15型6万9千円（同12万9千円の半値近く）という「目玉商品」の販売価格に、殺到した近隣からの買物客は開店前およそ3000人に達し、店の前の通りは身動きできないほどの混雑となった。きゅうりなどをダンボール箱一杯で買って行く者もあったが、これをダイエー側では青果商が買い出しにきたものとみていた。赤羽署も連日60人の警官を派遣して群衆の整理にあたった。同署の調べによれば、ダイエーの来店客は、初日が6万人から7万人、二日目が8万人、三日目が12万人と日を追うにつれて増加したが、これは噂が噂を呼んだ結果とみられていた。売上も初日が6000万円、二日目が8000万円と増加して、三日目には1億円を突破した。これは当時単独店の一日当たり売上としては最高記録であった。

　西友ストア側は、ダイエーの開店にあわせ、その2日前から3日間の特別セールで対抗を試み、砂糖1 kg 57円、ラーマ225 g 49円の価格を設定した。ところがダイエーは開店の日、素早く値段の書き換えを行い、砂糖1 kg 55円、ラーマ47円と、西友ストアより低い価格を設定した。しかも西友ストアの「目玉商品」が午前2000人、午後2000人と数量限定であったのに対し、ダイエーは商品を次々と追加投入し、買物客の求めに応じて販売した。当時のダイエー広報室長の回想では「さいごには、豆腐1丁1円というところま

でエスカレートし」たという。開業当時の千林でダイエーが展開したヒグチ薬局との値下げ競争を彷彿させる争いであった。結果は、規模の大きいダイエーに西友がジリジリと押されていった。西友が赤羽地区でダイエーと対等の規模で勝負を挑むためには、赤羽第二店の開店まで五年近くの歳月を待たねばならなかった。

「赤羽戦争」を契機として、以後中内ダイエーが東上作戦の徹底を図ったのに対し、堤清二の西友は逆に西下作戦を開始した。西友はこの後、藤沢に進出してショッピング・センターをつくった後、さらに北陸、関西へとその駒を進めた。一方、ダイエーも、北千住、立川、八王子へと、首都圏における店舗網を広げていった。

売上高が1000億円を突破した1970年の2月27日、ダイエーはサンコーを吸収合併した。同社は神奈川県を中心に27店舗を展開し、1969年度の年商が250億円という規模を誇るスーパーチェーンで、当時業界で12位にランクされていた。しかしサンコーは急激に店舗を増やしたことがたたり、資金繰りが苦しくなっていた、サンコーの社長・中田安彦は、かねてから親交のあった西友の上野光平に提携を申し入れたが、西友はこの申し入れを見送った。そこでかねてからサンコーに注目していたダイエーが、吸収合併を実現したのである。サンコーが店舗を展開していた神奈川県は、ブルーカラーとホワイトカラーが併存し、東京と横浜に通勤するサラリーマンたちのベッドタウンで、ダイエーにとって願ってもない消費力の豊かな地域であった。ダイエーはこの合併によって、空白地帯を一気に埋め、町田、赤羽、神奈川とレインボー作戦の骨格を形づくることに成功したのである。

1970年11月、ダイエーは小売価格が5万円台と格安の13型カラーテレビ・ブブをPB商品として発売し、翌1971年にはブブ製造元の家電メーカー・株式会社クラウンと資本提携を行った。ブブ発売の背景には松下電器産業（現パナソニック）との家電品販売価格をめぐる確執があった。当時製品を販売代理店から系列小売店というルートで販売していた松下電器は、メーカー希望小売価格を守って販売することを系列小売店に対し強く求めていた。松下電器の創業者・松下幸之助の信念は、適正価格で商品を販売し、メーカー、

卸売業者、小売業者すべての利潤を確保して共存共栄を図ることにより、中長期的にはむしろ安くて良い製品が供給できるのであり、従って目先の安さにこだわることは結局消費者にとっても損である、というものであった。
　これに対し中内の考えは、価格を決めるのは消費者であり、業者としては消費者に最も近い位置にある小売商が、消費者の代理人として価格の決定権を握ることが社会的にみてもっとも望ましい、というものであった。経済学者から作家に転身し、わが国における経済小説の第1人者として知られる城山三郎が中内をモデルに描いた小説『価格破壊』（光文社カッパ・ノベルス、1969年）は、こうした中内の思想を端的に表現したものである。両者の理念の対立は、この時点においては松下の勝利という形で決着した。希望小売価格を無視して松下製品の低価格販売を続けるダイエーに対し、松下電器は製品の出荷を停止して対抗した。ダイエー側は八方手をつくして商品の確保につとめたが、松下側の各方面に対する働きかけにより最終的に松下製品の販売は不可能となった。しかしのちの章においてとりあげるように、その後わが国における家電量販店の発展は、松下よりも中内の主張に沿った形へと家電流通のあり方を変えていったのである。
　1970年前後、ダイエーの出店形態は、新たなショッピング・センター形式へと変化を示した。先にもみた通り、東京への本格的進出の第一号店として、ダイエーは原町田に町田ショッパーズプラザを出店した。その際中内は、ショッピング・センターにおいて、物品の販売のみならず、食事ができる憩いの場を提供することが必要であると考えた。そこで町田ショッパーズプラザ内に、1970年ハンバーガーショップ「ドムドム」を、また1971年にはレストラン「キャプテン・クック」を出店した。これらの供食施設は、ダイエーの物品販売業を補完する目的を以て開設されたもので、1972年末までこの方針に基づき、ダイエー外食産業グループの飲食店は、店舗数42、売上高合計10億円までに成長した。しかし、それらのほとんどは赤字経営であった。開業直後ということで、各店には固定客がつかず売上は低迷したが、にもかかわらず調理人には高給を支払っていたためである。そのため自前の店舗を閉鎖し、これらにかえてテナントを出店させることも検討された。

第7章　スーパーマーケット(1)

　ちょうどその頃、森永製菓や西武百貨店でキャリアを重ねた土井利雄が、1972年の夏ダイエーに入社した。土井はダイエー外食産業部門の一つとなるディッパー・ダン・アイスクリーム・ジャパンの設立に腕をふるった。ディッパーの経営が順調に推移したことから、土井の手腕は高く評価され、そのため赤字の連続に悩まされていたフォルクス、キャプテン・クック、ドムドムの三社についても、その経営を土井にゆだねることとなった。土井は従業員の再教育を行うとともに、仕入をすべてダイエー本社に集約し、アルバイト主体で営業できる体制を整えた。またダイエー本社内に外食事業本部を設け、長期計画、資金調達、従業員教育、マニュアルの作成などを同本部の担当とし、ドムドム以下の各社は、店舗の運営に専念させた。このような改革が功を奏し、1974年度には各社とも期間損益が黒字に転じ、また累積赤字も半減した。
　その結果、ダイエー外食産業部門の各社は、1976年時点で以下のような成長ぶりを示すに至った。1970年設立のステーキハウス「フォルクス」は、店舗数16で、ダイエーのモットーである「よい品をどんどん安く、より豊かな社会を」の精神に基づき、徹底した低価格政策を実施し、野菜サラダをセルフ方式で好きなだけ食べてもらうサラダ・バーの先駆けともいうべきシステムを採用していた。「ドムドム」は店舗数84で、わが国ハンバーガー業界では、売上高で日本マクドナルドに続く第二位の地位を確立していた。このころ日本マクドナルドではほとんどの店舗が売場面積150㎡以上であったのに対し、ドムドムは規模は小さくとも効率の高い店舗の多いことが特徴的であった。「キャプテン・クック」は店舗数90、また1972年設立され、一号店を同年12月東京駅前八重洲地下商店街の一角に出店した「ディッパー・ダン・アイスクリーム・ジャパン」は、店舗数140で、当時アイスクリーム・チェーン業界ではトップの座にあり、56種類もの品揃えと、この業界では珍しくはかり売りをしていることが特徴であった（一律285グラム当たり500円）。ディッパーは米国の巨大食品企業スイフト社と商品提携して運営され、企業名のディッパー・ダンはスイフト社のアイスクリームのブランド名であった。1974年設立のラーメン・チェーン「さつま」と1975年設立のドーナツ・シ

ョップ「ドーナツ・アーツ」はいずれも店舗数9であった。わが国のドーナツ市場は、1970年度以降急成長が始まり、1976年当時はミスター・ドーナツ（米国のミスター・ドーナツとダスキンが技術提携）と、日本ダンキンドーナツ（全米最大のドーナツ・チェーン、ダンキンドーナツとレストラン西武が提携）の外資二社が市場をリードしていたが、これらに対しドーナツ・アーツは、自社開発の技術と商品企画で対抗を試みていた。

　このような陣営を擁するに至ったダイエーの外食産業グループは、西武流通グループのレストラン西武、長崎屋の長崎屋オアシス、東急ストアのレストラン東急、ニチイのニチイフーズなど、スーパー各社が手掛ける外食産業の中では第一人者の地位を確保した。日経流通新聞が行った「第三回日本の飲食業実態調査」によれば、ダイエーの外食産業グループは、売上高103億5000万円で、全飲食業界の第19位にランクされた。これを追っていたのはイトーヨーカ堂グループで、売上高40億300万円を以て第75位にランクされていた。両社の間には売上実績の面で差が認められるが、イトーヨーカ堂グループが注目を集めたのはその急成長ぶりであった。原動力となっていたのは売上高伸び率が前年比335％のコーヒーショップ「デニーズ」で、東京都下や神奈川県下において、同じく躍進のめざましかった「すかいらーく」と競合しながら、対等の闘いを繰り広げていた。デニーズ成功の秘密は、米国デニーズ社のノウハウを取り入れながら、独自の販売戦略を展開したことにあった。

　1972年8月、ダイエーは三越を抜いて小売業売上高日本一に踊り出た。しかし翌1973年10月、第二次百貨店法にかわる大規模小売店舗法（大店法）が制定公布され、以後スーパー各社の新規出店は大きく制限されることとなった。それまでに比べ開業に多くの日時を要することとなり、また計画に比して店舗面積の削減や営業時間の短縮を求められることとなったのである。だかそうした中でもダイエーの中内は、小売業初の年商3000億円を突破したこの年8月、「チェーンストア創業元年」を宣言し、「6年後の1979年に年間売上1兆円を達成する」という目標をここで掲げ、積極策を展開していった。同年11月には札幌店を開店し、北海道への進出を果たした。またこの年より

西武鉄道の幹線である池袋線と新宿線が接続し、西武グループの拠点である埼玉県所沢市への進出をはかっていった。

　1973年、所沢市の中心部である日吉町地区の商店街が、西武所沢駅前地区に対抗すべく再開発計画を立て、大型店の誘致をはかった。まず西武グループへキーテナントとしての出店を要請したが、西武側の反応は消極的なものであった。地元でありながら他者のつくった建物へテナントとして出店することにはメリットが感じられず、また駅前ですでに西友ストアが営業していたためである。そこで10月に入り、再開発ビルの建設を請け負っていたフジタ工業を通じ、ダイエーに話を持ち込んだ。建設用地面積は約1万㎡で、西武所沢駅から徒歩5分の場所であった。11月、ダイエーは出店の意向を表明、そして翌1974年10月、正式に出店の申し入れを行い、協力を依頼した。結局この所沢店が開業したのは1981年11月26日のことであった。地上5階、地下1階、売場面積は1万8000㎡に達する本格的GMS、つまり百貨店スタイルの大型店で、200m離れた西武所沢駅前で営業していた西友の売場面積3200㎡と比較して約6倍の、新潟店、福岡店、鹿児島店と並びダイエーを代表する大店舗となった。百貨店では敵地・渋谷に進出することによって、渋谷の発展に貢献するとともに飛躍の契機とした西武流通グループではあったが、自らの拠点・所沢市では守勢に終始した結果、ダイエーの一方的浸食を許す結果となったのである。

ダイエーとイトーヨーカ堂

　一方この間ダイエーは、イトーヨーカ堂とも藤沢市において争いを繰り広げていた。世にいう「藤沢戦争」で、1974年6月のことであった。神奈川県藤沢市は人口およそ26万人を擁する東京と横浜のベッドタウンで、藤沢駅には東海道本線と小田急江ノ島線、江ノ島電鉄の三線が発着する。駅をはさみダイエーは山側、イトーヨーカ堂は海側に店舗をかまえた。ダイエーは地上5階、地下1階、延べ面積1万1598㎡、一方イトーヨーカ堂は地上6階、地下1階、延べ面積1万4737㎡と、イトーヨーカ堂の方が規模は大きかった。しかしながら1973年当時における両社の関係は、およそライバルとは言いが

たいものであった。ダイエーが売上高4776億円、店舗数111で、業界首位であったのに対し、イトーヨーカ堂は売上高1396億円で、西友ストア、ニチイ、ユニー、ジャスコにつづく第6位、店舗数も42とダイエーの三分の一程度にすぎなかった。

イトーヨーカ堂をスーパーに転換し成長させた伊藤雅俊は、1922年に生まれた。生家は浅草で「羊華堂衣料店」を営んでいた。横浜市立商業専門学校を卒業と同時に、三菱鉱業へ入社し、戦時中の陸軍特別甲種幹部学校在学をへて、敗戦後は三菱鉱業に一時復帰したものの、ただちに退社し、1945年の12月から家業を手伝いはじめていた。当時、羊華堂の店舗は浅草から北千住に移っていた。1956年、長兄・譲の死去により羊華堂社長となった伊藤は、1960年6月セルフサービスを導入し、また1961年には欧米に赴き、流通業界を視察した、帰国後、10月に東京・赤羽店を開業し、衣料品を中心として、食料品、家庭用品、日用品、家庭電化製品、化粧品、医薬品などを取り扱うチェーンストア形態を採用した本格的なレギュラーチェーン展開の第一歩を踏み出した。1965年社名をイトーヨーカ堂と改め、1973年には、ダイエーに一年遅れて東京証券取引所一部に上場した。

藤沢におけるダイエーとイトーヨーカ堂は、互いに開店日を明らかにしようとはしなかった。相手より1日でも早く開店した方が有利になるとみてのことであった。しかしついにイトーヨーカ堂は27日の開店を発表した。これに対しダイエーは、イトーヨーカ堂よりも5日早い22日の開店を発表した。するとイトーヨーカ堂は、ダイエーの開店日に「開店まであと四日」という開店予告広告を行い、応酬した。しかも、その価格は、ダイエーのオープン当日の価格をすべて下回っていた。ダイエーとイトーヨーカ堂の激突は、「赤羽戦争」を超える凄まじさとなった。ダイエーは、オープンの日に卸値で100g12円のバナナを、卸値を下回る8円で販売した。それに対しイトーヨーカ堂は、6円でバナナを販売した。するとダイエーも、負けじと5円に値下げした。イトーヨーカ堂は、4円に下げ、ついに、3円のバナナまで登場した。イトーヨーカ堂はダイエーのように派手な安売りは行わず、利益率を高めることを方針としていた。そのイトーヨーカ堂が真向から安売りの勝負を

第7章　スーパーマーケット(1)

挑んだことから、同社が「藤沢戦争」にいかに力を注いでいたかを、理解することができるだろう。

　またこのころダイエーとイトーヨーカ堂は、札幌市の琴似駅前への進出をめぐっても熾烈な争いを繰りひろげていた。琴似は、当時人口120万人を超えた札幌市の西部にあるベッドタウンであった。1976年には国鉄琴似駅から800m離れた場所に地下鉄東西線琴似駅が新設され、将来は「札幌の新宿」となるものとみられていた。国鉄琴似駅前に、塚本一造の経営する琴似運輸倉庫の所有地1140㎡があった。塚本はその土地に地上5階、延べ面積9350㎡のビルを建て、そのうちの約10％を地元の店、残り90％を本州のスーパーに賃貸することを企てた。まずイトーヨーカ堂が、まずこのビルへの出店交渉に入った。1974年3月下旬のことであった。ダイエーもやや遅れてそのビルへの出店を画策しはじめたが、地元の人たちのあいだには、ダイエーアレルギーが強かった。5月20日、イトーヨーカ堂は、塚本にあてて正式に「出店願い書」を提出した。それから一月遅れて、ダイエーも塚本とビルリースの交渉に入った。その結果、出店を勝ち取ったのはイトーヨーカ堂であった、翌1975年3月4日、イトーヨーカ堂は報道陣を招き、店舗建設構想を発表した。それによれば建物は地上5階建てで、延べ面積は1万1790㎡、閉店は午後8時であった。当時を知る関係者は、琴似における争いの結末を、以下のごとく回想している。「その後1年ほどして、別の地主さんから話がありました。そこに出店したのが1977年4月で、現在の琴似店です。結果的には、こちらの方がよかった。地下鉄東西線の終点駅の上ですからね。イトーヨーカ堂さんは、国鉄の駅から100mも離れています」（琴似駅が東西線の終点であったのは1999年2月25日まで）。

　さらにダイエーとイトーヨーカ堂は、千葉県習志野市の津田沼でも衝突を繰り広げた。世にいう「津田沼戦争」である。1977年11月にオープンしたイトーヨーカ堂津田沼店は、同社の店舗中最大の規模を誇っていたが、翌1978年10月14日のダイエー津田沼店のオープンに、それまで業界では試みたもののない手段に訴えた。ダイエーの超目玉商品に対抗するため、先着500名に限り、商品を無料進呈したのである。朝の10時から11時まではポリバ

ケツ、11時から12時までは木製ハンガー、12時から1時まではパンティストッキング、2時から3時までは菓子一袋、3時から4時までは生さんま二尾で、スーパーの歴史でも前代未聞のことであった。

　1975年、ダイエーは那覇ショッパーズ・プラザを開店し、沖縄へ進出した。一方この年4月、米ローソンミルクと提携してダイエーローソン株式会社を設立し、6月には、コンビニエンス・ストア・ローソンの第一号店を、大阪府豊中市桜塚に開店した。また同年4月1日には、ライフスタイル別売場構成をとる新しいタイプの店舗、碑文谷ショッパーズ・プラザを東京都世田谷区にオープンした。建物延べ面積2万7923㎡、地上7階建ての碑文谷ショッパーズ・プラザでは、商品を消費者のライフスタイルに合わせた形で分類していた。そのため、一定の購入目的を持ってこの店を訪れた客は、エスカレーターや階段を昇り降りすることなく、一つのフロアですべて買い物が済ませられる仕組みになっていた。さらにこの年、ダイエーは熊本市に出店する意向を明らかにした。ダイエーがキーテナントとして出店を計画したのは、東亜シルク（本社・熊本市）が、同市大江町に建設する予定の鉄筋5階建ての第三シルクビルであった。東亜シルクは3月、大店法に基づき福岡通産局に建設計画を届け出た。ダイエーの売場面積3万2700㎡、テナント店舗6745㎡と九州では最大の店舗規模であった。しかし地元商業界は、ダイエーの進出に猛反対した。その理由は、熊本市内の大型店の売場面積3.3㎡当たりの人口が当時3.98人と過密であったのに、ダイエーの進出を認めると2.9人とさらに過密になり、地元の小売店の経営が成り立たなくなるというものであった。結局、熊本市の商調協は、全国で初めて「進出を認めない」という結論を出した。それから2年を経た1977年4月、第三シルクのデベロッパー・東亜シルクは、計画を縮小して再度、福岡通産局に届け出を提出した。

ニチイ

　次に個人経営の零細な小売店から総合スーパーチェーンへと発展した今一つの事例として、ニチイのケースをみてみよう。のちにマイカルグループへと発展した同社は、西端行雄が第二次大戦後、大阪市内の天神橋筋商店街で

開いた衣料品店に源流を有する。西端は1916年神戸市で生まれ、1938年北支事変に歩兵として参加したが、翌39年迫撃砲の至近弾を受け、現役免除となり帰還した。1941年和歌山の傷痍軍人国民学校教員養成所に入学した西端は、42年検定試験合格で教員資格を得て、大阪市西成区南津守国民学校に教員として着任した。しかし1945年秋、西端は同校を退職した。敗戦を境として価値観が180度逆転する中、教職を続けることに矛盾を感じたためであった。

　退職した西端は行商として高野豆腐やそうめんを売り歩いたが、最初は思うように売れず、商売の厳しさを知った。1948年、親類より資金2000円を借りて衣服の行商を始め、神戸・三宮のガード下で仕入れた商品を販売した。同年暮れ、大阪・梅田曾根崎商店街のセリ市で上野毅雄に出会い、セリ市における衣料売買の秘訣を伝授された。

　1949年、上野ならびにその友人との3名共同で、天神橋筋商店街の天満駅近くに店を構えた。間口2間（3.6メートル）、奥行き1間半（2.7メートル）、家賃月2万円のささやかな店で、家賃は3カ月の前納制であったが、手持ち資金に余裕のない西端の分は上野の友人が好意で立て替えてくれ、売上を三等分した。

　1950年、景気の好転にともない上野らは経営から手を引き、衣料品店は西端の単独経営となった。家主と改めて交渉した結果、店の面積を約半分の5㎡（間口1間、奥行き1間半）に縮小し月8000円で賃借することとなり、友人から2万円の資金、懇意の問屋より5万円余の商品を借り、単独での衣料小売店の経営を開始した。屋号は平和の象徴・鳩にちなんでハトヤとし、始発前から終電後まで営業した。住居を兼ねた店舗は余りに狭く、トイレがないために毎日天満駅まで借りに行かねばならないような逆境からのスタートであった。

　1954年、西端は箱根で開催された専門誌『商業界』のセミナーにはじめて参加した。これはハトヤに隣接して店を構えていた人物の勧めによるものであった。主幹の倉本長治はじめ講師陣のレクチャーから衝撃的な感動を受けた西端は、1955年にセルフ・ハトヤを開店した。日本NCRの助力を受け、か

ねてから準備を進めてきた衣料品のセルフ・サービス販売に着手したものであり、これは小売業界では世界初の試みであった。セルフ・ハトヤは間口2メートル弱、奥行7メートル強の店舗（店舗面積25㎡）で、店員は西端夫妻に男性1名、女性11名の計15名と小規模な店であったが、開店初日で17万円もの売上を記録した。これは当時の天神橋筋における小売店の平均売上2万5000円、また大阪市を代表する繁華街・心斎橋筋の小売店平均売上5万円をはるかに上回るものであった。セルフ・ハトヤがこのようにずば抜けた売上を達成できたのは、商品をすべて現金で安く仕入れ、低価格で販売した結果であった。低価格により売上が増大し商品の回転率が高まると、売れ筋情報を他店より早く掴むことが出来るようになり、その結果品揃えが一層向上し、これがまた売上の増大に繋がる、という好循環が生じたのである。かくしてセルフ・ハトヤは瞬く間に業界注目の的となり、開店1週間後には大丸・高島屋・阪急といった市内の有名百貨店から営業部長が視察に訪れたほどであった。

　1957年、米国セルフ・サービス協会の会長であったジンマーマンがセルフ・ハトヤを視察、世界に例を見ない衣料品セルフ・サービス小売店の成功例として同店を激賞した。またこの年、セルフ・ハトヤは一流モデルを起用してランジェリーのファッションショーを開催した。ずば抜けた売上高を誇るとはいえ、商店街の一衣料品店に過ぎなかったセルフ・ハトヤが、それまでデパートやメーカーのショールームでしか開催されたことのなかったイベントに挑戦したこの画期的な試みは、当時高価であったランジェリー商品を大衆化する先駆けとなった。1961年、セルフ・ハトヤの年間売上高は5億円、売場面積は480㎡（145坪）に達し、また大晦日の1坪1日当り売上高は1800万円を記録した。

　1963年、『商業界』に発表された倉本長治の「商人の哲学」を読み、これより「小売連邦」経営のヒントを得た西端は、同年秋、セルフ・ハトヤと、かねてから深い交流のあった岡本商店、ヤマト小林商店、エルピスの3社を合併させ、株式会社ニチイを発足させた。本社は大阪市北区天神橋筋におき、資本金は7000万円とした。同年の売上高は28億円であったが、西端・岡本・

小林・福田の4名は、10年後の目標年商を1000億円と、当時の彼らにとっては気宇壮大な計画を携えて、ニチイを船出させたのである。

その後1963年から1968年にかけニチイは、奈良、四条高倉（京都市）、尼崎、千日前（大阪市）、生野（1966年10月開店、食品まで取り扱う自社初の総合店、大阪市）、枚方、岸和田、堺（いずれも大阪府）と近畿圏内に続々と店舗を開設した。1964年には資本金を1億500万円、1966年には2億1000万円にそれぞれ増資し、出店資金の確保に努めた。また店舗の増設により発足当時は28億円であった年商も、1963年49億円、65年72億円と急伸し、66年には待望の100億円を超えた。その後も主として企業合同によって年商は順調に伸び、合併から10年を経た1973年には1000億円を突破、見事合併当初の無謀と見られた目標をクリアしたのである。

1972年、大阪国際ホテルでニチイを中心とした全国の同志的小売店45店によりNFC（ニチイ・ファミリー・チェーン）大会が開催された。この大会において倉本長治のすすめにより、NFCはNAC（ニチイ・アライド・チェーン＝ニチイ共同組合連合会）に改組され、同組織を通じて全国にくまなく広がる一般小売店の組織化をめざした。同年西端は、ナショナルチェーンを展開する上での戦略として「生活産業」という当時としては斬新な事業構想を発表し、この構想に基づいてヘルス部門・不動産部門・ビルメンテナンス部門に進出した。

1976年、東京、大阪、名古屋各証券取引所1部に上場を果たしたニチイは、1977年、東北・関東・北陸の地方百貨店五社（山田百貨店＜福島＞・武田百貨店＜青森＞・小美屋百貨店＜川崎市＞・イチムラ百貨店＜新潟県長岡市＞・丸光百貨店＜仙台市＞）による連合組織「百貨店連合」（DAC＝デパートメント・アライド・チェーン）を設立した。同組織の主な目標は、衣料を中心とする地方都市に適した商品の共同開発・共通仕入、資金調達、人材育成、経営情報の交流などであった。

それぞれに伝統を誇る地方名門百貨店がニチイのイニシアティヴの下一つに結集しえたのは、西端行雄の「小売業者は、少しでも"お客様のためになる"ように力を貸し合う努力をしなければいけない」という経営理念と、4社

合併によりニチイを作り上げてきたという実績、さらに朝夕勤行を欠かさぬ熱心な仏教徒としてのパーソナリティによるところが大きいといわれた。また西端が「小売協業」に執心した理由は、ニチイがショッピング・デパート形式の出店戦略を進める上で、百貨店の経営ノウハウを吸収する必要があったこと、時として有産階級的に行動したり、節約本位の「締り屋」になったりする「一億総中流」の日本人を相手に商売するためには、自らの固有の領域にこだわらない多面性を備える必要があること、の二点にあった。

第八章

スーパーマーケット (2)
ナショナルチェーン化と
総合生活産業化

(1) 流通規制

　1970年代初頭、スーパー各社は売上で百貨店を凌駕した。1972年の小売売上高にしめる割合は、百貨店の11.3％に対しスーパーは12.0％と百貨店を上回った。また同年、ダイエーの売上高は1359億円に達し、三越の1305億円を越えて小売業界の頂点に立った。このようなスーパーの成長は、百貨店よりもむしろ中小小売店の売上げを奪うものであった。しかし1956年制定の第二次百貨店法ではスーパーの大型店舗開設は規制対象外となっており、そのためスーパーと中小小売商の対立は激化した。この時期スーパーが大型店舗を出店するにあたりしばしば用いた手法は、一つの店舗における運営主体を複数の法人に分割することであった。百貨店法は、営業面積が一定基準を上回る店舗を単一の法人が開設・運営する場合、その出店を通産大臣の許可制としていた。そこでスーパー側は、建物の一部にテナントを入居させることによって、実質的には規制対象となる大型の店舗を開設しながら、その規制を免れえたのである。もちろんテナントを入店させることには、専門店や飲食店、サービス業者によって、スーパーが単独で営業する場合に比べて集客力が高まるという効果も期待されていたのであるが。

　1973年10月、第二次百貨店法にかわる大規模小売店舗法（大店法）が制定・公布された。大店法の下では、業態の如何を問わず、売場面積1500㎡（政令指定都市は3000㎡）以上の店舗を新増設する場合は、すべて同法の適用対象となり、店舗の新増設を計画するものは、通商産業大臣（通産大臣）

へ届け出を行い、審査を受けなければならないこととなった。審査は実質的に出店先の商工会議所内に設けられた商業活動調整審議会（商調協）で行われる。商調協は地元の商業者、学識経験者、消費者、ならびに大規模小売店舗経営者から構成されるが、一般的には大型店の出店に批判的な意見が優位となる傾向がみられた。もっとも制定・公布時点の同法は、消費者保護や流通業の発達を目的に含んでいたため、大型店の出店は百貨店法時代にくらべ実質的には緩和され、ただちに大型スーパーの出店へ歯止めをかけるものとは言えなかった。しかし1978年10月の改正によって大店法は運用上の規制色を強めた。これにより、業態や運営主体の多寡にかかわらず、一定以上の面積を備えて営業する小売施設の開設は、すべて法的規制の対象となり、強く制限されることとなった。中小小売商が多数入店して成立する駅ビルや地下街なども、大店法では出店規制の対象となったのであり、スーパーの大型店舗が対象とされたのは当然のことであった。

　加えて中小スーパーの出店を抑えるために、地方自治体が独自の条例をつくる動きがみられるようになった。とくに厳格であったのが、1976年11月に施行された熊本県条例である。この条例では、売場面積300㎡以上、1500㎡未満の中型商業店舗の新増設について、工事着工4カ月前までに名称、所在地、建物の延べ面積、売場面積などを知事へ届け出ることを義務付けていた。そして審議会の答申に基づく知事の調査勧告を無視した業者、並びに無届け業者には、最高十万円の罰金を科すという罰金付き条例であった。

　この時期以降、大手スーパーが地方百貨店を傘下に収める動きが盛んになった。大店法の制定公布を境に、大手スーパーの出店は大幅に減少した。この出店数の減少を補うため、大手スーパーによる地方百貨店や中堅スーパーとの提携・合併が盛んになったのである。1976年以降、大手スーパーでこのような動きが目立ったのはジャスコである。ジャスコはもともと岡田屋（四日市市）、フタギ（姫路市）、シロ（大阪市）の合併企業としてスタートしており、1970年代以降、山陰、大分、山陽、信州、西奥羽などで次々に地元の小売業と手を結び、地域法人をつくってきた。当時「パートナーシップ」を謳うジャスコの「連邦経営」は、それほどメリットのあるものとは考えられ

第 8 章　スーパーマーケット(2)

ていなかった。しかし 1976 年 1 月扇屋（千葉市）と提携し、さらに 8 月に合併するに及んで、徐々にではあるが小売業関係者の間にもこれに同調、賛同する声が出てきた。同年 8 月には、倒産後再建中であった橘百貨店（宮崎市）の買収を決め、また 10 月にはいとはん（金沢市）と合併を前提に提携した。さらに 1977 年に入ると、3 月に月賦百貨店第 4 位の丸興（東京）と資本・業務提携して経営権を握り、さらに同月、北関東地区流通業界で売上高トップを誇る伊勢甚グループ（水戸市）とも合併契約の調印を行った。それまでジャスコの合併方法は、資産から営業権まですべてを含めた形で合併したのち、90 ％から 100 ％出資の地域法人をつくり、営業面を担当させるというものであった。しかし伊勢甚の場合はこれらと異なり、伊勢甚の本社は残したままで、ジャスコが営業を担当する新会社をつくり伊勢甚をバックアップするかたちに留めていた。伊勢甚の名誉を傷つけない形で、ジャスコが実質的権限を握ったということである。

　以上のような中小小売業の保護を強く意識する流通規制の流れが大きく転換したのは 1990 年代以降のことであった。その背景としてはまず、わが国の貿易黒字が急増する中、市場の閉鎖性に対する国際的批難が強まり、流通業関連では大店法に代表される流通規制が批難の対象となったことがある。量販店の勢力が拡大するほど、海外からの製品輸入が増えると考えてのことであった。また日本の消費者も、円高差益が国内価格に還元されていないことや、内外価格差の問題から流通システムのあり方に関心を高めていた。かくして 1991 年 5 月、大店法は改正され、出店調整期間と手続きの面で大型店の出店は容易になった。さらに 1994 年 5 月、大店法の運用措置が改正され、1000 ㎡未満店舗の出店は原則として自由となり、また閉店時間や休業日数の規制も大幅に緩和された。そして 2000 年 6 月、大店法は廃止され、代わって大規模小売店舗立地法（大店立地法）が制定された。同法は、大手スーパーと中小小売商との競争調整を目的とした大店法と異なり、大型店の出店と周辺住民の生活環境との調整を図ることを目的とするもので、駐車場、騒音防止、廃棄物処理施設などの環境規制を内容の中心としていた。

(2) 流通業から総合生活産業への転換

　安定成長期（1973年〜）以降、総合スーパーの成長率は鈍化した。すなわち1973〜83年、総合スーパー大手五社の年平均売上高成長率は約13％へと低下していた。こうした傾向はとりわけ1980年代前半においてより顕著であり、年平均売上高成長率は4％台に低下していた。その原因はまず、経済成長率の低下にともなう個人消費の収縮であり、次いで流通規制により新規出店が困難になったこと、そして総合スーパー間の市場競争が激化したこと、などであったが、より本質的な問題としては、総合スーパーの業態や経営システムが市場環境の変化に対応できなくなっていたことを指摘できる。「擬似百貨店」化した総合スーパーは、消費者の嗜好変化に対応した品揃えが出来ず、「何でもあるが欲しいものは何もない」といわれるようになった。このような時代の変化への対応として、総合スーパー各社は外食、レジャー、金融、デベロッパー事業など、流通以外のさまざまな分野へ事業の多角化をはかった。

　安定成長期以降における総合スーパー多角化の代表例として、ここでは再び、自らを「総合生活文化情報提案企業」と位置づけていたダイエーのケースを見てみよう。この時期まず目につくのは、百貨店業界への参入である。かつて「見るのはデパートで、買うのはダイエーで」と見えを切った中内㓛ではあったが、この時期には、多様化する消費者のニーズに対応するため、グループ内に百貨店を保有することを迫られたのである。1981年3月にはフランスの百貨店・プランタンとの合弁会社オ・プランタン・ジャポンを設立し、グループ初の百貨店としてプランタン神戸（神戸市中央区）を開店した。さらに1982年6月、二号店としてプランタン新札幌が開業し、1984年1月には、三号店となるプランタンデパート千日前が大阪市内の千日前に開業した。1984年4月27日、東京都中央区有楽町の讀賣新聞社跡地にプランタンの四号店となるプランタン銀座を開店し、小売業者の檜舞台である銀座で百貨店を運営することとなった。銀座店のキャッチフレーズは、「女性による女性のためのデパート」というもので、全商品の80％が女性用の商品であっ

た。いま一つの特徴は「パリ化路線」で、商品の4割がフランス商品となり、そのうち半分が直輸入商品、残りの半分がライセンス商品という配分になっていた。

　ダイエーの百貨店業界参入には、難問が控えていた。それは商品調達ルートの開拓である。それまでスーパーであるダイエーが扱っていた商品と、百貨店が扱う商品は、大きく異なるものであった。例えばワイシャツの場合、糸で縫い、あるいはボタンを付けるといった工程を、百貨店の商品であれば最低95工程は経ていた。しかしこれが一般小売店の扱う商品になると80工程に、さらにスーパーの場合75工程にまで削減された。また海外ブランドについても、イブ・サンローランやカルダンのごとく著名なブランドは、製造元との提携なくして販売することが許されていなかった。そのため、百貨店業界への参入を試みつつあったダイエーにとって、百貨店にふさわしい良質な商品の調達ルート確保は、避けては通れない課題となった。フランスの有名百貨店・プランタンとの提携は、この難問を突破すべく選択されたものであった。

　次いでこの時期の特徴は、流通事業以外のさまざまな分野へ進出を図ったことである。1978年2月、ダイエーはオレンジカード（後のOMCカード）を発行し、金融業務に参入した。1982年5月には、アラモアナショッピングセンター（米国ハワイ州）を買収している。1984年にはほっかほっか亭総本部に出資し、持ち帰り弁当事業へ進出、また同年7月、株式会社丸興と朝日クレジット株式会社が合併し、これは後の1987年9月、株式会社ダイエーファイナンスへ改称された。1985年6月には生活便利マガジン『オレンジページ』を創刊、消費者への積極的なライフスタイル提案を試みた。このほか1982年11月には女子バレーボール部・ダイエーオレンジアタッカーズを設立し、さらに1983年3月、陸上競技部ダイエーオレンジランナーズを設立、社会人スポーツチームの保有・運営で社会貢献と企業イメージの向上を図った。

　80年代後半、バブル経済の影響で総合スーパーの事業展開は再び変化した。消費拡大と資金調達コストの低下で経営環境が急激に好転したため、1987年

頃より大規模かつ豪華な店舗の開業が相次いだ。新規出店により価値を増した不動産を担保として金融機関より資金を調達（借入）し、それにより新たな不動産を取得することで、このような出店が可能になったのである。一方異業種への多角化の動きも加速した。

　ここでも再びダイエーのケースを見ると、この時期ダイエーは、生活総合産業の名の下、多種多彩な関係企業を有する巨大企業集団に急膨張していた。1987年には会社更生法の適用を申請していたミシンメーカー・リッカーの再建支援を引き受け、また1988年4月には流通科学大学を開学、流通業界の将来を担う人材の育成に乗り出した。同年9月には、神戸市内の山陽新幹線新神戸駅前市民病院跡地に、ホテル・劇場・専門店街からなる複合施設・新神戸オリエンタルシティC3をオープンし、また11月には南海電気鉄道からプロ野球チーム・南海ホークスの経営権を譲り受け、福岡ダイエーホークスを発足させた。1992年には、不動産部門ならびにノンバンク部門の不振により経営危機に陥っていた情報産業大手・リクルートを傘下に収めた。1993年4月には、福岡ツインドームシティ構想（ホテル＋ドーム球場＋ショッピングとレジャーのドーム）の一環として、本邦初の開閉式ドーム球場・福岡ドームを開場、平和台球場に代わるホークスの本拠地とした。九州一円のみならず東アジア地域をもそのマーケットととらえたこの構想は、しかし実際にはドーム球場とホテル・シーホークを完成させるにとどまった。1994年3月、首都圏を地盤とする忠実屋、九州で事業を展開するユニード、沖縄県のダイナハと、各地域の有力スーパーを吸収合併し、ナショナルチェーンを完成した。

(3) スーパー経営の国際的展開

　1960年代後半以降、その成長にともない、スーパー企業間の競争は激化した。大手により仕掛けられた価格競争で地方中小スーパーの経営基盤は動揺し、大手スーパーによる地方中小スーパーの吸収・合併が相次いだ。こうした動きから逃れるため海外市場進出を志向したのがヤオハンであった。物価

高で知られた温泉観光都市・熱海で創業し、地元・静岡県下を地盤として事業を拡大した同社は、東西からの相次ぐ大手スーパー進出に危機感を抱き、1971年9月、ブラジルに海外第一号店を出店、生き残りを図った。

　このヤオハンに追随して大手のダイエーや西友などもハワイ、グァム、フィリピンなどに進出した。しかしこれらはそれまで百貨店が行っていた海外出店と同様、日系人や日本人観光客の多いところに集中しており、現地の消費者を顧客対象としたものではなかった。むしろこの時期、スーパー各社の海外展開としてその経営に意義が大きかったのは商品調達であった。1971年4月、ジャスコ（現・イオン）はオーストラリアより牛肉の直輸入を開始した。またこのころダイエーも、中国からの生野菜輸入を開始した。その背景にあったのは国内における激しい価格競争であり、また1970年代前半における円の変動相場制移行以降、円高が進行したことも、海外商品での調達を有利にした。

　1980年代前半、スーパー各社の海外進出は新たな段階を迎えた。その背景としては、大店法強化により出店規制が進み、また低価格戦略が優位性を喪失するといった国内における経営戦略の行き詰まりがあった。その代表例としてジャスコのケースを見ると、この時期同社は海外に現地法人を設立し、これらを拠点として多店舗戦略を展開、さらに90年代には現地株式市場への上場を果たした。1984年マレーシアでジャヤ・ジャスコストアーズを設立、1985年海外第一号店を開設し、またサイアム・ジャスコをタイで、ジャスコストアーズを香港でそれぞれ設立した。

　1990年代はスーパー各社にとって、海外進出の更に新たな段階であった。その要因としては中国における市場開放の進展と、日本国内における消費不況の深刻化があげられる。1978年に中国は改革・開放政策へと転換し、1992年からは「社会主義市場経済」で経済成長が加速、巨大な消費市場が出現した。その結果、中国市場の将来を見越した先行的進出が相次いだ。ダイエーは1995年天津、97年大連にそれぞれ進出し、またジャスコも1996年広州と上海、また98年には青島へ進出している。この他イトーヨーカ堂が1997年成都、98年北京に進出し、西友も1996年北京、97年上海に進出した。

しかし「バブル経済」の崩壊後、このようなスーパー各社の中国進出は、それぞれの経営基盤に規定され、二極分化の様相を呈した。「撤退組」にはヤオハン、マイカル（旧ニチイ）、ダイエー、西友が含まれた。一方「拡大組」に分類されたのはイトーヨーカ堂とイオンで、その要因としては安定的な国内の経営基盤と、中国のWTO（世界貿易機構）加盟による出店規制の緩和があげられる。

ヤオハン
　わが国小売業の海外出店における先例となったのがヤオハングループである。1980年における売場面積では海外店舗が国内店舗の1.8倍、売上高でも国内の8割に達していた。静岡県熱海市の食品スーパーであった八百半食品デパート（のちのヤオハン）が、多店舗化を目指し始めたのは1962年のことであった。だが、同社の本格的チェーン展開第一号店であった1966年の伊東店出店では、早くも競争の厳しさに直面した。地元の食品スーパー・長屋ならびに全国チェーン・十字屋との競合で、伊東店の売上高は、売場面積が3分の2にすぎない熱海店の半分以下にとどまった。ようやく八百半デパート伊東店が伊東市の一番店となったのは実に7年後の1973年のことであった。この間の1968年には「赤羽戦争」が起きていた。大型店間の「流通戦争」を目の当たりにして和田一夫八百半デパート社長の危機感は、一挙に高まった。そこで1960年代末、ブラジルへの出店に踏み切った。生き残りのための活路を求めての海外進出であった。
　1971年のサンパウロ市出店は、経済水準が低く生活習慣もまったく違う地域への出店として破天荒なものと見られたが、大成功を収め、予定年商を2倍に修正し、1975年までに3店を開店して順調に業績を伸ばした。しかし1975年末の第4店出店後からブラジルの経済状態が激しく変化し、年率60％以上のインフレに輸入制限、日曜営業停止などが重なり、売上高は減少した。また金利の急上昇で600万ドルに達していた借入金の利払いが急増した上に、年2回の賃上げが重なり、経営は一挙に危機に陥った。その結果、1978年から80年にかけて4店を売却し撤退に至った。ブラジルでの経験は、カン

トリーリスクの重要性、ならびに店舗はリースとして借入金を減らすべきである、という教訓として残った。

その後ヤオハンの海外出店を大きく促したのは、1974年に出店したシンガポールでの成功であった。繁華街に出店した売場面積1万4000㎡という当時最大の大型店は、衣料から食品までのワン・ストップ・ショッピング、日曜・夜間営業などの新機軸を打ち出した結果、その業績は開店後11カ月で黒字に転じた。「先に出店した店が採算がとれるようになってから次の出店を行う」との堅実路線で、1979年、1981年、1983年と計4店をシンガポールに展開し、ブラジルでの失敗をばん回した。国際展開における飛躍のきっかけとなったのは1984年の香港進出であった。新興住宅地に出店した沙田店は2年目で黒字化し、以後1992年春までに5店を香港に展開した。1988年には香港ヤオハンを香港証券取引所に上場、さらにグループ本部、ヤオハンインターナショナルを香港に設立、香港企業となった。また1995年には、アジア最大規模の百貨店としてネクステージ上海を開店した。

ヤオハンの海外出店の特徴は、大半の店を地価の安い郊外に出店し、次に立地、規模により百貨店、総合スーパー、食品スーパーなどの業態を使い分け、同業者との競争を極力避け、利益の出やすい出店に徹していたことにあった。しかしその後、ヤオハンの海外戦略は岐路にさしかかった。第一に1987年以降、1988年、1991年と年間5〜6店舗を海外出店したため、あまりに早い出店ペースにより借入金が急増したことであり、第二に店舗賃貸料の急騰で利益が圧迫されたため、リースから自社物件へと戦略を転換したことであった。これにバブル崩壊による資本市場の縮小が重なり、同社の財務状態は急速に悪化した。その結果、1996年9月ヤオハンは会社更生法の適用を申請し、負債1613億円を抱えて経営破綻した。一部上場総合スーパーでは初の倒産となった同社の再建を引き受けたのはジャスコで、これはヤオハンの地元静岡県がジャスコの店舗空白地帯であったためである。

(4) メガリテイラーの経営破綻

　バブル期、スーパー各社は不動産価格の上昇に依存して出店活動を積極化し、店舗の大型化・豪華化と、事業分野のさらなる多様化をすすめた。しかしその資金を金融機関からの融資に依存していたことから、多くのスーパーは多額の有利子負債を抱えることとなった。主要総合スーパーの売上高に対する連結有利子負債比率（2001年）を見ると、「負け組」ではまずダイエーが87.9％（有利子負債は単体9184億円、連結で1.12兆円）で、極端な経営悪化状態にあった。

　1995年1月の阪神大震災は、ダイエーの本拠である神戸を直撃した。これにより同社は創業以来初の経常赤字256億円を計上し、以後「流通革命の旗手」とうたわれたダイエーの運命は暗転した。1990年代後半以降における経営危機の素地は、拡大と多角化の資金を、取得不動産を担保とする銀行からの巨額融資に依存した独自の経営手法にあった。バブル崩壊前のダイエーでは、新規出店→売上増加→マーケットシェアの拡大→メーカーに対する価格交渉力の向上→さらなる売上の増加＋不動産価値の向上→担保価値の増大→新規資金調達の容易化→さらなる新規出店、という好循環が成立していたのであるが、バブルの崩壊後は状況が一変し、資産価値下落→保有不動産含み損の発生→金融機関よりの継続融資困難に→借入金は巨額の有利子負債に→財務状態の急速な悪化→経営を圧迫、という悪循環に陥ったのである。

　経営危機に直面したダイエーは、グループ事業会社を逐次売却し延命を図った。その代表はドル箱事業であったコンビニエンス・ストア、ローソンの売却で、一挙に破綻したマイカルとの相違はこの点にあった。1999年1月、創業経営者・中内功が社長を退任したが、その後もダイエーの経営状態は好転せず、2000年代に入るとダイエーグループの有利子負債額は2.9兆円に拡大、巨額の有利子負債削減と、店舗オペレーションの改革による収益構造の強化が再建に向けた課題となった。2002年8月、主力銀行より総額5200億円の金融支援を受けて再建に着手したが、2004年10月には自主再建を断念し、産業再生機構に支援を要請するに至った。

連結有利子負債比率（2001年）でダイエーに次いだのはマイカルの65.0％で、2001年9月、グループ負債総額1.7兆円で民事再生法の適用申請に至った。同社は西端幸雄が創業したニチイを基礎として、バブル期を中心にスポーツクラブやシネマコンプレックス（ワーナー・マイカル・シネマズ）を備えた大規模店舗の出店を進めた結果業界第四位へと躍進したが、バブル崩壊以降は過剰債務が経営基盤を圧迫していた。その後、民事再生法の適用では経営陣の責任が曖昧になるとの批判が高まり、結局2001年11月、経営陣がすべて退陣しなくてはならない会社更生法の適用申請に至った。破たん後のマイカルは、イオン（旧ジャスコ）の支援下で再建に着手した。

連結有利子負債比率（2001年）の第三位は西友の56.8％で、同社も米ウォルマートの資本支援を受け、その傘下入りすることとなった。一方「勝ち組」ではイトーヨーカ堂が7.9％、イオン24.5％と、いずれも「負け組」に比べればはるかに低い数値であった。

(5) 総合型巨大流通外資の進出

1999年4月、売上高世界第14位のホールセールクラブ・コストコ（米）が福岡県に第一号店を開業した。これが先駆けとなり、以後流通外資の日本進出が相次いだ。2000年、コストコは千葉県幕張に第二号店を開業したが、同じころ付近にカルフール（仏、ハイパーマーケットと呼ばれる大型総合スーパー）も日本第一号店を開店し、価格訴求を前面におし出す戦略を展開した。さらに世界最大のディスカウント・ストア ウォルマート（米）も進出、幕張は半径2キロ以内に外資系を含め6つの大型店舗がひしめく流通企業の一大競合地域となった。その後、メトロ（独、世界第六位）、テスコ（英、世界第十六位）なども日本へ進出した。これらのうち、西友を傘下におさめたウォルマートのケースが、もっとも衝撃的な流通外資の日本進出といわれた。

第九章 コンビニエンス・ストア
流通産業新時代の象徴

　今日、われわれの日常生活においてもっとも身近な小売業態であるコンビニエンス・ストアであるが、スーパーマーケットと同様に米国で成立したこの業態が、わが国に導入されたのは1970年代のことであった。導入の背景となったのは1973年制定公布の大店法（大規模小売店舗法）である。同法の制定により、売場面積1500㎡（六大都市では3000㎡）を超える小売施設は、業態の如何を問わず出店に厳しい制約が課せられることとなった。そのため大型店舗の出店がままならなくなったスーパー各社が、スーパーにかわる成長の担い手として注目し、米国から導入した新たな小売の業態が、コンビニエンス・ストアであった。しかしその後、わが国のコンビニエンス・ストアは、本家である米国とは異なる独自の業態へと進化をとげた。本章では、わが国におけるコンビニ成長の中心的担い手であるセブン-イレブンの事例を中心として、コンビニの歩みをふりかえることとしたい。

(1) わが国におけるコンビニエンス・ストアの登場と急成長

　1973年11月10日、イトーヨーカ堂は、米国でコンビニエンス・ストア「セブン-イレブン」を展開していたサウスランド社と提携、わが国におけるセブン-イレブンの事業展開を目的として株式会社ヨークセブンが設立された。資本金は1億円で、同社は1978年1月、セブン-イレブン・ジャパンに社名を変更した。1974年5月、セブン-イレブンの第一号店が、フランチャイズ方式で東京都江東区豊洲に開店した。これは酒類販売店からの転向による

ものであった。ついで同年6月、第二号店が神奈川県相模原市内の新興住宅地に開店した。こちらは直営方式によるもので、以後、1974年から75年の春にかけて、直営とフランチャイズの両方式で15店舗ほどを出店し、コンビニ経営のノウハウを蓄積した後、1974年秋よりフランチャイズ店の募集に入った。

　一方同時期における他社の動向は以下のようなものでった。ダイエーは1975年4月、米国ローソン・ミルク社と提携し、ダイエー・ローソン社を設立した。資本金の4億円はダイエーの全額出資によるものであった。同年6月、ローソンは大阪府豊中市に第一号店を開店した。西友はスーパー他社にさきがけ1972年5月、西友ストア企画室内に小型店担当を設置していたが、73年3月、独力でのコンビニ開発を決定したため、逆にコンビニ事業への進出には時間を要し、結果的に他社とほぼ同時期に出店を開始することとなった。1973年9月埼玉県狭山市で実験店を開店したが、本格的出店の第一号は1975年5月のファミリーマート秋津店（東京都東村山市）からであった。その後1981年9月、西友ストアから営業権と資産の譲渡を受け、株式会社ファミリーマートが発足した。

　その後におけるコンビニエンス・ストアの成長を、5店以上を擁するチェーンについてみると、1978年末で全国のコンビニエンス・ストア店舗数は2717店、総売上高は3026億円であった。当時全国で営業する食品・雑貨商は75万軒で、その総売上高は23兆6500億円に達していたが、そのうちコンビニが占める割合は1.3％にすぎなかった。同時期の米国でコンビニは、食品・雑貨商総売上げの4.5％をしめており、1978年末の日本におけるコンビニのシェアは10年前の米国におけるそれと同水準であった。

　1979年10月15日、セブン-イレブン・ジャパンは東京証券取引所（東証）二部に上場したが、これは設立後わずか5年11カ月で達成されたもので、同社の急成長ぶりを示している。さらにその10カ月後には東証一部に昇格した。また1982年度にはセブン-イレブン・ジャパンが小売企業上位200社にランクインした。セブン-イレブン・ジャパンは81位とわが国のコンビニ企業ではもっとも上位にランクされ、以下サンチェーンが89位、ローソン・ジャパ

ンが95位でこれに続いた。

(2) 新たなる競争段階への突入

　1980年ごろから、わが国のコンビニ業界は新たな競争の段階に移行した。ローソンやファミリーマートがセブン-イレブン・ジャパンを激しく追い上げ、中京地区を中心に事業を展開する総合スーパー・ユニーもアメリカ第三位のコンビニエンス・ストアチェーンであったサークルKと提携し、コンビニ業界に参入した。こうした動きの背景は、大型店に対する出店規制の範囲が500㎡の店舗にまで拡大したため、大手スーパーが小型店に手を伸ばし始めたことにあった。さらに1980年代半ばごろからは、コンビニエンス・ストア企業のうち、上位企業と下位企業、フランチャイズ・チェーンとボランタリーチェーンの間で明暗が分かれる傾向がみられるようになった。1985年時点で、大手チェーンの出店には引き続き増加する傾向がみられたのに対し、100店舗未満の小規模チェーンは減少傾向を示した。その結果、この年におけるコンビニ新規出店の65.3％が上位五社によるものとなった。

　大手の急成長はフランチャイズ・チェーン・システムの威力によるところが大きく、コンビニ業界上位企業の過半はこの方式によっていた。同方式によるコンビニ開業者の前職は、食料品店、酒販店、米穀店、煙草小売店、雑貨店など小売店の経営者が中心であったが、1980年代半ばにはサラリーマンからの転身者も増加し、ファミリーマートの場合はこれが加盟店の約2割をしめていた。1984年にコンビニを開店した者の前業種は、酒販店31.2％、サラリーマン17.3％、一般食品小売店11.6％の順であった。酒販店が多くをしめたのは、酒販免許を持ち、取扱商品に酒を加えることができるため、安定した売上が確保できることがその理由であった。一方サラリーマン出身であるコンビニ店舗経営者の場合、本部が所有する店舗の経営を委託される例が多かった。

　売上高の増大は、店舗数の増加を上回るものであり、これは既存店における売上の伸長を意味した。既存店の売上伸長は、コンビニエンス・ストア企

業の成長に大きく貢献した。1985年における既存店の伸び率は、ファミリーマートの10％超が最高で、歴史の古いセブン-イレブン・ジャパンでも4.4％に達した。営業時間の延長もコンビニ成長のいま一つの要因であった。セブン-イレブン・ジャパンは1975年、虎丸店（福島県郡山市、直営店）・豊洲店（東京都江東区、フランチャイズ店）・相生店（神奈川県相模原市、本部が店舗を建設し、経営者を募集）、と異なるタイプの三店舗で実験的に24時間営業を開始した。米国で24時間営業により大きな成果を上げていたサウスランド社に影響をうけてのことで、実験の結果、客の少ない時間を商品補充に充てることができ、また照明費や人件費の負担も予想より少ないことが明らかとなった。そのため同社は24時間営業の店舗を、1977年の11店から1988年9月の70店へと増やしていった。24時間営業の開始から半年を経て、セブン-イレブン・ジャパンの売上は4割増となったが、うち夜11時～翌朝7時の売上増が約2割をしめ、残りの2割は夜11時までの売上増であった。また1980年代に入るとセブン-イレブン・ジャパンでは、1981年に宅配便の取扱を開始し、さらに1985年、年賀状印刷の受け付けを開始するなど、物販以外のサービス提供を拡大していった。1985年6月の時点で、宅配便は大半のチェーンが取扱うものとなっており、その他のサービスとしてはクリーニングの取次、損保、レンタル、靴再生修理、DPE、便利屋などの試みが見られた。

(3) 経営戦略の転換－量的拡大から質的充実へ

1980年代後半以降は、コンビニエンス・ストア企業にとって第一次淘汰の時代であった。売上高成長率の推移をみても、1970年代には毎年50％前後であったものが、80年代前半には20％台へと大幅に低下し、さらに80年代後半には20％未満となった。

このように量的な拡大で限界に達したコンビニ企業は、質的充実へと経営戦略の転換をはかった。その第一は物流面の合理化であった。物流の改善は、本部ならびに加盟店の在庫負担を軽減し、また新製品の投入を容易にするものであった。そのため多くのコンビニ企業が、小口発注に対応した配送体制

を整備した。2割程度の企業は当時すでに1日3回の配送を導入しており、また3割の企業が導入を計画していた。ミニストップ(イオングループのコンビニ企業)のように、1日4回の配送を実施する企業もあった。これらは、配送回数の増加による経費の増大よりも、欠品をなくし販売機会を喪失しないことによる利益の増加の方が大きいと判断してのことであった。セブン-イレブン・ジャパンはいすゞ自動車と共同で専用保冷車を開発し、鮮度の高い商品を常時品揃えすることによって、日配部門の売上増をめざした。またコンビニ各社では、新たな取扱商品として、米飯類、惣菜、調理済みパンなどのファストフードを導入した。これらはロスこそ高いものの、粗利益が加工食品よりも高いことが導入の背景にあった。販売する惣菜は、食品メーカーとタイアップして開発していった。さらにサービス業務の拡大も進められた。1980年10月より、セブン-イレブン・ジャパンは東京電力と共同で、都内590の店舗において電気料金払い込みの受け付けを開始した。以後、ガス、電話、NHKと料金の取扱は拡大していった。

　1980年代後半、ローソンとファミリーマートは、セブン-イレブン・ジャパンに対し、積極的出店で対抗していた。その結果、1990年2月ごろの東京都内出店数は、セブン-イレブン・ジャパンが670店、ファミリーマートが650店、ダイエーが607店と大接戦となった。また全国展開でも、1992年1月末でセブン-イレブン・ジャパンの3914店に対しローソンが、サンチェーンとの合併効果もあり、3484店と激しく追い上げていた。これらに対しセブン-イレブン・ジャパンは、新たな戦略で反撃を試みた。

　第一に、先行企業の優位で、酒店を加盟店として多数確保したことである。酒類は、取扱いの有無によって日商に10万円から15万円の差が生じる、コンビニエンス・ストアにとってはきわめて重要な商品であった。1986年6月末の時点で、総店舗数にしめる元酒販店の割合は、セブン-イレブン・ジャパンが29.9％、ファミリーマート14.6％、ローソンが10.1％の順であった。

　新たな戦略の第二は、エリア・フランチャイズ方式の導入であった。セブン-イレブン・ジャパンは1988年10月、早藤商事との業務提携で関西に進出した。早藤商事は1983年に設立され、本社を大津市におき、滋賀県でスーパ

ー 25 店、京都府でコンビニ 14 店を経営し、その年商は 40 億円に達していた。1989 年 10 月、この提携はさらにエリア・フランチャイズ方式へと発展した。エリア・フランチャイズ方式を活用して成長したコンビニの代表はファミリーマートであり、1981 年に西友から独立した後は、同方式で急成長した。1985 年に名古屋で酒類卸商との合弁により中部ファミリーマートを設立し、同社にエリア・フランチャイズ権を付与したのがそのはじまりであった。1980 年代末、ファミリーマートの店舗にしめるエリア・フランチャイズ店の割合は 10％に達した。エリア・フランチャイズ方式は、地元で知名度が高く資本力のある企業と結び付くことで短期間のうちに店舗数を拡大できるという長所があったが、その反面、本部の直接管理が及びにくく、そのためにチェーン全体のイメージを低下させるリスクもあった。

1990 年代末、この時期コンビニ業界においては、上位企業（年商 100 億超）と下位企業の格差が明瞭となり、中小チェーンは合併による規模拡大で生き残りを図った。1998 年 10 月、サークル K とサンクスが資本・業務提携を実施した。これにより両社の店舗網は大手三社と拮抗する水準に達するとともに、規模の経済により仕入れ値は大幅に低下した。また郊外から都心へと、出店地域の変化もみられた。その背景には、土地価格の下落で賃料負担の大きかったオフィスビルなどへの出店が容易になったことと、企業におけるリストラの進展により、都心の一等地に好物件が増えたことがあった。かくして駅、ホテル、中小事務所や銀行店舗跡への出店がすすみ、また他社との競合がない大学の構内へも出店が行われた（ローソン⇨学習院大学、サークルケイ⇨実践女子大学、スリーエフ⇨東洋英和女学院大学、セブン-イレブン・ジャパン⇨早稲田大学）。

（4）セブン-イレブン・ジャパンにおける運営方式の特徴

フランチャイズ店のみならず直営店も多数有していた米国サウスランド社に対し、セブン-イレブン・ジャパンは基本的にフランチャイズを中心とする店舗に対する経営指導会社として発展した。結果的にこの選択は、セブン-イ

レブン・ジャパンに急成長と高利益をもたらした。直営のための投資（用地の買収や建物の建設に要する費用）を要せず、投資が加盟店の商品貸与関係資金のみにとどまったためであった。2000年度におけるコンビニ店主の前職の構成をみると、サラリーマンが36.9％とトップをしめ、酒販店の19.6％がこれに次いでいた。全店舗売上高1000億円以上の大手チェーンでは、サラリーマンから転職したものが48.1％でほぼ半数、酒販店は14.6％と、大手の場合はサラリーマンからの転職者がしめる割合がいっそう高かったのである。また店舗面積の推移についてみると、拡大にむかう傾向が見られ、2000年度の平均で121㎡に達していた。その背景には、取扱商品や在庫を増やし増収を図ろうという動きがあった。また電子商取引や金融サービスへの参入も、店舗面積を拡大の方向へ導いた大きな要因であった。

　次に商品構成の変化をみると、1990年代初頭におけるセブン-イレブン・ジャパンの商品構成は、加工食品が41.6％、ファストフード16.2％、デイリー13.7％、雑貨9.0％であったが、その後はデイリーとファストフードが急速に比重を高めた。その背景としては、コンビニの顧客が主婦や高齢者層に広がったことを指摘できる。ファストフードは他チェーンとの差別化をはかる上でも有益であった。またこの時期規制緩和が進展したことにより、薬品や酒類の取扱が可能になったことも、セブン-イレブン・ジャパンの商品構成の多様化を促した。

　セブン-イレブン・ジャパンの運営を特徴づけるものとして、集中出店方式とOFC（オペレーション・フィールド・カウンセラー）があげられる。集中出店方式はサウスランド社でも試みられた出店の方法であるが、セブン-イレブンではこれをより徹底し、すでに店舗のある地域で集中的に加盟店を増やす地域集中出店（ドミナント）方式を採用した。1997年5月末におけるセブン-イレブンの出店分布は、東京都112（店）、埼玉県と福島県各27、神奈川県23、長野県16と、限られた地域に集中していた。その長所はまず、他のコンビニ・チェーンが出店する余地が乏しくなることであり、ついでその地域におけるセブン-イレブンの知名度が高まることであった。また納入業者の配送時間を短縮し、商品の鮮度が維持できること、さらにOFCの店舗巡回が

第9章　コンビニエンス・ストア

容易になり、きめ細かい指導が可能となることも、集中出店方式の長所であった。2003年3月の時点でもセブン-イレブンが出店していたのは、47都道府県中32都道府県のみに限られていたが、出店した都道府県の多くでは、セブン-イレブンが地域一番店として他のチェーンを圧倒する地位を確立していた。

　一方OFCは、加盟店と常に接触し、経営をアドバイスするもので、DM（ディストリクト・マネジャー）の指揮下に活動する。1988年9月時点で、セブン-イレブンは全国で59のディストリクトを擁し、これらが8つのゾーン長（ゾーン・マネジャー）のもと管轄されていた。OFCは一人平均7～8の加盟店を担当し、各店舗の立地条件や客層に適した品ぞろえができるようアドバイスした。担当店を最低週2回訪問し、1回当たりの滞店時間は2時間以上であった。OFCは以下のようにして育成された。一人前となるまで最低2年を要し、最初は直営店に配属され、「店担当」となり、ここで1年以上コンビニの現場を徹底的に体験（接客、商品陳列、掃除など）した。その後は直営店の店長として加盟店オーナーと同様の職務（店舗運営、人事管理、予算管理など）を体験し、さらにアシスタントOFCとなり、先輩の下で学んだ。これらすべてを経験してはじめて一人前のOFCとなれたのであった。スーパーに代表されるレギュラーチェーンの場合、ある店舗の赤字を他の店舗の黒字で補うことが可能であるが、フランチャイズ・チェーンの場合は、一店舗たりとも赤字を放置することは許されなかった。そのため本部の責任は重いが、反面オーナーにも経営に一定の責任（主体性）を認めなければならないため、本部の命令を押し付けることもできなかった。ここにOFCを通じた本部と各店舗の密なコミュニケーションが必要となったのである。毎週東京の本部で開催された全体会議は、現場で起きている事柄を通して問題を構造的に探り、解決方法を見つけ、組織的に解決することを目的とするものであった。月曜日はディストリクト・マネジャーならびにゾーン・マネジャーの会議とされ、また火曜日はOFCの会議で、地域的分科会も開催された。

　次にセブン-イレブン・ジャパンにおける商品の供給と物流システムの形成についてみると、30坪のコンビニ標準店では、日常生活に必要な3000～3500

品目の品揃えが必要とされたが、発足当初のセブン-イレブンでは、これを親会社イトーヨーカ堂の取引業者からの納品に依存しようとした。しかしそれら取引業者の多くが示した反応は冷淡なものであった。小口の納品が必要となるコンビニエンス・ストアとの取引は、人件費やガソリン代が高くつくためであった。しかし当時の責任者は、セブン-イレブンが将来2000～3000店舗に成長すると、取引先103社を説得した。

　物流の効率化に著しく貢献したのは集中出店方式であった。まとめて6店以上に納入できなければ、メーカーや問屋の負担が過重となるためである。ただしチェーン店として規模の経済が発揮できる最低限の500店に達しない発足当初は、独自の工夫で物流の非効率問題を解決していた。物流におけるセブン-イレブンの特徴としては、既存問屋ルートの活用があった。多品種・多頻度・小口配送システムは、加盟店には必要不可欠なものであるが、一方メーカーや問屋にとっては、コスト高で負担が大きくなる。その解決策が、配送の集約化・共同化と協業化であった。1976年9月にはベンダーが集約化された。これは物流システム合理化の第一歩であった。その結果、1988年には全物流の85％が集約・共同配送化された。集約化により、それまでは複数の問屋がおのおの各店舗に配送していたものを、窓口問屋が、他の問屋の分も含め、担当地区内の各店舗に配送するよう改められた。また商品群毎配送から温度帯別配送への転換も、セブン-イレブンの発展を支えた大きな要因であった。商品別温度管理への転換によって、商品群はフローズン（冷凍）、チルド（冷蔵）、定温（20℃）、常温の四温度帯に区分され、それぞれ専用車両で配送されるようになった。

　このようなセブン-イレブンの物流システム形成を支えたものとして、長期的視点に立って協力を惜しまなかった納入業者の存在を忘れることはできない。その一例が和光商事で、同社の1974年における物流費は売上高の数倍に達し、セブン-イレブン関係の取引はおおむね大幅な赤字を計上した。しかし同社は、セブン-イレブンの成長を信じ、取引を継続した。また卸商の高山は、セブン-イレブンが第一号店を開店した1974年から菓子を納入していたが、その後1986年までに北海道を除く全国のセブン-イレブン店舗をカバー

するに至り、また首都圏に7カ所のセブン専用デポを保有し、セブン-イレブンに対する売上高は230億円に達したが、これは同社全売上の36％に相当するものであった。

第十章

自動車販売
製品企画と販売店ネットワーク・1

（1）戦前のトヨタにおける販売組織の構築

　戦後のわが国において、1960年代以降急速に進展したモータリゼーションは、国民の生活を一変させ、本書のテーマである流通・サービス産業の展開にも大きな影響を与えた。それまで買い物やレジャーは鉄道やバスといった公共交通機関と徒歩の組み合わせによってなされることが多かったが、モータリゼーションの進展にともないこれらは、自家用車によって行われることが一般化していったのである。本章ではわが国における自動車産業発展の最大の担い手であったトヨタ自動車の事例を中心として、自家用車の流通組織の整備と製品企画の展開の後を追うことで、わが国におけるモータリゼーションの進展とその意義を理解する一助としたい。

　わが国において、バスやトラックを中心に自動車の普及が急速に進んだのは、1923年の関東大震災以降のことである。震災によってそれまで市内の主要交通機関であった東京市電（路面電車）は壊滅的な打撃を蒙った。東京市は市電復旧までの応急手段として米国よりフォード車製のシャシーを輸入し、これに国内でボディを架装して市内の輸送手段（バス、トラック）として供した。その結果、自動車が有する鉄・軌道系輸送機関には見られない機動性・利便性が一般に知られることとなり、自動車の普及が進んだ。もちろん庶民が自動車を利用する場合、それはバスやタクシーといった営業車に限られ、自家用車を所有できるのは一握りの富裕層に限られていたが、こうした営業用・自家用の乗用車需要を狙って「ビッグ3」の一角をなす米国の有力自動

第 10 章　自動車販売

車企業、GM（ゼネラルモータース）とフォードは日本に進出し、GMは大阪、フォードは横浜に工場を設け、本国より輸入した部品をそこで組み立て、日本国内で販売した。かくしてわが国の自動車市場は、これら米国資本によって席巻されることとなったのであるが、こうした状況を良しとせず、本格的国産乗用車を製造・販売し、これを国民に普及させて欧米なみの自動車社会を日本に実現しよう、との夢を抱く企業家がいた。それがトヨタ自動車の創業経営者・豊田喜一郎である。

豊田式織機の開発により「発明王」とたたえられ、小学校の教科書にも取り上げられた豊田佐吉を父に持つ喜一郎は、東京帝国大学工学部を卒業したのち、父の経営する豊田自動織機製作所に勤務し、経営陣の一翼を担っていた。彼が学生時代より抱いていた夢は、国産乗用車の製造・販売にあった。これは父・佐吉も密かに願うところではあったが、当時の日本においては三井や三菱といった財閥でさえも参入には躊躇するほど自動車産業はリスクの高い産業とみられており、地方の一紡織企業集団にすぎない豊田家がこれに取り組むことに関しては、社内でも反対の声が強かった。それゆえ喜一郎は、ひとまず商品化を前提とせず、純然たる研究との名目で自動車の開発に社内の承認をとりつけ、その後次第に規模を拡大し、ついには自動車製造事業への参入を認めさせたのである。

1935年10月、それまでは日本GMの販売責任者で、のちに「自動車販売の神様」の異名を奉られた神谷正太郎が、豊田自動織機製作所に入社した。自動車製造事業への進出を準備していた喜一郎の懇請を受けてのことであった。自動車の製造には絶大の自信を抱いていた喜一郎ではあったが、販売に関しては未経験のことゆえ、この分野で評価の高い神谷に入社を働きかけ、外資系企業での前途に懸念を抱いていた神谷がこれに応じたのである。

入社後の神谷正太郎は、日本GM時代の反省を踏まえ、「一に購入者（ユーザー）、二に販売店（ディーラー）、三に製造業者（メーカー）」を理念として、販売組織の構築に取り組んだ。このときトヨタの社内では、①地元資本により専売店網を組織するフランチャイズ制、②優秀な外車販売店と販売契約を締結する併売制、③自己資本により販売店を各地に設置する直営店制、

135

という三つの方式が検討されたが、神谷の主張が喜一郎に認められ、①のフランチャイズ制が採用された。1935年11月、GM系シボレーのディーラーであった「日の出モータース」がトヨタ車販売店の第一号となった。同社の経営者である山口昇は神谷の日本GM時代以来旧知の仲で、有力ディーラー・日の出モータースのこうした動きが呼び水となり、1938年までに全国ほぼすべての府県へトヨタの販売店が網羅された。

　一方こうした販売網を通じ供給された製品に目を転じると、トヨタ自動車の第一号製品G1型は、喜一郎が長年夢見た乗用車ではなく、当時の日本市場でも需要の期待できるトラックであった。安全策として第一号製品に選んだトラックではあったが、そのトラックでさえも品質とコストの両面において輸入組立車に大きく劣っていた。そこで神谷は「需要は生まれるものではなく、創りだして行くもの」という信念のもと、赤字を覚悟の上で、GMとフォードの製品を200円下回る2900円という工場渡し価格を設定した。また品質の劣位を補うため、アフターサービスの充実を心がけた。その後、サービスの重視はトヨタの伝統となった。

　1936年5月29日、自動車製造事業法が制定された。来るべき戦時体制に備え、外資の日本市場からの排除と国産メーカーの育成を意図した同法によって、政府から自動車製造事業の認可を受けた国内自動車メーカーは、トヨタ、日産自動車、東京自動車工業（今日のいすゞ）の三社であった。一方、これによりそれまで国内市場を席巻していた外資系メーカーは、わが国市場からの撤退を余儀なくされた。1937年8月27日、トヨタの自動車製造・販売部門は自動織機製作所から独立、トヨタ自動車工業株式会社が発足し、喜一郎が社長、神谷は取締役販売部長に就任した。

(2) トヨタ自動車販売の発足と複数販売店制への移行

　戦後のトヨタは、戦争の終結にともなう軍需の消滅、占領当初においてGHQが日本における自動車産業の存続を否定していたこと、また長期間の激しい労使紛争が相次ぎ、その経営は存亡の危機に直面していた。日銀名古屋

第 10 章　自動車販売

支店の斡旋で銀行からの協調融資を受け最悪の事態は回避されたが、その交換条件として 1949 年、トヨタは自動車工業（自工）と自動車販売（自販）の二社に分割されることとなった。神谷は新発足した自販の社長に就任した（のち 1980 年、自販と自工は再統合）。そしてその直後に勃発した朝鮮戦争（1950 〜 53 年）の「特需」により、トヨタは戦後の苦境を脱した。

当時におけるトヨタの主力商品はトラックであり、この分野ではわが国における第一人者の地位を確保していたが、トラックの動力源が、それまでのガソリンエンジンから燃費に優れたディーゼルエンジンへと移行しはじめるにつれ、ディーゼルエンジンの分野では戦前からの蓄積を誇るいすゞ自動車のトラック分野におけるシェアが高まりはじめ、トヨタとしては、喜一郎の戦前来の宿願を果たすという意味のみならず、トラックにかわる主力商品として、乗用車の開発に力を注がざるを得ない状況におかれたのである。

トヨペット・クラウン

1954 年 4 月、東京・日比谷公園で第 1 回全日本自動車ショーが開催された。これは後の「東京モーターショー」につながるもので、わが国では初めての試みとしてたいへんな人気を博し、入場者は 10 日間でおよそ 55 万人に達した。このころトヨタは、国産乗用車工業の確立をめざし動き始めていた。その第 1 弾が 1952 年 1 月に着手した本格的乗用車トヨペット・クラウンの開発であった。

当時国内の同業他社は、短期間での乗用車国産化をめざし、外国車の KD（ノックダウン）生産（部品を本国より輸入し、日本で組み立てる生産方式）に踏み切るものが多かった。すなわち日産自動車は英国のオースチンと 1952 年、いすゞも同じく英国のヒルマンと 1953 年、日野自動車はフランスのルノーと 1953 年、それぞれ契約を結び、KD 生産を開始した。一方トヨタはこうした提携にはよらず、独力で乗用車の国産化に取り組んだ。それにより開発された初の乗用車がクラウンであった。

当時乗用車の需要はタクシーがその大半を占めていた。酷使されるタクシーに何よりも求められたのは耐久性であった。したがってそれまでの国産乗

用車は、すべてが頑丈なトラックのシャシー(エンジンや動力伝達装置、サスペンション、ホイールなど走行に関した部品をとりつけるための骨組み)に乗用車のボディを架装したものであった。これに対しクラウンの開発陣は、純然たる乗用車専用のシャシーを開発した。サスペンションは前輪に独立懸架を採用したが、これは社内でも問題になった。車両を酷使するタクシー業界では、独立懸架の耐久性に対しかたくなな拒否反応があったためである。結局タクシー業者の不安を無視することができず、前輪に従来から使用されてきた懸架方式であるリジッド・アクスルを用いたいま一つの車種を設定した。それがトヨペット・マスターであった。

　1955年1月、自家用乗用車として設計されたクラウン(**RS型**)と、タクシー向けの車種マスター(**RR型**)が同時に発表された。クラウンはトヨタの創業者である豊田喜一郎が長年夢見た国産初の本格的乗用車であったが、戦後の苦境により健康をむしばまれた喜一郎は、クラウンの発売を待つことなく世を去っていた。乗り降りの容易さを重視し「観音開き」のサイドドアを採用したクラウンは、ユーザーから「もはや外車は不要である」との声が上がるほどに見事な出来栄えであった。当時朝日新聞が企画した「ロンドン・東京5万キロドライブ」にこのクラウンが選ばれた。1956年12月、クラウンは見事東京にゴールインし、その快挙は大々的に報道され、トヨタ車のイメージを大きく向上させた。クラウンは発売以来順調に法人関係を中心とした自家用車需要層から歓迎され、生産は日増しに増大した。

　クラウン発売の翌年である1956年1月、神谷は複数販売店制への移行を発表した。猛反発する既存販売店を「一升のマスには一升の水しか入らない」と説得してのことであった。戦後の日本では、工場や商店の貨物輸送用として小型のオート三輪(三輪トラック)が広く用いられていたが、高度経済成長の入口にさしかかったこのころ、小型トラックの需要は三輪車から四輪車へと移行しつつあった。そこで神谷は、低価格の四輪トラックを開発・発売してオート三輪の需要を根こそぎ奪うことを考え、その販売チャネルとして新たな販売店網の整備を試みたのである。これにより全国に小型トラック・トヨエースと小型乗用車コロナの販売系列トヨペット店50店が、1956年4

月から57年6月にかけ相次いで開業し、既存のトヨタ店と合わせてトヨタの販売店数は100店に達した。複数販売店制を他社に先駆けて採用し、各地の有力業者を新たに吸収したトヨタは、販売力を著しく強化した。

トヨペット・コロナと日産ブルーバード

　一方1957年7月に発売された小型車トヨペット・コロナは、市場での評判が芳しくなかった。小型車は、1954年の不況を契機としてタクシー業界で急速に需要が拡大した。1955年に37％であった1000 cc以下小型車の割合は、翌56年には42％へと上昇した。このような需要動向を反映して、トヨタのディーラーからは小型車の開発を要求する声がしだいに強まった。当時トヨタでは小型車と大衆乗用車の試作研究を進めていたが、小型車市場への性急な要望と急激な膨張は、新鋭車の完成を待つ猶予を与えなかった。そのため「つなぎの車種」として発売されたのが初代コロナであった。初代のトヨペット・コロナであるST10型（俗にいうダルマ・コロナ）は、1957年5月の第4回全日本自動車ショーで公開されたのち、7月から発売を開始した。開発期間を短縮するためシャシーの大半をクラウンから流用しており、小型車としての設計には無理な面が多分にあった。

　一方1959年7月、日産自動車は新型車ブルーバード（310型）を登場させた。当時の日産は、英国車オースチンの国産化を通じて先進技術を積極的に吸収しており、その成果を生かし、安定感のあるスタイル、低い重心、広いトランクルーム、良好な加速と、国際水準に達する乗用車となったのがこの310型である。ボディには依然フレームが残されていたものの、それまでのダットサンに用いられていたトラックと共用の物とは異なり、乗用車専用の梯子型セパレート・フレームであった。また前輪サスペンションには独立懸架が採用されていた。このブルーバードは爆発的な人気を呼び、発売から1カ月の時点では8000台のバックオーダー（受注残）を抱えたといわれる。

　初代コロナの不評を挽回し、ブルーバードに対抗するべく開発されたのが1960年4月発売の2代目コロナ（PT20型）であった。一部にクラウンとの共通部品を採用したのみで、基本的には新設計であったこの2代目コロナで

特に注目されたのは、直線を基調とした斬新なボディスタイルであった。エンジンは前年の秋に開発されたP型を搭載し、OHV（オーバーヘッドバルブ）4気筒997cc45馬力、最高速度は110kmと、当時の1000ccクラスではトップクラスの性能を誇った。またサスペンションも前輪は独立懸架にあらため、後輪にはカンチレバー式という新しい形式が採用された。そしてこのコロナでは、当時としては画期的な発売事前広告「ティーザーキャンペーン」（車名だけを発表し、車の姿はシルエットのみにとどめ、言葉だけで他車に対する優位性を強調する広告キャンペーンの手法）が展開され、「新しくないのはタイヤが4つあることだけ」という挑戦的なキャッチフレーズの広告が前人気をあおった。

　発売直後のコロナは好評であったが、当時の道路事情はコロナにとって過酷に過ぎ、きゃしゃなボディや複雑な足回りには故障が続出した。発売後1年足らずで「コロナは弱いクルマ」という致命的なイメージが作り上げられ、売り上げも低迷し、ブルーバードとの差は拡いていった。小型車市場におけるブルーバードの独走を傍観していることはトヨタにとって許されなかった。PT20型には改良が重ねられ、1951年3月には1500ccエンジンを搭載したコロナ1500が追加された。また1952年3月にはマイナーチェンジを実施し、リヤサスペンションを一般的な平行板バネ式に変更したほか、各部の耐久性を高めた。

　しかしながら、一度作られた「弱いコロナ」という消費者の先入観は思いのほか深く、まずはこのイメージを払拭する作戦をたてる必要があった。そこで展開されたのが一連の「トーチャーキャンペーン」である。「トーチャー」とは「拷問にかける、苦しめる」という意味であり、コロナを徹底的に酷使するCMをテレビで放映するものであった。水しぶきを上げ浜辺を走る、25mジャンプしたのち着地してそのまま走り続ける、ドラム缶を蹴散らして走る、断崖から転がり落ち再び走りだす、などのCMフィルムが1年にわたって全国に放映された。1963年5月には、三重県の鈴鹿サーキットで開催された第1回日本グランプリレースにコロナが出場し、C-5クラスで優勝、「強くて、高性能で、耐久性にすぐれたクルマ」であることを消費者に強く印象

づけた。

1963年9月、3代目コロナ RT40型が登場した。日産も1963年9月に2代目ブルーバード410型を登場させたが、イタリアの著名なカロッツェリアであるピニンファリーナによるスタイリングが「尻下がり」に見えると不評で、人気は低迷した。1965年1月、ついにコロナは国内販売台数トップの座に輝いたのである。以後もコロナとのブルーバードのシェア争いは続き、1960～70年代を通じ両モデルが繰り広げた熾烈な販売合戦は Bluebird の B と CORONA の C にちなみ「BC戦争」と呼ばれた。

パブリカ（パブリック・カー）

また競合他社に先んじてトヨタは、小型車以上に手ごろな大衆車の開発にも着手した。この大衆車は、1960年10月25日から11月7日まで東京の晴海埠頭で開催された第7回全日本自動車ショーで初めて公開された。この出展にあたりトヨタは、発売キャンペーンの柱として「車名募集」を企画した。このキャンペーンは成功をおさめ、1960年11月30日の締切までに108万通の応募を数えた。審査の結果、車名は大衆を意味する「パブリック」と「カー」を結びつけた合成語「パブリカ」に決定した。1961年6月に発売されたパブリカには、東京店頭渡し38万9000円という価格が設定された。これは近い将来月産3000台を達成することを前提とした政策的な価格であり、軽自動車以外では初めて40万円を下回る低価格として注目の的となった。

トヨタはパブリカの発売に先立ち、既存の販売店系列とは別に専売チャネルを新設する方針を決め、1960年10月からパブリカ店の設立準備に入った。それまでトヨタにおける販売店設置の原則とされてきた1府県1店にはこだわらず、府県によっては複数の店を置き、同一車種を販売する「オープンテリトリー制」とした。パブリカ店は発売1年後の1962年6月までに54店が設立され、1966年にはほぼ全国で販売網を完成した。この画期的な販売店政策は、やがて迎えた本格的大衆車時代に、その力をいかんなく発揮することとなった。

パブリカは発売当初の1961年7月、1289台の登録実績を上げ好調なスタ

ートを切った。しかしその後売上げは低迷し、月平均の販売台数は1600台程度にとどまった。販売不振の根本的な原因は、大衆車市場がまだ十分に成熟していなかったことに加え、商品として需要者層のニーズに十分応えていなかったことにあった。大衆車としてパブリカは、実用性と経済性を最優先し、余計な装飾などは極力省き、実用性を損なわない範囲で簡素化され、低価格の実現に設計の重点がおかれていた。そのため製品としては信頼性も高く、専門家からも高く評価されていたが、需要者層からは楽しさに欠けたクルマであるとの評価を下された。当時の所得水準からみて、大衆車需要層は豪華さよりも低価格のほうを選ぶと読んだトヨタの見通しには誤りがあり、需要者層はむしろ、多少高価でも可能な限り豪華な車を好んだのである。そのころには軽自動車にすらデラックス化の傾向があらわれ、その点でパブリカは軽にも劣るとみられるようになった。

　不振の原因が実用本位で簡素過ぎることにあると認識したトヨタは、方針を一転してパブリカにデラックス・モデル（UP10 D型）を設定し、1963年7月発売した。この判断は的中し、発売と同時にパブリカの売り上げは急上昇した。デラックス発売前の月平均登録台数が1724台であったのに対し、発売後2974台と70％の増加を示した。さらにこの年12月には、乗用車だけで3700台に達し、またこれに1963年6月発売のパブリカバン3300台を加えると7000台を突破した。1963年1月にはパブリカトラック（UT16型）を加え、初期の目標であった月産1万台のペースに乗せることに成功した。

(3) モータリゼーションの本格化とカローラの誕生

　1960年代におけるわが国の経済は高度成長を続け、1968年には国民総生産が米国についで自由諸国のなかで第二位に達した。三種の神器、すなわちテレビと電気冷蔵庫そして電気洗濯機の普及が一段落したのち、消費者の関心は"3C"と呼ばれる大型耐久消費財―すなわちカー（自家用車）・クーラー・カラーテレビーに移った。こうした時代の波は、各社から登場した1000cc級大衆車の充実とともに、空前の「マイカーブーム」を招いた（「マイカー」は

技術史家・星野芳郎のベストセラー『マイ・カー よい車わるい車を見破る法』＜光文社カッパ・ブックス、1961年＞に由来するもので、日本のみで通用する「自家用車」の表現である）。

　わが国のモータリゼーションは、1960年代後半に入ると需要層が一般大衆にまで急速に広がり、自動車の大衆化時代を迎えた。わが国における乗用車の普及率は、1960年には保有台数46万台弱、保有水準は208人に1台で、米国の2.9人に1台、フランスや西独（当時）等の約10人に1台という水準と比較すれば、わが国のそれがいかに低いものであったかが理解できる。しかし1960年代後半に入ると、1969年末に保有台数は690万台を超え、14.8人に1台の水準にまで達した。5世帯のうち1世帯が乗用車を保有していたことになり、9年間で15倍の成長を成し遂げたのである。注目すべき点は、中型車はそれほど伸びずに停滞したのに対し、大衆車は1963年の52％、64年に63％、65年の48％と高い対前年伸び率を示したことである。このような大衆車市場の伸びは、基本的には国民の所得が急上昇し購買力が高まった結果であったが、見逃してはならないのは、1960年代前半に各メーカーから魅力的な製品が相次いで登場したことである。1962年に発売されたマツダ・キャロル600、1963年のダイハツ・コンパーノ800、ホンダS500、三菱コルト1000、1964年のマツダ・ファミリア800などがそれで、これらは需要層のマイカー購入意欲を大いに刺激した。

　1966年は、わが国のモータリゼーションにおいて記念すべき年であった。この年自動車メーカー各社から1000ccクラスの本格的大衆車が相次いで新登場した。「マイカー元年」の到来である。その第1弾は1966年4月に日産から発売されたサニー1000であった。車名を公募で決定するという大キャンペーンを展開して注目を集め、その応募総数は850万通を超えた。初代サニーB10型は、直線的でシャープなノッチバックスタイル（客室と荷室〈トランク・ルーム〉を明確に分離した自動車のデザイン）の2ドアセダンで、ガラス面積を広くとった室内はまさに車名の通りSunnyであった。エンジンは直列4気筒OHV（オーバーヘッドバルブ）で56馬力の最高出力を誇った。発売当初の価格はスタンダードが店頭渡し価格41万円、デラックスが46万円

に設定され、売れ行き好調のうちにスタートした。また同年5月には、富士重工からスバル1000が新発売された。エンジンは水平対向4気筒OHVで、これを縦置きに搭載し前輪を駆動するFWD（前輪駆動）方式を採用していた。富士重工はこの前輪駆動方式をFFと略称し、この表現はその後わが国で一般的に用いられることとなった。富士重工はこのスバル1000を「高度な技術を結集した高級大衆車」としてアピールした。価格はスタンダード49万5000円、デラックス53万5000円、スーパーデラックス58万円であった。マツダ（当時は東洋工業）はまずライトバンを先行開発し、1963年10月、ファミリアバンをデビューさせたのち、64年10月、4ドアセダンを発売した。エンジンはアルミ合金製で直列4気筒OHV、最高出力は58馬力で、価格は2ドアのスタンダードが42万5000円、同デラックスが48万5000円、4ドアデラックスが52万とカローラを強く意識した設定になっていた。さらに39万8000円の廉価版2ドアスペシャルを設け、「数ある1000cc車のなかで最もお求め易い価格」を強くアピールした。

　これらに対し当時のトヨタは、大衆車市場での失地回復対策としてふたつの構想をもっていた。ひとつはパブリカのフルモデルチェンジであり、いまひとつはまったく新たな大衆車を開発することであった。モータリゼーションの本格化を促すためには、低価格であるのみならず、夢のある新しい大衆車が必要であるとみてトヨタが開発を進めたのが、パブリカとコロナの中間に位置する新しい高級大衆車であった。

トヨタ・カローラ

　発売前2カ月の1966年9月、まずトヨタ・カローラ1100という車名だけが発表され、2代目コロナと同様の「ティーザーキャンペーン」が展開された。これはカローラの登場を待ち焦がれつつ先発の競合車にも心が動かされそうになっていた需要者層の引き留め策となった。この際用いられたキャッチフレーズは「日本のハイコンパクトカー」と「プラス100ccの余裕」で、これはカローラが既存の大衆車よりボディサイズ、スタイル、性能、装備とあらゆる面で一段格上のクルマである、というイメージを訴えたものであっ

第10章　自動車販売

た。50日間の広告投入量は電波関係だけでもラジオスポット1500本、テレビスポットは350本を数えた。この重点的な宣伝政策によって、カローラは記者発表を前にきわめて高い知名度と注目度を得るに至った。

　またカローラが発売された1966年11月以降、広告キャンペーンでは、以下のような広告文で競合車に対する優位を強調した。「カローラの最高時速は140キロ。時速100キロで走り続けるときもエンジンの力の75％しか使っていません。」「0発進400メートル19.7秒。頼もしい加速はハイウェイでの安全な追い越しにものをいいます。」「5人乗りの広い室内……フル・リクライニングシートの快適さ。」「豪華！ひとクラス上の車の風格。プラス100ccの余裕は性能だけでなく豪華さや室内の快適さなどすべてに大きくものをいっているのです。」スタンダードの価格43万2000円の上にはわざわざ「このゼイタクなクルマがこの価格」とルビがふられていた。

　1966年10月20日、カローラの報道発表会が行われた。その席上、トヨタ自販の神谷社長は「当面、月販3万台を目標とする」という驚くべき発言を行った。前月のトヨタの総生産台数が5万台強で、その頃ベストセラーカーであったコロナシリーズでさえ月販2万台強であったにもかかわらずである。報道関係者はこの発言に、「大ボラ」と陰口をたたいた。しかし、この神谷社長の発言は決して「大ボラ」ではなかった。発売2年後の1968年12月にカローラは月販3万台を達成したからである。1966年10月26日から開催の第13回東京モーターショーに姿を現わしたカローラは、会場の人気を独占し、翌11月全国のパブリカ店とトヨタディーゼル店から一斉に発売が開始された。発売に先立ち各販売店で行われた一般ユーザー向けの発表会は、実に130万人の来場者を数え、空前の大盛況となった。この発表会で注目すべきことは、家族連れを含む中年層から若年層に至る幅広い層の人たちが来場したという点で、それはそれまで他車の発表会では見られなかったユーザー層の動きであり、大衆車時代の本格的な幕開けを感じさせるものであった。

　カローラは、1966年11月国内登録台数5385台を記録し、サニーの3355台を大幅に上まわった。カローラの発売に先立ち、トヨタ自工が専用工場として建設を進めていた高岡工場は、1966年9月にその第一期工事を完成させ、

さらに1967年7月、第2組立工場の建設を開始、翌68年1月に完成させ、さらにプレス工場を拡張し、その生産能力を月産8万台の規模とした。当初から増産をにらんで第2工場建設のための空地も確保され、当時としては破格の300億円という資金が投じられた。

新たな販売店系列の追加とK型エンジン

　一方トヨタ自販にも、新たな動きがみられた。新しい販売店系列の設置計画であった。カローラの爆発的な売れ行きは、パブリカ店の販売台数を急増させた。カローラ発売まで、パブリカ店の取り扱い車種はパブリカシリーズのみで、その販売規模は1965年の月平均で8000台程度であった。ところが、カローラの人気によって1967年には2倍以上の1万8000台に急増した（うちカローラシリーズは1万2000台）。この急激な販売台数の伸びをパブリカ店系列のみでは賄いきれなくなったため、トヨタ自販は1967年6月、これまでのトヨタ店、トヨペット店、ディーゼル店、パブリカ店につづく5番目の販売店系列の新設を決定し、名称を「トヨタオート店」とした。オート店はカローラスプリンターを中心に販売活動を行う新しいチャネルであった。スプリンターはカローラを基本として開発された新しいタイプの乗用車で、従来の大衆車が持つ要素に、豪華さとスポーティな感覚が加えられた。1968年5月、新設間もない全国トヨタオート店から一斉に発売されたカローラスプリンター（KE15型）は、5月に3768台の登録実績をあげ、同年12月にはカローラセダンと合わせて2万2560台という単一車種月間登録台数の最高記録を樹立した。なお1969年3月、カローラの成功を受け、パブリカ店の名称はカローラ店へ変更された。

　初代カローラ（KE10型）に搭載されたK型エンジンは、排気量1077 cc、水冷直列4気筒OHVで最高出力60馬力であった。カムシャフトをシリンダーブロックの上部に配置する「ハイカム機構」を採用し、プッシュロッドを短くすることにより、動弁（吸・排気バルブ）機構の慣性重量を小さくしていた。このメカニズムは高速回転時における動弁機構の追従性を高めるため、通常のOHV型に比べ、アクセルの踏み込みに対しエンジンは鋭く反応した。

それはこれまでのエンジンでは得られない軽快なフィーリングであった。エンジンのカムシャフトに当時まだ採用例の少なかった5ベアリングを採用したことも功を奏し、6000回転までスムースに回転が上昇した。またこのエンジンは、正面からみて右に20度傾け搭載されていた。傾けた側にインテークマニホールド（燃料と空気の混合気をエンジンへとりこむためのパイプ）を配し、燃焼室へ混合気をよりすみやかに導入するためであったが、傾けることでエンジンの重心も低く抑えることができ、操縦性の向上にも寄与した。

　当時の自動車専門誌はこのK型エンジンを、「パワー、レスポンス、伸び、静粛性などすべての面で水準を上回っているが、とりわけパワーの強力なことと静粛性においては本当に素晴らしい。超一級品の折紙を付けていいだろう」とこぞって絶賛していた。発進時の加速力を示す0→400 m（ゼロヨン）は18秒台前半をマークし、このクラスとしては驚異的な数値であった。しかしカローラの走行性能は、むしろその追い越し加速において際立っていた。高速時における追い越し加速のするどさは当時のスポーツカーも顔負けで、同級他車が100 km/h以上での追越しでやや不安を感じさせたのに対し、カローラの場合は逆に積極的に追い越しを試みたくなるほどであった。

　するどい発進加速と敏捷な追越し加速はK型エンジンの高性能によるところが大であるが、そのエンジン性能を余すところなく引き出す4速ギアボックスの巧妙なギアレシオ（歯車比）もまた、初代カローラの大きな美点であった。運転者の意にかなった加速がいかなる速度領域においても得られるということはもっとも重要な安全対策のひとつであり、その点からいって初代カローラは他車をはるかに凌ぐ安全車と評価することができた。

　初代カローラのスポーティ性は走りや新機構だけにとどまらず、エクステリア（外観）とインテリア（内装）にも十分スポーティな感覚が盛り込まれ、その端正で美しい容姿はユーザーにとって最も魅力的な点であった。スタイリングの最大の特徴は、リアにわずかなノッチが与えられたセミファストバックである。このセミファストバックは、役員審査の結果、ホイールベース（前輪軸と後輪軸の間隔）を30 mm、リアオーバーハング（後輪軸と車体後端の間隔）を110 mm延長するという思い切った決断の賜物であった。さら

に上級モデルであるクラウンやコロナですら平面ドアガラスを用いていたこの時代に、カローラは曲面ガラスを採用し、まろやかで伸びやかな容姿を得た。ドライバーの真正面に並べられた2連の大径丸型メーターもスポーティな雰囲気をかもし出していた。

　パブリカの苦い経験を十分に参考にして打ち出されたカローラの製品開発方針が、「80点主義＋α」であった。「明らかな欠点が一つでもあってはならない」というのがトヨタの製品開発方針「80点主義」であるが、カローラではさらに"＋α"を付け加えることを目標に開発が進められた。すべての要素が80点では不十分で、「90点を超えるもの＝特別に魅力的なもの」がいくつかなくては多くの人々の心をとらえることはできない、というのが"＋α"の意味するところであった。カローラの場合、"＋α"の具体的内容として盛り込まれたのは「スポーティ性」であった。強力で反応の鋭敏なエンジンをはじめ、フロアシフトの4段トランスミッション、バケット型セパレートシートと丸型メーター（当時一般的に乗用車のフロントシートは、運転席と助手席の背もたれおよび座面が一体となったベンチシートであり、またスピードメーターは横長の文字盤上を指針が左右に動くものであった）、曲面ガラスを使用したセミファストバックのスタイル、などがそれである。

　最初カローラの開発はエンジン排気量を1000ccとして進められていたが、途中で市場のニーズや対米輸出などを考慮した結果、1100ccへと変更した。技術的に考えると、当初計画の排気量1000ccではいささか出力不足となる懸念があった。カローラが5人乗りのハイコンパクトカーとして他車の追随を許さぬためには、時速100km/hでの巡航時においても十分な力の余裕を残すエンジンが必要であり、それには最低でも60馬力の出力が必要であった。1000ccで60馬力を捻り出すことは決して不可能ではなかったが、余裕という点では不十分であった。また排気量をあえて1100ccとしたいま一つの背景には、当時欧州車に1000ccから1100ccへ移行する傾向が見られたことがあった。

　しかし排気量の拡大には問題もあった。排気量を1100ccに拡大したため、カローラの自動車税は年額2万1000円となった。排気量1000cc未満のサニ

ーは年額1万8000円で、その差は3000円に上った。しかしトヨタは、豪華で高性能かつスポーティなカローラのためであれば、月々250円の税負担増にユーザーは納得するであろうと判断した。結果的にこの見通しは正しく、販売サイドの不安はまったくの杞憂に終わった。

　スポーティ性が求められた初代カローラには、新機構が随所に採用された。その代表的な例は4段フロアシフトのトランスミッションである。小型乗用車といえばステアリング・ホイール（ハンドル）の横からシフトレバーが突き出ているコラム式の3段変速機が標準装備となっていた時代に、4段の変速機で、しかもフロアシフトを採用するというのは大胆な試みであった。トラックやバスのそれを思わせる車体の床面から突き出した細く長いシフトレバーは、見栄えこそ悪いものの、シフトレバーが変速機と直結されたことによる節度感のあるシャープな操作感覚はコラムシフトでは得られないものであった（コラムシフトの場合、シフトレバーは途中にリンクを介して変速機と結びつけられている）。

　しかし社内のトップからはフロアシフトだけで売ることができるのかと疑問の声があり、そのため1968年にマイナーチェンジを実施した際、コラムシフトが追加設定されたが、あえてこれを選ぶユーザーはごく少数であった。また前輪の懸架方式には、日本の乗用車で初のマクファーソン・ストラット式独立懸架が採用された。マクファーソン・ストラット式は、今日では世界中で多くの自動車が、前輪はもちろん後輪にも採用する最もなじみ深い懸架方式となっているが、カローラがこれを選んだ当時は、ヨーロッパでもごくわずかの自動車にしか採用されていなかった。

カローラを購入した理由

　カローラは広告キャンペーンにおいても積極的な展開をみせ、シンボルとして「豹」を用いた広告が展開された。豹から連想される精悍、静粛、快速、豪華といったイメージを、そのままカローラに結びつけようとしたのである。

　カローラを購入した理由をユーザーに尋ねたところでは、「高性能に惚れた」という回答が最も多かった。「大方のクルマは宣伝負けしている。カタロ

グ通りの性能が出ない。その点このクルマにはウソがない」、あるいは「この程度の排気量のクルマがほしくて物色中。カローラは総合性能が優れているわりに価格が手頃だ」というのがユーザーの感想であった。パブリカから乗り換えたという人も多かったが、その理由は「パブリカではどうも物足りない、窮屈である」という内容が大半で、トヨタの狙いに合致していた。当時のトヨタ自販の調査によると、カローラユーザーのうち、新規の比率は24.2％、代替が66.2％、増車が9.6％と、代替が圧倒的多数をしめていた。代替の内容をみると、上級車種であるブルーバードやコロナなどから移行したものが5％、軽乗用車から移行したものが10％、パブリカからカローラへ移行したものが38％で、パブリカからの上級移行が大半であった。またユーザーの年齢別比率は、29歳までが11.8％、30～39歳が35％、40～49歳21.1％、50～59歳21.6％、60歳以上が9.9％で、30歳～50歳が5割以上を占めていた点が特徴的であった。

　初代カローラの購入後、多くのユーザーが長所として指摘した点はまず「加速・出足の良さ」であり、これに次いだのは「4段フロアシフトの採用」、そして3番目が「エンジンの静粛性」で、以下「優れた経済性」、「優れた高速性」、「室内の豪華さと広さ」、「スタイルの良さ」といった順で続いていた。このようにユーザーが指摘したカローラの長所は、そのほとんどがエンジンと駆動機構に起因するものであった。一方短所としては、新発売から1年半以上を経た1968年半ばの時点では、「タイヤが弱い」という指摘が最も多く、「高性能ぶりから見てもタイヤの性能が著しく劣っている。前輪が偏摩耗するし、後輪に比べて前輪の減り方が少々激しすぎる」という指摘がみられた。ユーザーから指摘されるクレームの数は推定約1000件にものぼった。このようなクレームについてトヨタは、カローラの発売以来、些細なものも含めできる限り受け入れ、改善に努力した。カローラほどの量販車を、改良を施しながら生産を続けることは至難の業であり、トヨタのカローラにかける意気込みにはただならぬものがあることを示すものであった。

　カローラ開発の初代主査である長谷川龍雄は、以下のように回想している。1961年にパブリカが発売されたが、販売が不振であったため、対策としてDX

（デラックス）仕様を設定し、一定の成果を得た。しかしこのような方法はしょせん一時しのぎにすぎず、また搭載していたエンジンも空冷2気筒という簡略なものであったため、改めて本格的な大衆車を考えてみたいと思った。当時わが国では東名や首都高速など高速道路の建設が開始されており、昭和40年代に入ればもう一段上の「ニューファミリーカー」が必要になると、3カ月ほど考え続けた。そして構想が固まった1963年1月、技術部内にアナウンスした上で、会社のトップに対しこの構想を提案した。しかしその反応は、「立派すぎる」、「コロナと競合する」、「現行パブリカを改良すればよい」、あるいは「新しいコンポーネントを考えるのはもったいない」などといった具合で、さまざまな批判を受けた。残された手段は自販社長の神谷に直訴することであった。神谷と面談する機会を得た長谷川は、販売方法などマーケティングの問題を中心に話し合った。「販売の神様」神谷が動いたことで、社内の誰もが無視できなくなり、カローラの開発が認められた。

　カローラのスタイリングについて長谷川は、進歩的な車とすべく、流れるごときクーペ的なものを構想していた。しかしこれについて神谷が「多くのユーザーに買ってもらうクルマとするためには、余りに進歩的なスタイルは認められない」と異論を唱えたため、ややオーソドックスなものへとスタイリングは修正された。一方変速機を4段フロアシフトとすることは、長谷川の独断で決められた。速度無制限で知られるドイツのアウトバーンでは、右側の車線をVWなどの比較的遅い車が走行する一方、左側の車線はメルセデスやアウディ、BMW、ポルシェといった高速車が走行し、そして中央の車線は中速車が120〜140 km/hくらいで走行していた。カローラは、これらのうち中央車線の常時走行を可能とすることを目標にしていた。そのためにはレーンチェンジの際にスピーディな操作でスムースに変速出来ることが要求される。欧州市場で競合車に勝つため、4段フロアシフトの採用は不可避だったのである。

(4) 巧みな製品戦略

さてその後におけるトヨタの商品展開についてみると、1960年代後半よりトヨタは、既存車種がモデルチェンジにより大型化・上級化するに従い、「中間モデル」を充実させ（高級車クラウンと小型車コロナの間に中級車マークⅡを追加するといった具合に）、ピラミッド型（あるいはヒエラルキー型）商品展開（下からパブリカ→カローラ/スプリンター→コロナ/カリーナ/セリカ→マークⅡ→クラウン）を完成させていった。これは年功序列や終身雇用などの制度に支えられていた当時のサラリーマンたちに、上位モデルへの買い替えを促すものであった。部下に高度成長で所得が増加し、コロナをクラウンに買い替える経済的余裕が生じても、上司がクラウンに乗っていたならば、クラウンへの買い替えを行うことは、わが国の企業社会においては困難であった。この満たされない上級移行の欲求を可能とするものが、マークⅡに代表される「中間モデル」の追加であった。のちにT型フォード、VWビートルと肩をならべ世界の三大ベストセラーカーとなったカローラも、発売当初はこうした「中間モデル」の性格を有していた。

1967年、3代目のクラウンがデビューした。初代ならびに2代目において日本を代表する高級車としての地位を確立したクラウンは、黒塗りの社用車として法人需要が売上げの大半を占めていた。しかし3代目は、デラックスモデルに準じた内外装・装備ながら88万円と割安な新グレード・オーナーデラックスを追加し、またボディカラーに白を用意して「白いクラウン」のキャッチフレーズで個人ユーザー向けをアピールした結果、売上は大きく伸び、国産高級車市場における地位は不動のものとなった。

1968年4月、日産自動車はローレルを発売した。ブルーバード（1500cc）より上級で、かつ法人需要中心の高級車セドリック（2000cc）とも性格の異なる個人ユーザー向けの「ハイオーナーカー」として企画されたもので、このクラスの開拓者的モデルであった。開発中の1966年に日産が名車スカイラインで知られるプリンス自動車と合併したため、プリンスが開発しその性能には定評のあったG18型OHC（オーバー・ヘッド・カムシャフト）1800cc

エンジンを搭載し、またサスペンションもプリンスの技術を生かした四輪独立懸架が採用されるなど、欧州車なみの進んだ内容を有するモデルであった。これに対し同年9月、トヨタはコロナ・マークⅡを発売した。形の上ではコロナの後継モデルとされたが、実質的にはローレルに対抗するクラウンとコロナの中間モデルであった。先進技術のローレルに対し後輪のサスペンションにはリーフ（板バネ）リジッドと手堅い機構を採用する一方、エンジンの排気量は1900ccとローレルをわずかながら上回るよう設定され、また内外装は流麗かつ豪華なものとしてユーザーの上級志向に応えた。そのためシンプルな内外装のローレルを売上げで上回った。

(5) 石油危機と排出ガス規制への対応

その後1970年代に入ると、第一次石油危機（中東産油国における原油価格の一斉引き上げに起因し、ガソリン価格が高騰）、公害問題（経済活動の展開にともない発生する排気ガス、煙、排水などに含まれる物質で人々の健康・生命が脅かされる現象で、今日における環境問題の原点ともいえる）、米国における排出ガス規制の強化（マスキー法）など、環境とエネルギーをめぐる大きな出来事が立て続けに生じ、これらは自動車産業に省エネ（エネルギーの節約）と環境対策を要求することとなった。また石油危機と米国のドル－金交換停止（ドル・ショック）を契機とする先進諸国の為替変動相場制への移行、といった経済面での大きな変化も影響して、1955年以来続いてきたわが国の高度経済成長（GNP年平均成長率10％前後）が終わり、安定成長経済（同年成長率3～4％）へ移行するとともに、消費者の意識も節約志向・実質重視へと大きく影響した。これらは自動車メーカーの製品・販売戦略にも大きな影響を及ぼした。

この時期自動車業界で注目を集めたのはホンダであった。同社はF1レースへの参戦により培った技術を活かし、省エネ・低公害エンジンCVCCを開発してマスキー法をクリア、これを搭載した小型車シビックが大ヒットした。それまでのホンダは、二輪車メーカーとしては戦後の早い時期から世界的ブ

ランドとして認知され、また軽自動車N360が、F1とオートバイでつちかった技術を応用した高出力エンジンと低価格により、若者を中心に大ヒットしてはいたが、四輪車メーカーとしては二人乗り小型スポーツカーのS800など特異なモデルによってのみ知られるに過ぎない存在であった。しかしシビックのヒットによって、四輪車メーカーとしても認知されることとなった。なおシビックがヒットしたのは、省エネ・低公害のエンジンに加え、独VW^{フォルクスワーゲン}社のゴルフに先駆け、のちに小型乗用車の標準的駆動方式となったFWD（前輪駆動）方式と2BOX（エンジンルームと客室・荷室兼用との箱二つで構成される車体の形式）を採用し、小柄な車体ながら広大な居住空間と荷室を確保していたことがあった。

この他わが国で排気ガス規制と積極的に取り組み、早い時期にこれをクリアしたのは、富士重工やマツダ（東洋工業）といった下位メーカーであり、トヨタや日産、また米国でもGMやフォード、クライスラーといった上位メーカーは、当初対策に消極的であったため、出遅れが目立つ結果となった。また先行き不透明な経済環境への対処としてこの時期、国内各社と外資との間で資本提携が相次いだ。三菱自動車は1970年三菱重工業から独立し、クライスラーとの合弁事業として発足した。またいすゞ自動車も1971年にGMと資本提携を行ない、グローバルカー戦略の一翼を担うこととなり、独自開発の小型乗用車ベレットにかえて、GM系ドイツ企業オペルの開発したグローバルカー・カデットに自社製エンジンを搭載したジェミニの国内販売を開始した。独NSU社が開発した「夢のエンジン」ロータリーエンジンを世界で唯一製品化に成功し看板商品としたマツダも、ロータリーエンジンの燃費に難があったことから、石油危機を境として経営難に陥り、救いの手をフォードに求めた。

(6) 5系列販売ネットワークで業界をリード

石油危機と排出ガス規制を乗り越え1980年代に入ると、トヨタは1980年4月、ビスタ店を販売系列に追加した。上級車クレスタと、トヨタとしては

初めて中型セダンにFWD方式を採用したビスタの専売店としてであり、これによりトヨタは本邦業界初の5系列販売ネットワーク（トヨタ店、トヨペット店、カローラ店、オート店、ビスタ店）を形成したのである。そもそも複数販売店制のモデルは米国のビッグ3（GM、フォード、クライスラー）にあった。GMの場合で見ると、高級車キャデラック、保守的な上層中産階級向けのビュイック、スポーティモデルのポンティアック、デザインや機能に実験的な要素を積極的に取り入れた中級車オールズモビル、大衆車シボレーと五つの販売系列の性格付けがなされていた。

　一方国内各社も、トヨタに追随して複数系列体制の構築に挑んだ。日産の場合、主要取扱商品を中級車ブルーバードとする日産店、高級車のセドリックとローレルを扱うモーター店、スポーツセダン・スカイラインを扱うプリンス店、後輪駆動（RWD）のオーソドックスな大衆車・サニーを扱うサニー店、FWD方式の先進的大衆車・チェリーを扱うチェリー店（のち取扱車種の名称が変更されたことに伴い、パルサー店に改称）、とトヨタ同様の5系列を形成していた。またホンダではシビックなどの小型車と軽自動車を扱うプリモ店、アコードやレジェンドなど中・上級セダンを扱うクリオ店、1978年新車種プレリュードの発売と同時に発足しスポーティカーとSUV（スポーツ・ユーティリティ・ビークル、四輪駆動方式の採用によりで悪路走破能力に優れる乗用車）を扱うベルノ店、の三系列が整備された。三菱には中級セダン・ギャランと小型セダン・ランサーを扱うギャラン店と、1978年FWD方式の新型大衆車ミラージュの発売に伴い加えられたカープラザ店の2系列があった。

　注目されるのは1980年代にマーケットシェアでは常に3位以下でありながら、上位2社（トヨタ、日産）に匹敵する5販売系列の構築に挑んだマツダである。商用車・小型車・高級車を扱うマツダ店、1981年に発足し、資本提携先であるフォードの製品を扱うオートラマ店（それまでフォード車を扱っていた近鉄モータースを転換）、1989年発足の2人乗りオープンスポーツカー・ロードスターを扱うユーノス店、小型車と軽自動車を扱うオートザム店、1991年マツダオート店を改称し、ロータリーエンジン搭載のスポーツカーRX

−7と高級車を扱うアンフィニ店、と順次販売系列が整備された。しかしその後、バブル崩壊後の長期間にわたる景気低迷と、少子高齢化による国内市場の縮小によって、こうした複数販売店系列は、各社とも大幅な見直しを余儀なくされていった。

(7) 企業イメージの刷新―「技術も販売もトヨタ」に

1980年代以降のトヨタは、市場占拠率50％を目標としてさらなる国内販売の拡大を目指し、「技術の日産」「販売のトヨタ」といわれてきたイメージの刷新を図った。1977年二代目にモデルチェンジしたセリカが用いたTV・CMのキャッチコピーは、「名ばかりのGTは道をあける」とライバルを挑発する横綱・トヨタらしからぬものであった。GTとはグランド・ツーリングの略称で、長距離高速走向を可能とするため、高出力エンジンなどの高い走行性能と、快適な車内設備を与えられた自動車を意味する。当時トヨタの代表的スポーティ・カーであったセリカGTは、本格的高性能エンジンであるツインカム（DOHC：ダブル・オーバーヘッド・カムシャフト）の4気筒エンジンを搭載していた。一方ライバルである日産のスカイラインGTは、その高い人気にもかかわらず、排出ガス規制の影響により、6気筒ながら当時としては平凡なSOHC（シングル・オーバーヘッド・カムシャフト）エンジンを搭載するにとどまっていたことから、これを「名ばかりのGT」と遠回しに揶揄したのである。

1980年、トヨタは新世代の6気筒エンジンG型（愛称LASRE：レーザー）を開発、クレスタを先駆けとしてクラウンやマークⅡなどの上級車へ搭載を開始した。1気筒につき4つのバルブ（吸気2、排気2）、6気筒で計24の吸排気バルブを備えたツインカムエンジンで、小型・軽量・高性能・低燃費・静粛性・耐久性など全ての要素を高次元で調和させたことをアピールした。日産はこれに同じく6気筒24バルブツインカムのRB20型（愛称PLASMA：プラズマ）エンジンで対抗した。

1981年2月、トヨタは上級2ドアパーソナルクーペ・ソアラを発売した。

第 10 章　自動車販売

それまでの国産車には見られなかった排気量 2000 cc 超（3 ナンバー）の 2800 ccM 型ツインカムエンジンを搭載し、最高出力 170 馬力を誇る高性能車であった。そのスタイリングもメルセデス・ベンツ SL や BMW6 シリーズといった、ドイツの高級パーソナルクーペを意識したオーソドックスながら流麗なもので、伝説の名車・トヨタ 2000 GT（1967 年発売）の再来ともいわれた。この種高級パーソナルカーとしてはライバル・日産が 1980 年にレパードを先行して発売していたが、同車は斬新すぎるスタイリングが災いして保守的な高級車ユーザーに敬遠されたことと、排気量こそ 2800 cc とソアラに肩を並べながら、エンジンのメカニズムが SOHC で平凡なものであったことから、売上げにおいてソアラに大きく差をつけられた。かくしてソアラはトヨタの先進技術イメージを強く印象づけたのである。のち 1988 年、日産はバブル景気に乗る形で 3 ナンバーの幅広い車体を持ち最高出力 255 馬力の高級セダン・シーマを発売、その大ヒットは「シーマ現象」と呼ばれてトヨタに一矢を報いたが、大勢を覆すには至らなかった。

(8) 高級車市場への参入

　さらにトヨタの先進イメージを高めたのは、1989 年高級車ブランド・レクサスの米国における展開を開始したことであった。その背景には、貿易摩擦により自動車の対米輸出台数に制限が課せられたため、日本の自動車メーカーがより少ない輸出台数で従来通りの売上げを確保できる高級車への移向を進めたことがあった。これにより日本の自動車メーカーは、欧州車（メルセデスベンツ、BMW、ジャガーなど）が独占していた高級車市場という未知の領域に初めて参入したのであり、日産とホンダもそれぞれインフィニティとアキュラという高級車ブランドを米国で展開した。

　米国では三社ともそれぞれに成功をおさめた高級車市場への参入ではあったが、日本国内では明暗が分かれた。1989 年 10 月、トヨタはレクサスの最上級車 LS400 をセルシオとして国内でも発売した。ドイツ製高級車のイメージを踏襲したセルシオに対し、日産のインフィニティ Q45 は走行性能ではセ

ルシオを上回るものであったが、その独自性にこだわりすぎたスタイリング（Q45のキャッチフレーズは「ジャパン・オリジナル」であった）が日本の高級車ユーザーに敬遠されたため、売上で大差がつき、国内ではトヨタだけが国際水準の高級車を生産できるというイメージが確立したのである。

　その後2003年2月、トヨタは日本国内でのレクサス事業展開を決定し、2005年8月、レクサスは全国に143店舗を開設した。その母体の多くは既存のトヨタ車ディーラーであったが、トヨタとの取引は母体ディーラーではなく各店舗が直接行うものとなっていた。これに先立つ2004年4月、ビスタ店がネッツ店に統合され消滅しており、レクサス店とビスタ店が入れ替わる形となった。ちなみにネッツ店は1998年8月オート店を改称し、若者向けイメージの向上を図ったものである。これはわが国において常に挑戦的な製品企画で若者の支持を集めてきたホンダ車と、同じく若者層を中心に人気の高いドイツからの輸入車への対策であった。米国においてホンダは、中級車アコードを主力商品としてドイツ車に匹敵する高級イメージで長年にわたり好評を博しているが、これは二輪車専業の時代から「世界のホンダ」を目指して国際レースに参戦し、また四輪車メーカーとしてもわが国で初めてF1グランプリに参戦した成果の表れであった。またホンダが自らの出費で、1962年三重県鈴鹿市に開設した鈴鹿サーキットは、国産車の性能向上に少なからぬ役割を果たしたといわれる。鈴鹿開設以前、時速100kmで連続走行できる国産車は存在しなかったが、鈴鹿で開催されるレースに参戦し、そこで得たデータを製品開発に還元することで国産車の性能は向上し、高速道路での日常的使用にも耐えうる品質を確立したのである。

第十一章

家電流通
製品企画と販売店ネットワーク・2

（1）戦前における家電製品の普及

　家電製品がわが国に登場したのは第二次世界大戦前のことである。しかしその本格的普及は、第二次大戦後の1950年代後半以降をまたなければならなかった。家電産業は自動車と並ぶ耐久消費財産業の代表として、戦後におけるわが国の高度経済成長を支えた。またメーカー主導で系列販売店を整備した点も自動車産業と共通していた。

　戦前における家電製品の代表は電灯とラジオであり、需要の大半は欧米からの輸入品でまかなわれていた。当時の代表的な新製品としてはまず1890年に白熱電球が登場し、それまで灯具として用いられていたロウソク、行燈（植物油を使用）、石油ランプ、ガス灯を徐々に駆逐していった。また1924年の放送開始に促され、ラジオの普及が始まった。当初ラジオはもっぱら輸入に依存していたが、その後松下電器（のちのパナソニック）や早川電機（のちのシャープ）などの企業によって国産化が進んだ。

　この他第一次世界大戦期の1915年には電気あんかと電気アイロンが登場し、それぞれ暖房具としての湯たんぽ、衣類のしわ伸ばしに用いられていた炭火アイロンにとって代るようになった。また1916年には扇風機が登場、1930年には東芝の前身である芝浦製作所が電気洗濯機を発売し、さらに米国GE社の製品を手本にして家庭用電気冷蔵庫を発売したが高価なため普及しなかった。当時国内で一般的に用いられていたのは上部に納めた氷で庫内を冷却する木製の氷冷蔵庫であり、これが戦後の1950年代まで電気冷蔵庫と併存

していた。1931年には電気蓄音機（略称「電蓄」）と電気掃除機が発売された。電蓄はそれまで一般的に用いられていたゼンマイ動力の蓄音機（レコードプレーヤー）に代わるものであった（レコードとは樹脂製の円盤に音声情報を記録したもので、プレーヤーはこの情報を再生する装置である）。

(2) 三種の神器

1950年代後半は、1956年の『経済白書』が「もはや戦後ではない」と述べたごとく、日本経済が高度成長のスタートを切った時期であった。この時期家電産業では、白黒TV・電気洗濯機・電気冷蔵庫という3種類の家電製品が「三種の神器」と呼ばれ、高価ながら新しい生活の象徴となった。ちなみに「三種の神器」とは、皇位の継承に際し必要とされる三種の宝物、すなわち八咫鏡・八尺瓊勾玉・天叢雲剣（別名草薙剣）のことである。なおTV放送が開始された1953年以前においては、電気炊飯器あるいは掃除機がTVに代わり「三種の神器」に含まれていた。

戦後の日本人は、TVが普及するまではハリウッド映画、普及した後は米国製のTVドラマを通じて米国の中流家庭の暮らしぶりを目の当たりにしたが、とりわけ米国の人々が冷蔵庫に溢れんばかりの食べ物を自由に摂る姿にあこがれた。こうしたアメリカ式生活様式へのあこがれが、家電や自家用車といった耐久消費財の爆発的普及をもたらした大きな要因であった。「三種の神器」で最も普及が早かったのは白黒TVで、一番遅かったのは冷蔵庫であった。当時の日本人が食生活の向上に役立つ冷蔵庫や、主婦の家事労働負担を軽減する洗濯機よりもTV受像機の購入を優先していたことは、TVへのあこがれがいかに切実なものであったかを物語っている。とはいえ初期のTV受像機ははなはだ高価であった（1953年早川電機が発売した白黒テレビはサイズ14インチ、価格17万5000円であったのに対し、大卒男子の初任給は1955年で1万2000円程であった）ため、一般家庭で購入することは容易ではなかった。

そのためわが国初の民放（民間放送）TV局である日本テレビ放送網（NTV、

1954年放送開始）は、「街頭TV」を設置した。公共放送で受信料収入によって経営が成り立つNHKとは異なり、民放である日本テレビは視聴者を増やすことによって放送の広告効果を高め、スポンサーからの広告収入を増やすことが不可欠であった。そこでTV受像機を公園や駅前など人の集まる場所に設置し、無料で人々に視聴させたのである。当時のキラーコンテンツ（視聴者を引き付けるための切り札となる番組）はプロレスやプロ野球、大相撲であり、これらが放送されるとき街頭テレビの前は黒山の人だかりとなった。大相撲の関脇から転身してわが国プロレスの事実上の創始者となった力道山は、米国より来日した巨漢レスラーを必殺技・空手チョップでなぎ倒し、戦後の日本人が抱いていた「敗戦コンプレックス」を解消することで国民的人気を得ていた。また飲食店の中には、集客の手段としてTV受像機を設置するものがあり、中にはTV放映中に特別料金を徴収するものもあったという。さらにTV普及の初期においては、TVを購入した家へ近所の人々が集まり一緒に鑑賞する、といった光景も見られた。

このように庶民には仰ぎ見る存在であったTV受像機が一般家庭に普及するきっかけとなったのは、1959年4月10日の皇太子ご成婚パレードであった。「ミッチー・ブーム」との言葉を生んだこの国民的行事を実況生中継で視聴するため、TV受像機の売り上げは急伸し、パレード一週間前の時点でNHKのTV受信契約数（いわゆる普及率）は、200万台を突破したのである。また松下電器創業者の松下幸之助は部下に「君らの給料で買えるTVを作れ」と命じ、価格引き下げによる一般家庭への普及を図った。

このほか1950年代における家電の新製品としてはまず1950年、東京通信工業（東通工、のちのソニー）が発売したテープレコーダー（紙テープ式モデル）がある。発売当初は需要がなく苦労を重ねたが、裁判所の記録用として、また学校における英会話教育に役立つ機器として次第に需要を開拓していった。さらに1959年、東通工はトランジスタラジオ（TR-55）を発売した。トランジスタを開発した米国の企業でも製品化をためらうほどの技術的困難を克服した成果であったが、当時の日本人には高価に過ぎたため、対米輸出を中心に販売された。その後トランジスタによる小型化・軽量化・低消

費電力化が進んだラジオは、一家に一台備えられるものから一人が一台保有するものとなった。

1953年には三洋電機が噴流式洗濯機を発売した。これは現在における洗濯機の原点となるもので、低価格で発売されたことにより一挙に普及した。また1955年、東芝が電気釜を発売した。味は二の次で手間がかからないことが魅力とされたが、価格が4500円と大卒男子初任給の3分の1程度の高価な商品であったこともあり、最初は販売店も半信半疑で販売意欲に乏しかった。しかし電力会社を通じて販売網を開拓し、また社員が農村で実演販売を行うなどの苦労が実り、4年後には全家庭の約半数にまで普及した。このように当面需要に恵まれなくとも、将来大きな需要が期待される製品の開発には積極的にとりくんだことが、創業・発展期におけるわが国家電メーカーに共通して見られた特徴であった。

(3) 3C（新三種の神器）

高度経済成長期只中の1960年代半ば、年10％前後のGNP（国民総生産）成長に伴う所得の増加は家電の普及率を高め、家庭での消費電力を増加させた。またこの時期には家具調テレビや花柄の家電が流行し、1960年から69年の間に電気冷蔵庫の普及率は9割を超えた。

この時期3Cと呼ばれた三つの新たな耐久消費財―カラーTV（Color television）・クーラー（Cooler）・カー（Car）―が、「三種の神器」にかわる新たな国民憧れの商品となった。これらの商品がみな英語の頭文字をCとすることから3Cと呼ばれたのである。3Cのうち普及がもっとも早かったのはカラーTVで、遅かったのはクーラーであった。1960年東芝から発売されたカラーTVはサイズ17インチで価格42万円であった。三洋電機はわが国初の本格的カラーTVアニメ「ジャングル大帝」（手塚治虫が自作の漫画を自ら率いる虫プロでアニメ作品化したもの）を「サンヨーカラーTV劇場」として1965年10月から放映し、カラーTVの普及につとめた。

このほか1960年代の家電における新製品としては、まず1960年に発売さ

れたトランジスタTV（ソニー）がある。ラジオに続き個人向け需要の開拓をめざした8型ポータブルテレビTV8-301は価格6万9800円であった。1964年には電卓がシャープから発売された（オールトランジスタ式電卓CS-10A）。商用化された製品としては世界初であったが、価格53万5000円は当時の乗用車1台分に相当するというきわめて高価な商品であった（同年発表の大衆車・マツダファミリア・4ドアデラックスの価格は52万円）。続く1965年には電子レンジと全自動洗濯機が松下電器から発売された。後者は水の消費量が多かったことから普及が遅れ、1970年代初頭でも全自動洗濯機の普及率は1割たらずにとどまった。1968年には電話の「無線呼び出しサービス」（ポケットベル）が日本電信電話公社（電電公社、のちのNTT）により開始された。

(4) 1970年代

1973年の第1次石油危機を契機として、家電製品は省エネルギーへの対応が進んだ。また冷蔵庫では大型の冷凍室を備えた2ドア式が一般化した。それは、スーパーマーケットと冷凍食品の普及という食品流通における構造変化を反映したものでもあった。さらに各家電メーカーが、相次いでラジオとカセットテープレコーダを一体化したラジカセを発売した。これは当時若者の間でFMラジオのエアチェック（番組で流された音楽をテープに録音すること）が流行していたことに対応したものであった。このころはエアチェックを行う若者をターゲットに、放送予定楽曲のリストを掲載した雑誌の創刊も相次いでいた。なおカセット式の録音テープを開発したのはオランダの家電メーカー・フィリップスで、同社は合弁事業（1952年設立の松下電子工業株式会社）を通じ、松下電器におけるエレクトロニクス部門の発展にも寄与している。またこのころ、主に小・中学生の間で海外の短波放送を聴取し、受信証明書（ベリカード）を収集することが流行してBCLブームと呼ばれたが、これに対応してがソニーのスカイセンサーや三菱電機のジーガムなど短波放送の受信が可能な高性能ラジオも発売された。さらに1971年以降は、シャープとカシオによる「電卓戦争」も激化した。カシオが「答え一発」のキ

ャッチフレーズで一世を風靡した「カシオミニ」を発売したのは1972年のことで、定価1万2800円であった。これに対しシャープは、1973年液晶を表示画面に使った電卓・EL-805を商品化し、また1976年には太陽電池を搭載した電卓・EL-8026を発売した。一方1978年、カシオは厚さ3.9mmの名刺サイズ電卓・カシオミニカードLC-78を発売した。

　この他1970年代の家電産業における新製品としてはまず、象印マホービンが発売した電子ジャーがあげられる。「温かいご飯をいつでも、好きなときに食べられる」という革新的な商品で、年間100万台の販売が数年間も続き、同社はトップメーカーとなった。電子ジャーがヒットした背景の一つは、共働きの家庭が増え始めたことであった。また1975年には、ソニーが家庭用VTR（ビデオテープレコーダ）SL-6300を発売した。コンパクトなテープを録画媒体とし、高画質なベータマックス方式を採用した同製品は、家庭用VTR市場の開拓者となった。しかしその後、家庭用VTRの主流となったのは、松下／ビクター連合が開発し、長時間録画を可能とするVHS方式であった。1978年には石油ファンヒーターと日本語ワープロ（ワードプロセッサ）が発売された。東芝が発売したワープロは販売価格630万円、重さ220kgでもっぱらオフィスでの使用を前提とするものであったが、その後ワープロは価格低下と小型化・軽量化が進み、一般家庭や個人にも普及した。

　1979年にはソニーがヘッドホンステレオ第一号となるウォークマンを発売した。今日における携帯音楽プレーヤーの先駆けとなった同製品は、従来のステレオカセットテープレコーダーから録音機能を省き小型化したものに過ぎず、技術的にはありふれたものといえるが、「レコーダーすなわち録音機から録音機能を省く」という画期的な発想により、以後音楽は「部屋で聴く」ものから「どこでも、いつでも聴ける」ものへと一変した。なお同製品が以後急速に普及した背景の一つとしては、レコードレンタル店の出現があげられる（1980年東京都三鷹市で立教大生が「黎紅堂」を開業）。また自動車電話サービスが電電公社によって開始されたのもこの年であり、今日における携帯電話の先駆けとなった。さらにマイコン（マイクロコンピュータ）搭載の炊飯器が松下電器から発売された。炊き上がる時間のセットや火加減のき

め細かい調節を可能とするこの製品を開発するにあたり最大の課題となったのは、「いかにおいしく炊けるか」ということであった。

(5) 1980年代

　この時期、エアコンが家庭に普及し、夏期における家庭の電力消費が大幅に増大した。そのピークは夏の甲子園大会であった。またバブル景気の影響で、家電が大型・高級化する傾向が見られた。例えば冷蔵庫の場合、マルチドア化し、野菜室、製氷機、チルド室（氷温室）などを備えた製品があらわれ、また脱臭や急速冷凍などの付加機能が多様化した。娯楽家電のデジタル化が進んだのもこの時期の特徴であった。

　さてこの時期における家電製品の新製品としては、まず1980年TOTOが温水洗浄便座（ウォシュレット）を発売した。また1981年にはパイオニアがLD（レーザーディスク）プレーヤーを発売した。これはフィリップス社が1977年に開発した技術をベースとするもので、映像デジタル化の先駆けとなった。さらに1982年、ソニーがCD（コンパクトディスク）プレーヤーを発売した。以後音楽の再生はアナログからデジタルへと移行することになった。またこの年、エプソンが液晶テレビを発売した。世界初の液晶ディスプレイ（反射型1.2型）を有するTV付きデジタル時計であった。その後同社は1984年、TFTカラー液晶（透過型2.1型）使用のポケットTV「テレビアン」を発売した。この他82年にはNECがパーソナルコンピュータ（パソコン）PC-9800シリーズを発売した。同製品は以後約10年間にわたり日本のパソコン市場を席巻し、全盛期には「国民機」とまで呼ばれた。

　1983年には任天堂が家庭用ゲーム機「ファミリーコンピュータ」（ファミコン）を発売した。これは同社が液晶携帯ゲーム機「ゲームウオッチ」の延長線上に開発したものである。1985年ソニーは8ミリビデオカメラを発売した。その後同社は89年に「パスポートサイズ・ハンディカム」を発売、一時は生産が追いつかなくなるほどの爆発的ヒットとなり、家庭用VTRにおけるベータの失地を回復した。1987年にはNTTが第1世代アナログ方式の携帯電

話サービスを開始した。1988年には富士フィルムがデジタルカメラFUJIX DS-1Pを発売した。しかし一般向け普及の口火を切ったのはカシオが1995年に発売したQV-10で、液晶画面を搭載しながら価格を6万円台に抑えたのがヒットの要因であった。ちなみにデジタルカメラの略称として用いられる「デジカメ」は三洋電機の登録商標であった。また88年には松下電器がIH（電磁誘導加熱）炊飯器を発売した。磁力によって釜を直接発熱させ、熱を全体にムラなく行き渡らせてご飯をおいしく炊く最大のコツを再現するものであったが、発売最初は真価が理解されなかった。だが、その後グルメブームの波に乗る形で評価が高まり、国内販売の7割近くを占めるに至った。

(6) 1990年代

この時期には様々なデジタル通信機器が家庭に本格的に入りはじめ、薄型テレビ（液晶／プラズマ）とデジタルカメラ（デジカメ）が「デジタル三種の神器」と呼ばれた。また携帯電話が急速に普及し、さらにゲーム機も、成人がゲームをすることが珍しくなくなったことにより、子供の玩具から家庭の娯楽機器へと発展した。MicrosoftがGUI（グラフィカル・ユーザ・インターフェイス）を大幅にとりいれ、操作性の一新を図った新OS Windows95を発売したことがきっかけとなり、それまでは業務用あるいは趣味の性格が強かったパーソナルコンピュータ（パソコン）が急速に普及し、またインターネットが家庭に入り込みはじめたのもこの時期であった。さらにこの時期、電子レンジの普及率が約80％に達したが、その背景としては量販店（スーパー、コンビニなど）の一般化と冷凍・レトルト食品の普及があげられる。

この時期の家電における代表的な新製品としては、まず1992年ソニーが発売したMDプレーヤーがある。MD（ミニディスク）とはソニーがこの年発表したデジタルオーディオ記録用光学ディスク媒体とその規格である。また1993年にはNTTdocomo（ドコモ）が、第2世代携帯電話サービスmovaデジタル方式（800 MHz帯）の提供を開始した。1996年にはDVDプレーヤーが発売された。DVDとはDigital Versatile Discの略で、世界初のDVDソフトは谷村

新司のライブDVD「シンジラムニタ」であった。1999年にはソニーがエンタテインメントロボットAIBOを発売、またパイオニアが世界初のDVDレコーダーDVR-1000を価格25万円で発売した。1999年にはNTTdocomoが携帯電話のiモードサービスを開始した。

(7) 2000年代

21世紀を迎え家電の世界では映像情報機器やオール電化住宅が話題となり、インターネット接続機能をもつ家電製品も現れた。冷蔵庫の場合、週末にスーパーでまとめて購入した大量の食品を保存するため、400ℓ以上の容量を有する大型機で観音開きの扉を持つものが販売の主流（売れ筋商品）となった。断熱材の進歩により壁厚を薄くできるようになり、従来よりも小型で大容量の製品が発売されたことがこうした傾向を後押しした。

この時期の家電における新製品としては、まず2001年米国Apple社が発売したデジタルオーディオプレーヤーiPodがあげられる。インターネット経由の音楽配信サービスとセットになった同製品のヒットがきっかけとなり、デジタルプレーヤーがカセットテープやMDにかわり携帯音楽プレーヤーの主流となった。また2003年にはBlu-ray Discレコーダーが発売された。Blu-ray Discとは2002年ソニー、パナソニック、シャープなどがBlu-ray Disc Associationで策定した青紫色半導体レーザーを使用する次世代光ディスク規格である。2008年東芝が次世代DVD規格の対抗馬として推進してきたHD DVD事業の終息を正式発表したことにより、次世代DVDの規格はBDへの完全一本化が確定した。2004年にはシャープがウォーターオーブン・ヘルシオを発売した。「ヘルシー」と減塩＝「減る塩」から命名された同製品は、過熱水蒸気で調理するため、食材の脂が落ちさらに減塩もできることから、健康志向にフィットして人気商品となった。

(8) 家電メーカーの類型

　以上戦前から近年に至るわが国の家電産業を製品の歴史を中心に見てきたが、次にこれらの製品を供給する家電メーカーに目を転じると、それらは大きくみて四つの類型に区分できる。その第一は総合エレクトロニクスメーカー（総合電機メーカー）で、日立製作所、東芝、三菱電機がこれに属する。これらは家電部門と重電部門（発送電設備、鉄道車両、レーダー、大型コンピュータなどを生産）を兼営しているため「重電三社」とも呼ばれる。高度技術を要求される重電部門を兼営しているため基礎技術の開発力には優れているが、製品に関する消費者の細かな要望をくみ上げるのは相対的に苦手であるともいわれる。

　類型の第二は家電エレクトロニクスメーカー（総合家電メーカー）で、松下電器産業（ブランド名「ナショナル」、現パナソニック）、三洋電機、シャープ（1970年まで社名は早川電機）、富士通ゼネラル（初期の有力TV受像機メーカーであった八欧電機がその後ゼネラルに社名を変更した末、富士通の傘下に入ったもの）などが属する。これらは関西に本社を置き、また有力な系列小売店ネットワークを持つ場合が多い。系列小売店は単一のメーカーに商品の供給を依存するため、メーカー側に幅広い商品の開発と製造を求めた。ゆえに総合家電メーカーは、乾電池から白物家電を経て娯楽家電に至るまで、幅広い製品層を維持せざるを得なくなっていった。

　類型の第三はAV（音響＜Audio＞・映像＜Visual＞）系メーカーで、ソニー、日本ビクター、パイオニア、カシオ、ケンウッド、ディアンドエムホールディングス（DENONブランド、日本コロムビアから分社）、オンキヨーなどがこれに属する。AV分野に特化することで性能・品質を高め、ユーザーから絶大なる信頼を寄せられているものが多い。

　類型の第四は通信情報系メーカーで、NEC、富士通、エプソンなどがあげられる。電話局向けに交換機などをおさめることからスタートし、その後大型コンピュータへの参入を経て、今日ではPCや携帯電話などの情報通信機器を中心にしており、情報化・デジタル化の波に乗って急速に成長した。

第11章　家電流通

　類型の第三と第四はともに第一、第二より製品の幅は狭いが、ブランドイメージは高く、若者を中心とするマニアックな顧客に支持されている。松下電器がパナソニックへ改称した理由も、第一には国内外のブランド・社名を統一して経営の合理化を図ることであったが、今日家電の中心となったAV機器やデジタル家電のユーザーに対し、ブランドイメージを向上させることもいま一つの狙いといえる。またAV機器やデジタル家電は、すでにみたように1980年代より急速に国内市場が活性化し、その結果重電系や総合家電メーカーも参入したが、この分野は市場における流行の変化が激しく、近年のソニー、パナソニック、シャープの例にもみられるように、メーカーが急激に業績悪化するケースも多い。

(9) 家電小売業

　以上家電業界の概観を踏まえて、以下に家電流通の歴史的変遷をみていこう。戦前はラジオ商、レコード商、そして百貨店が家電製品を取り扱っていたが、戦後の1950年代から60年代までは、主として家電メーカーにより系列化された個人商店を通じ、家電製品が一般家庭へ供給されていた。松下のナショナルショップとナショナル店会、日立の日立チェーンストール、東芝の東芝ストアー、三菱の三菱電機ストアーなどがそれである。系列小売店は特定のメーカーと契約することで、地域内における独占販売権を保障され、種々の経営支援（ノウハウ、資金）を受けられた。しかしその半面、他社製品の取扱いは厳しく制限され、また「メーカー希望小売価格」を守らなくてはならない（すなわち値引き販売の禁止）という義務を負わされた。このような系列小売店化が1950年代以降進展した理由としては、まず値崩れの防止を図りたいという業界の思惑があった。過度の低価格販売は小売店・問屋・メーカーの経営を圧迫するため、メーカー側は系列小売店に対し、価格競争は避け、競争はもっぱらサービスの充実によるようしむけた。理由の第二は製品技術が未熟であったため、頻繁に修理・メンテナンスが必要であったことがあげられる。そして理由の第三は、ユーザーの電気製品に対する知識が

169

乏しく、購入や維持に身近な販売店によるアドバイスが必要であったことである。

しかし1970年代に入ると、このような家電流通のあり方に変化の兆しがみられた。その第一は勢力を拡大したGMS（総合スーパー）が家電の販売に乗り出し、積極的に低価格販売を展開したことである。その結果松下電器と「価格は消費者が決める」ことを信条とするダイエーの間で、小売価格の決定権をめぐり激しい紛争が勃発した。また1970年代中頃より、独立系家電小売業チェーンが主要駅前に大型店舗の出店を開始した。この時期には家電量販店も鉄道を中心とする公共交通機関の動員力を重視していたのである。

1970年代に家電流通に於いてGMSや独立系小売チェーンが勢力を伸ばした理由としてはまず、消費者にとって購入を希望する家電製品の数（種類）が増え、その結果販売価格を重視する傾向が強まったことがある。次に家電メーカーの技術が向上したため、修理やメンテナンスの必要が低下し、また電子部品を多用するようになった家電製品は構造が複雑化し、小規模な系列小売店では修理が困難になったため、消費者が近隣の系列小売店に依存する必要が低下したことがある。さらに「消費は美徳」の時代風潮により、故障した家電品を修理するよりも、新品に買換えることを選択する消費者が増えたことがあげられる。最後に、消費者の家電製品に対する知識が高まり、そのため系列販売店によるアドバイスの必要が低下したことがあった。

1980年代の中ごろより、独立系家電小売業チェーンが郊外型大型店の出店を開始した。これはモータリゼーションの進展で消費者の行動範囲が広がったため、自家用車での来店を前提に広大な駐車場を確保することが必要となり、そのためには地価の低い郊外への出店が有利になったことによるものであった。また家電製品の種類が豊富になり、複数のメーカーの製品を比較して購買するためには、小売店側も多数の商品を展示できる広大な売り場が必要となり、このことも郊外立地が進展した理由といえる。こうした動きに対しメーカー側は、もはや独立系家電小売業チェーンの存在を無視できなくなり、家電流通の主な経路は次第に系列店からチェーン店へと移行していった。

次いで1990年代に入ると、後半より家電小売チェーン企業同士の競争が全

国的に激化した。そのため和光デンキなど多くの地方家電が姿を消す一方、「価格破壊」を全面的に打ち出したYKK（ヤマダ電機、コジマ、ケーズデンキ）やカメラ系量販店（ビックカメラ、ヨドバシカメラなど）が急速に台頭した。一方従来家電流通において重要な役割を担ってきた東西の電気街（秋葉原や日本橋）は、アニメやゲームの関連商品に特化した「趣都」にその性格を改めていった。

しかし2000年代に入ると、日本社会における高齢化と家電におけるデジタル化の進展に伴い、個人経営の小規模な家電販売店の存在が見直されるようになった。その理由としてはまず、高齢者は自動車が運転できないことが多いため、郊外の大型店にアクセスすることが困難であるということを指摘できる。またデジタル化の進んだ昨今の家電は技術的に高度であり、セッティングやメンテナンスに高密度のサービスが必要となったのが第二の理由である。さらに長期にわたる景気の低迷と環境意識の向上によって、「買うより修理」との考え方が広まったことも、個人経営の店が再評価された背景である。ただしこうした個人商店においては、家電に限らず後継者不足という根本的な問題に直面しており、その解決は不可避の課題となっている。また量販店側でも近年以上のような変化を察知し、かつて総合スーパーが商店街の個人商店を転換させてコンビニチェーンを展開させていったように、個人経営の家電小売店を系列化して地域に密着したサービスを担当させるという動きもみられる。

（10）家電量販店の類型

以上みたように、1970年代以降家電流通における主導権を握ったのは家電量販店チェーンであったが、こうした量販店をその出自（成り立ち）によって分類すると、第一の類型は秋葉原（東京）や日本橋（大阪）といった電器店街の電器店、オーディオ店を発祥とする企業が巨大化し、チェーン展開するようになったものがあげられる。具体的にはジョーシン、ミドリ電化（現エディオン）などである。

類型の第二は、東京では新宿駅や池袋駅、関西では梅田駅などのターミナル駅周辺に拠点をおき、フィルムや三脚といった写真用品の量販店としてスタートした企業である。これらは1990年代以降、AV機器やパソコンを主体とした家電製品の販売割合を高めるとともに、郊外でも駐車場付きの店舗を展開するようになった。ヨドバシカメラ、ビックカメラ、カメラのキタムラなどがこの類型に属する。

　類型の第三は、地方で個人商店として創業し、1990年代以降郊外を中心にチェーンを展開した企業で、特に北関東（群馬県、栃木県、茨城県）に本社・本部・本店を持つチェーンの発展が著しい。具体的にはヤマダ電機、コジマなどである。90年代以降北関東地域で集中的に家電量販店チェーンが発達した基本的要因としては、同地においてモータリゼーションの進展がいちじるしかったことを指摘できるが、そのほかの要因としては北関東地域では夏季に落雷が多く、家電品が頻繁に損傷することもあげられる。

(11) 家電量販店の販売手法

　次に家電量販店の販売手法についてみると、その基本は薄利多売にある。すなわち家電メーカーから大量に安く仕入れた家電製品を、低価格で大量販売することである。加えて在庫の多い店舗から在庫の少ない店舗に商品を融通して各店舗の在庫量を平準化し、品切れ（客を逃す）と売れ残り（小売価格の上昇につながる）による損失を回避する手法も導入している。さらに「他社のチラシを持ってくればそれより○％安くする」などと広告し、他店と比較して一円でも安い売値を客に提示する手法も用いられている。

　かつて家電の安売りを行う店では、売り手と買い手の個別交渉による「値切り」が盛んに行われていたが、近年はポイント制による還元手法が勢力を拡大している。その理由をまず売手である量販店の側からみると、第一にこれによって固定客を確保することであり、第二に顧客情報を収集・蓄積することにって売れ筋商品を見定め、無駄のない仕入れを行うことにある。一方買手の側からみると、ポイント制には取得したチェーン店でしかそのポイン

第 11 章　家電流通

トを使用できないという短所がある反面、売手との駆け引きが苦手な人でも得意な人と同じ割引価格での購入が可能になるという長所がみとめられる。このポイント制を全面に押し出したヨドバシカメラが大阪・梅田に進出する際、「値切り」にたけた大阪の消費者がポイント制に馴染むか否かが注目されたが、結果的にヨドバシは梅田の新名所として多くの顧客を引き付けており、近年は大阪の消費者の気質も変化していることを示す結果となった。

第十二章

プロ野球の経営史(1)
エンターテイメント産業・1

(1) 第二次大戦前―わが国におけるプロ野球の始まり

　戦後日本において国民的娯楽といわれたプロ野球ではあるが、近年に至りさまざまな問題が浮上し、その行く末を試行錯誤しているのが現在の状況といえよう。本章ではこうしたプロ野球を、球団とその経営母体であるオーナー企業との関係を中心にふりかえることによって、今後の動向をうらなう一助としたい。

　1871年9月30日、横浜の外国人居留民とアメリカ軍艦・コロラド号乗組員との間で野球の試合が行われた。これがわが国で行われた初めての野球であった。また1872年頃には、第一番中学（現在の東京大学）の教師ホーレス・ウィルソンによって、学生たちの間に野球が広まった。

　20世紀に入ると、1907年には初の有料試合が行われ、また翌1908年にはアメリカのプロ野球チーム（マイナー主体）が初来日した。1909年には羽田球場が建設され、日本運動倶楽部が設立された。1913年、箕面有馬電気軌道（のちの阪急電鉄）が豊中グラウンド（運動場）を開設した。総面積約2万㎡、一周400mのトラックを有し、陸上競技場としても使用可能であったこの豊中グラウンドで、1915年、第1回の全国中等学校優勝野球大会（現在の全国高等学校野球選手権大会）が開催された。しかし同大会は、のち阪神電鉄の開設した鳴尾グラウンドを経て阪神甲子園球場へとその舞台を移していった（後述）。

　1920年、わが国初のプロ野球チーム・合資会社日本運動協会が設立された。

第 12 章　プロ野球の経営史(1)

　当時、野球界の中心であった早稲田大学、慶応義塾大学、一高（旧制第一高等学校）、学習院の出身者で、野球を愛好する河野安通志、橋戸信、押川清らが出資して作った日本運動協会は、もともと東京・芝浦の埋め立て地に設けた運動場の経営を主な目的とする組織であり、それが結果的に専属チームの結成に至ったのである。「野球を職業にする」ということを思いもつかない時代に「球場を持つ以上、チームをもたなければならぬ」と考え選手を募集したことは、画期的であった。

　しかし 1923 年の関東大震災により、大きな痛手を負った日本運動協会は解散へと追い込まれた。その後、日本運動協会の河野安通志監督と所属選手たちは、阪急電鉄の小林一三（いちぞう）の好意で関西に居を移し、宝塚運動協会として再結成された。これは球場のそばに合宿し、午前中は英語、簿記、ソロバンを学ぶ一種の「学校チーム」であった。社会人チームと対戦し、あるいは満洲（現中国東北部）や朝鮮に遠征を行ったが、結局これも 1929 年解散に至った。

　1922 年、京阪電鉄が京阪グラウンドを大阪府北河内郡豊野村（現在の寝屋川市）に開設した。陸上競技場、野球場、テニスコートを備え、建設には大阪朝日新聞運動部が協力していた。このうち野球場については、大学チームや、京阪自身もチームを保有していた実業団（社会人チーム）の公式戦や練習試合に使用され、1923 年には先に述べたプロ球団・日本運動協会が実業団の強豪・大毎野球団（大阪毎日新聞が運営）と対戦している。その後同グラウンドでは、野球場を改装し選抜中等学校野球大会を誘致する計画もあったが、当時の京阪電鉄は他部門への投資に多額の資金を要したため、実現には至らなかった。

　1924 年には阪神電気鉄道が甲子園球場を開設した。かつて阪急の豊中グラウンドで開催されていた全国中等学校優勝野球大会は、1917 年の第 3 回以降阪神の経営する鳴尾球場で開催されていた。しかし人気が沸騰して観客を収容しきれなくなったため、これに代わる会場として阪神電鉄は本格的な球場の建設を進めることにしたのである。かくして 1924 年の第 10 回大会より全国中等学校優勝野球大会は、甲子園球場で開催されることとなった。

　さらに 1928 年 5 月、大阪鉄道（現・近畿日本鉄道南大阪線）が、住宅地に

175

自然体験学習のための花卉園(かきえん)や果樹園、そしてスポーツ施設を併設した藤井寺経営地へ藤井寺球場を開場した。戦後は近鉄球団の本拠地となったこの球場は、阪神の甲子園球場が全国中等学校優勝野球大会の舞台として人気を博していたことに刺激を受け、総工費70万円を投じて建設されたもので、その敷地面積は5万9000㎡と甲子園球場をしのぎ、また大鉄傘(だいてっさん)が備えられた内野席と芝生の外野席を合わせた収容人員は7万人とされた。このように関西の民鉄主要企業各社は、本格的プロ野球の発足以前より、球場の建設を通じて野球とのかかわりを深めつつあったのである。

(2) 日米野球とプロ球団の誕生

1930年夏、池田林儀(報知新聞論説委員)は、正力松太郎(讀賣新聞社主)に大リーグ選抜チーム招聘を提案した。この話を前向きに受け止めた正力は、まず9月、早大野球部の監督であった市岡忠男を讀賣新聞に運動部長として入社させ、大リーグ選抜チームの受け入れ態勢を確立した。一方これと対戦する日本代表チーム(全日本軍)については、その選手を讀賣新聞紙上での人気投票によって選出することにより、日米野球の前人気を大いに煽った。

かくして1931年11月、第一回の日米野球が開催された。快速球・スモークボールで知られるグローブ投手や、強打者ルー・ゲーリッグを含む14人の豪華メンバーが来日し、多くのファンを熱狂させたこの催しは、讀賣新聞の評価を高めるとともに、部数拡大に大きく貢献した。さらに1934年、第二回の日米野球が開催され、大リーグ不世出のスーパースターとして来日の待望されていたベーブ・ルースが選抜チームに初参加した。日本側では京都商業出身の沢村栄治が球史に残る力投を見せ、日米野球は再び大成功をおさめた。そしてこの年12月、日米野球のために結成された全日本軍を母体として、プロ球団・大日本東京野球倶楽部(讀賣ジャイアンツの前身)が創設された。

1936年、阪神電気鉄道により大阪野球倶楽部(大阪タイガース、1961年より阪神タイガース)が設立された。ただしタイガースは戦後にフランチャイズ制が明確化されるまで甲子園を必ずしも専用球場とはせず、従って球場を

第 12 章　プロ野球の経営史(1)

有しない他球団も甲子園を主催試合に使用することができた。またこの年、日本職業野球連盟が設立されるとともに、大日本野球連盟名古屋協会（名古屋軍）、東京野球協会（東京セネタース）、名古屋野球倶楽部（名古屋金鯱軍）、大阪阪急野球協会（阪急職業野球団、通称阪急軍、1947 年より阪急ブレーブス）、大日本野球連盟東京協会（大東京軍）が発足し、今日のようなペナントレースが始まった。1936 年 4 月 29 日、渡米中の巨人軍を除く 6 球団が甲子園球場に集結し、第 1 回日本職業野球リーグ戦が総当たり戦形式で行われた。このリーグ戦は 5 月 5 日、セネタースが名古屋軍を 6 対 2 で下し、4 勝 1 敗で優勝したが、7 日間の有料入場者は 1 万 9164 人、一日平均では 3000 人弱に過ぎなかった。早稲田大学の出身者で固めたタイガースに対し、阪急軍は創業者・小林一三の後輩にあたる慶応義塾大学出身のスター選手を揃えていた。

　プロ野球（このころは職業野球と呼ばれた）の発足当時、プロよりも東京六大学の方が、その人気は遥かに上であった。そもそもスポーツで金を稼ぐこと自体が邪道と見られており、大学の野球部を卒業してプロ野球入りした選手の中には、母校の同窓会から除名されたものもあったという。また第二次大戦後も長らく明治神宮球場は「大学野球のメッカ」として、プロ野球の使用を認めていなかった。このような状況であったから、プロ野球のための球場建設は思うにまかせなかった。

　1936 年 9 月に上井草、同年 10 月洲崎とプロ野球の専用球場が開設された。洲崎球場は大東京軍の結成とともに、東京ガスの資材置場を転用して開設されたもので、敷地は 1 万坪、木造のスタンドを設けた。上井草球場は 1935 年 8 月に鶴見祐輔、駒井重次氏らを発起人とする「日本野球協会」が結成された際、建設計画が発表されたものであった。しかし上井草は交通の便が悪く、また洲崎は満潮時には海水で浸水するなど問題があり、多くの観客を集めるには至らなかった。その人気が低迷していた様は、1937 年 7 月 17 日洲崎球場で開催されたイーグルス対金鯱のダブルヘッダー（一日に二試合を開催すること）で、スタンドの観客がわずか 90 人というプロ野球界ではいまだ破られぬワースト記録が樹立されたことに表われている。このころ各球場では家庭の主婦に招待券を配布し、また芸者やダンサーを特別に招待するなど観客

動員に努めていたが、その結果がこの有様であった。同じころ名古屋では入場者に弁当を配布するという大盤振る舞いのサービスを行ったにもかかわらず、観客をわずか150人しか動員できなかったという記録まで残されている。

　1937年、阪急西宮球場が開場した。米メジャー・リーグ球団（シカゴ・カブスとクリーブランド・インディアンス）の本拠地球場を参考として設計したもので、日本初の鉄傘付き二階席を設けた他、当時としては異例の背もたれ付き椅子を備えた内野席、また5万7000人収容の観覧席は、どの席に座っても本塁に視線が合うよう工夫がなされていた。内野グラウンドにも芝が張られ、内野の建物は5階建て、正面塔屋は9階建てで、両翼91m、中堅120mの堂々たる大球場であった。浴場などの選手用施設や、記者室、郵便局、そして当時では珍しかった男女別のトイレなど内部施設も充実していた。また将来のナイトゲーム開催に備え、いつでも照明設備を設置できるよう準備がなされていた。このように西宮球場は、当時最新・最高の設備を備えた本拠地球場であり、同年9月東京に開場した後楽園球場と比較しても、内容ではそれを大幅にしのぐものであった。これらは小林一三のプロ野球にかける意気込みと、ライバル・阪神電鉄および大阪タイガースへの対抗意識を示すものであったといえる。1937年8月29日、この西宮球場に8球団が集結し、秋季リーグ戦が開幕したが、この日の2万1408人が同年におけるプロ野球の最多入場者記録であった。

　プロ野球用の球場として西宮球場に続いたのは東京の後楽園球場である。陸軍の砲兵工廠が福岡県小倉に移転した際、移転費用が予定を上回ったため、大蔵省が跡地の払い下げで差額を調達しようとしていたところに球場の建設計画が遭遇し、1万1000坪の敷地が坪90円で払い下げられた。ニューヨーク・ヤンキースの本拠地・ヤンキースタジアムをモデルとした円形スタイルを採用し、収容人員は内野席4万人、外野席3万5000人の計7万とする計画であったが、直後に勃発した日中戦争の影響で建設資材の価格が高騰したため、内野席2万人、外野席1万人の計3万人に縮小された。またナイトゲーム用の照明設備も計画されたが、こちらも戦前は計画のみに終わった。

　小林一三、正力松太郎、五島慶太、大谷竹次郎らが株主に名を連ねる「株

式会社後楽園スタジアム」の設立趣意書は、東西の代表的電鉄企業家や演劇界の重鎮が名を連ねている点が興味深いが、これによると、プロ野球興業だけでは採算がとれる見通しが立たなかったため、球場の観覧席下に1カ月1台50円の貸ガレージを設けて月間収入2万5000円を確保し、また野球の試合が行われない日にはグラウンドでレビューやページェントなどの野天興行を行って、それらで収入不足を補おうという工夫がみられた。後楽園球場での初試合は、1937年9月11日完工式直後のプロ野球オールスター紅白戦であった。またこの年、同球場を本拠地とするプロ球団として後楽園野球倶楽部（後楽園イーグルス）が結成され、日本職業野球連盟に加わった。

　開場から2年間、後楽園球場は観客動員で苦戦した。プロ野球自体の人気が低迷していた上に、球場周辺が未だ市街地としては未開発であったためである。後楽園が開場した1937年、東京六大学が平均4〜5万人の観客を動員し、人気筆頭の早稲田大学などは練習にさえ5000人前後の観衆を集めていたこの年、プロ野球春季リーグの1試合当たり平均観客動員は1100人にすぎなかった。しかし1939年6月3日と4日の両日に後楽園で開催された東西対抗リーグ戦（優勝をかけた神宮球場での早慶戦と同日開催）が人気を呼び、以降プロ野球の平均観客動員は1939年1万4000人、翌40年には1万8500人に達し、興行的基盤を確立した。

　この他1938年には関西の民鉄企業である南海鉄道が南海軍を設立し、1939年にはその本拠地球場として中百舌鳥球場が完成している。ただし以後も南海軍の公式戦は、主として阪急西宮球場と阪神甲子園球場で開催された。また1944年、戦時統制によるオーナー企業の合併（南海鉄道と関西急行電鉄の合併により近畿日本鉄道が発足）にともない、南海軍は球団名を近畿日本に改称した。

　1939年、戦時体制への移行にともない、日本職業野球連盟は日本野球連盟に改称した。しかし1941年12月の日米開戦以降、アメリカを発祥とするプロ野球をめぐる状況は悪化の一途を辿り、そのため日本野球連盟は1944年日本野球報国会に改称した末、同年11月13日活動休止に追い込まれた。また沢村栄治など多くのプロ野球選手が戦争に動員され、還らぬ人となった。

第十三章

プロ野球の経営史(2)
エンターテイメント産業・2

(1) 2リーグ制の発足

　終戦より間もない1945年11月6日、日本野球連盟は讀賣、名古屋、阪神、阪急、近畿日本、朝日の6球団代表が集まり復活を正式に決定するとともに、新生球団セネタースの加入も承認した。そして11月23日には東西対抗戦を開催した。そこに登場したセネタースの大下弘は、戦前の打者にはみることのできなかった、青空に白球が華麗に舞う大ホームランを放ち、「青バットの大下」として一躍戦後球界のヒーローとなった。翌1946年3月27日には、ペナントレースが再開された。優勝は讀賣と、南海改め近畿日本グレートリングの争いとなり、11月3日の最終戦は人気を呼んで祝日の後楽園球場に3万4708人もの観客が集まった（なお近畿日本は1947年、オーナー企業の分離にともない南海ホークスに改称した）。1947年1月7日には経営難のセネタースを東京急行電鉄が買収し、「東急フライヤーズ」と改称した。

　1949年4月、公職追放となり讀賣新聞社主の座を馬場恒悟に譲った正力松太郎は、日本野球連盟の名誉会長に就任し、わが国初のプロ野球コミッショナーとなった。正力はプロ野球の一層の発展を期し、讀賣新聞のライバルで社会人チーム・大毎野球団を擁しプロ野球に関心を示していた毎日新聞に働きかけ、米大リーグに倣いプロ野球の2リーグ化を推進した。その結果、同年末にセントラル野球連盟（セントラル・リーグ）と太平洋野球連盟（パシフィック・リーグ）から成る2リーグ制が発足した。

　セ・リーグには讀賣ジャイアンツ＜讀賣新聞社＞のほか、大阪タイガース

第 13 章　プロ野球の経営史(2)

＜阪神電気鉄道＞、中日ドラゴンズ＜中日新聞社＞、国鉄スワローズ＜鉄道弘済会＞、松竹ロビンス＜松竹＞、広島カープ、大洋ホエールズ＜大洋漁業＞、西日本パイレーツ＜西日本新聞＞の各チームが所属した（＜　＞内はオーナー企業の名称）。タイガースの場合、他の関西民鉄チームと足並みを揃え、パ・リーグに所属する予定であった。1リーグ時代の阪急-阪神戦は、今日でいう「ダービーマッチ」として阪神地域で人気を博していた。だが結局「伝統の神巨戦」を重視した阪神は、タイガースをセ・リーグに参加させることとしたのである。一方パ・リーグには、毎日新聞の結成した毎日オリオンズの他、阪急ブレーブス＜京阪神急行電鉄＞、南海ホークス＜南海電気鉄道＞、近鉄パールス＜近畿日本鉄道＞、西鉄ライオンズ＜西日本鉄道＞、東急フライヤーズ＜東京急行電鉄＞、大映スターズ＜大映＞が参加していた。

　1950年、南海ホークスのホームグラウンドとして、大阪球場が難波駅前の専売局工場跡地に開場し、「昭和の大阪城」と呼ばれた。副収入を得るため観客席下に多数のテナントを入居させるスペースを確保することと、狭い敷地に極力多くの客席を設けるという2つの目的によってスタンドを急傾斜に設計したため、「すり鉢球場」とも呼ばれたこの大阪球場は、1951年関西地区の球場で初めて夜間照明設備を設置し、ナイトゲームを実施した。また内野スタンドには日本初のボックス席を設けた。本格的ホームグラウンドを得た南海はその後1951年よりリーグ3連覇を達成し、また1959年には日本シリーズを初制覇して「涙の御堂筋パレード」を行うなど、日本シリーズ三連覇（1956～58年）の西鉄ライオンズを最大のライバルとして黄金時代を謳歌した。

　一方阪急ブレーブスのホームグラウンドである西宮球場も、1952年に夜間照明設備を完成させた。当時の阪急ブレーブスはナイトゲームの勝率が高く、「夜の勇者」と呼ばれた。なお戦後の西宮球場は、プロ野球や第1回国民体育大会、ボクシング、サッカー、アメリカンフットボールなどのスポーツ行事のほか、コンサート、演芸会など多様な催物が開催され、さらに1949年からは競輪を開催し大衆娯楽として人気を得るなど、多面的な利用が図られた。これらに遅れて1956年、タイガースの本拠地である甲子園球場にも夜間照明

設備が完成した。

　しかしその後、プロ野球の流れはパ・リーグにとっては厳しい方向へと進んでいった。1959年6月25日、初の天覧試合となった讀賣―阪神戦が後楽園球場で開催された。前年六大学のスーパースターとして立教大学より入団した長嶋茂雄は、この試合でタイガースのエース・村山実から劇的なサヨナラ本塁打を放った。これにより長嶋の人気は不動のものとなり、王貞治とのON砲によりジャイアンツの9年連続日本一に貢献し、プロ野球人気の牽引車となった。これにより次第にセ・リーグとパ・リーグの人気（観客動員）は差が開いていった。

　1965年、第1回のドラフト会議が開催された。くじ引きで選手との入団交渉権を球団に与えることにより、契約金の高騰を防ぎ、また各球団の勢力を均衡化するのがその目的であった。しかし1969年の黒い霧事件では、野球賭博への関与が疑われた選手が多数処分を受け、中には球界を永久追放になった者もあり、特にパ・リーグで関与したとみられるものが多かったことで、さらにパ・リーグは大きなダメージを受けた。

(2) パ・リーグの危機と日本ハムの球界参入

　1963年8月、当時業界3位の徳島ハムと業界4位の鳥清ハム（和歌山）が合併し、日本ハム株式会社が誕生した（本社・大阪市）。しかし新ブランドの浸透は、とりわけ首都圏を中心とする東日本地域においては、遅々として進まなかった。そこで知名度の向上策としてバレーボールやゴルフなどさまざまなスポーツへの参入を検討した結果、最終的にもっとも効果が期待できるものとして選ばれたのがプロ野球であった。当時日本ハムはナイター中継のスポンサーとして週4回のテレビCMに年間2億円の広告費を費やしていたが、球団を保有した場合なら年間2～3億の経費負担ではるかに大きな広告効果が期待できたためである。

　1973年5月、藍綬褒章受章祝賀パーティの席上で、日本ハム社長の大社義規は、大社と同じく香川県高松市の出身で、西鉄ライオンズ黄金時代の中心

第 13 章　プロ野球の経営史(2)

打者として球史に名を残す中西太から球団経営の打診を受けた。その結果大社は、中西の岳父・三原脩に、経営権の譲渡先を探していた日拓ホームフライヤーズ・西村昭孝オーナーとの仲介を依頼した。

　当時西村は球団経営への意欲を低下させていた。その理由としてはまず、1973 年、二シーズン制（ペナントレースを前期と後期に分け、それぞれ優勝チームを決め、前期と後期の優勝チームがプレーオフを行って年間優勝チームを決定する方式）の導入とロッテオリオンズ・金田正一監督の人気、そしてロッテと太平洋クラブライオンズの「因縁の対決」などにより、パ・リーグの他の五球団がすべて大きく観客動員を伸ばす中、フライヤーズのみが観客動員を減少させ、予想外の赤字が発生したことがある。また不動産事業を営むオーナー企業・日拓ホームが、石油危機を契機とする経営環境の激変により、業績不振に陥っていたことも、西村が球団経営に意欲を失った今一つの原因であった。

　そこで西村は、まずコインクーラー（100 円硬貨を投入することで一定時間使用できるクーラーをレンタルするもの）事業で人気を博していた日本熱学への売却を画策したものの、失敗に終わった。次いで本拠地・東京スタジアムを失い球場難に直面していたロッテオリオンズ（後述）との球団合併を試みた。しかしこの合併計画も他球団からの猛反発で挫折した。かくして打つ手を失った西村は、日本ハムへの球団譲渡を決意したのである。

　1973 年 11 月 17 日、新球団・日本ハムファイターズが誕生した。第一次石油ショック後の、日本経済が極めて厳しい局面にある中、年間 2 億円ほどの経費増が予想される球団買収に対しては、銀行筋から「道楽が過ぎる」との批判もあった。球団買収を発表した直後、日本ハムの株価は 10 円下落したという。しかし大社は「むしろ不況だからこそ球団買収が可能になり、また意義が高まる」とそれらの反対を押し切り、買収を決断したのである。

　さてこうした球団保有は、日本ハムの経営にどのような効果をもたらしたのであろうか。まず指摘できることは、知名度の向上である。1974 年（球団買収の翌年）、専門調査機関に委嘱し東京・大阪・名古屋で試みたアンケートでは、「日本ハムを知っている」のは主婦層の 11 ％に過ぎなかった。ところ

が1979年に74年と同様の調査を行ったところ、「日本ハムを知っている」主婦の割合は30％と大幅にアップしていた。また企業としての知名度が高まったことで、新入社員の募集も容易となった。1981年（初優勝の年）、日本ハム球団の赤字は年間約3億円に達していたが、これは当時日本ハムの年間広告宣伝費（約32億円）の1割程度にすぎなかった。一方電通の試算によれば、この頃日本ハム球団の宣伝効果は年間23億円に達していたのである。

効果の第2は業績の向上である。売上高は大幅に伸び、球団買収前の1973年7月決算では850億円であったものが、買収の翌年にあたる1974年には1091億円まで伸び、プリマハムを抜いて業界第二位に浮上し、また以後首位伊藤ハムに迫る勢いを示した。そして1980年代に入ると、伊藤ハムを抜いて売上高業界第一位に踊り出たのである。また営業利益も増加し、1976年以降は伊藤ハムを抜き業界一位となった。この他地域別売上の変化を見ても、球団買収前の日本ハムでは名古屋以西の売上げが6割をしめていたが、買収後はこれが逆転し、東日本が6割を占めるに至った。このように球団買収は、日本ハムにとって悲願であった、首都圏を中心とする東日本地区での市場開拓に大きく貢献したのである。

一方日本ハムの球界参入は、日本のプロ野球にも大きな影響を及ぼした。それは第一に、パ・リーグを消滅の危機から救ったことである。日本ハムの球界参入当時、ファイターズの属するパ・リーグは、「黒い霧事件」の余波で観客動員が大きく落ち込み、"V9"の黄金時代を謳歌するジャイアンツを中心とするセ・リーグに大きく差をつけられていた。その結果1972年には、西鉄がゴルフ場運営企業・太平洋クラブをスポンサーとする福岡野球株式会社へ、また東映が日拓ホームへと球団身売りが相次いだ。しかも東映から球団経営を引き継いだ日拓ホーム、そしてそれが行き詰まった際譲渡先として名前の挙がった企業のいくつかは、プロ野球のオーナー企業としては経営基盤が脆弱に過ぎた。これに対し日本ハムは、球界に参入する以前においてもハム・ソーセージ業界では常に売上高で首位を争う企業であり、経営の安定性では先にあげた企業とは比較にならない存在であった。日本ハムの球界参入は、のちにライオンズを買収した西武鉄道グループと並び、存亡の危機にあ

ったパ・リーグの存立基盤を立て直したという点で、わが国プロ野球の歴史において特筆すべき重要性を持つ出来事であった。

　日本ハムの球界参入が日本のプロ野球に及ぼした影響の第二は、球団の運営手法に革新をもたらしたことであった。ファイターズの球団社長・代表・総監督には三原脩、初代監督には中西太がそれぞれ就任した。三原は讀賣の選手・監督を振出しに、西鉄・大洋・近鉄・ヤクルトで監督を歴任し、西鉄では日本シリーズ三連覇を達成してライオンズの黄金時代を築き、また大洋でも前年度の最下位チームを就任一年目で初のリーグ優勝そして日本一へと導くなど、わが国のプロ野球を代表する名監督の一人で、「魔術師」の異名を奉られていた。それまでわが国のプロ野球界においては、球団の社長・代表には現場経験を持たないオーナー企業の社員が就任するのが通例であった。たとえば阪神タイガースの場合、球団の社長には阪神電鉄の部長クラスの人材が就任するのが常であったが、1978年10月、トップ・マネジメントから初めて、電鉄専務取締役の小津正次郎が社長に就任することにより陣容が強化された。しかしその小津とても、プロ野球の現場を知り尽くしていたとは言い難い人物であった。そのため日本ハムの人事は、球界の新時代を開くものとして注目された。

　三原の球団社長就任が球団経営にもたらした効果の一例として、例年難航する大物選手との契約更改交渉が円滑に進むようになったことがある。三原は「私は実情を知っているので、いままでのように選手に"ゴネ得"はさせない」と宣言し、交渉に臨んだ。その結果、2度の本塁打王に輝く大杉勝男や当時の日本最高打率記録を保持していた張本勲といった当時ファイターズを代表する大物で、それまでは更改交渉で必ず一度は態度を保留していた選手が、ただ一度の交渉で契約書にサインしたのである。選手らは「ウチの社長は現場を熟知しているからやりにくい」とボヤく一方、「前より正当に評価してくれるから、かえっていい」（張本）と好意的な見方も示していた。さらに三原は選手との更改日を限定し、交渉時間を若手は30分、主力は1時間に絞る、などの新たな手法を導入していた。

　こうした新体制によってチームの改造を進めた結果、発足直後こそ1973・

74年とも前後期通算最下位と低迷を続けたものの、1976年監督が親分こと大沢啓二（のちにTVニュースショー番組のスポーツコーナーにおいて名物コメンテーターとして活躍）に交代して以降、ファイターズの成績は着実に上向き、1978年には初のAクラス入り（3位）を果たした。そして1981年10月には悲願のパ・リーグ初優勝を遂げた（翌82年も後期優勝）。

　優勝を果たした結果、それまで讀賣と日本ハム両球団の試合に共通のものとして販売されてきた本拠地・後楽園球場の年間予約席を、1982年のシーズンからは日本ハムでも独自に販売できることとなった。それまでは販売努力をする必要がない代わりに分配金も少なかったが、独自販売によって増収が可能となったのである。当時後楽園球場でもっとも料金の高い指定A席（5700席）は一席25万円で販売されており、このうち球場使用料として後楽園に30％が支払われ、残額の70％を85対15の比率で讀賣と日本ハムが分配していた。すなわち日本ハムの取り分は25万円のうち2万6千円余に過ぎなかったのである。この「不平等条約」については、改定を目ざして数年越しの交渉が重ねられてきたが、初優勝の翌年にあたる82年よりようやく独自の年間予約券を販売することが可能になったのである。日本ハムの試合のみの年間指定A席券は1枚の価格が11万円とされたが、81年シーズンオフ突入の時点ですでに約8割が売れ、11月一杯で完売の見通しであった。独自券による日本ハムの手取りは7万7000円となり、81年のシーズンに比べ3倍近い増収が見込まれていた。A席は5700席であったから、およそ3億円の増収となり、またこれにB席とC席を加えれば年間予約席だけでおよそ5億円前後の増収で、球団経営が大きく好転することが期待されていた。

　また日本ハムは観客動員にも独自の工夫をこらした。人気の面でハンディが大きいといわれたパ・リーグにあって、球団経営二シーズン目の1975年に、ファンクラブ・少年ファイターズを組織し、会員である児童に野球帽を配布する、内野席を無料開放する、など長期的視点にたつファン開拓の様々な努力がなされた。その結果会員数も初年度1万人、翌76年は2万2000人、78年3万5000人と急増した。こうした努力が次第に実を結び、発足直後50万人台にとどまっていたチーム観客動員は、1977年100万人を突破し、さら

に1980年には151万人を達成した。これは当時のパ・リーグでは西武ライオンズとならぶ高い数字で、人気のセ・リーグでも中位に属するものであった。

さらに日本ハムは米大リーグの名門・NYヤンキースと業務提携を行った。提携の目的は、チーム発足当初観客動員と成績のいずれもが不振であったため、メジャー・リーグの球団と提携し、その豊富な球団経営のノウハウを吸収することであった。名門・ヤンキースとの交渉は困難をきわめ、一時は提携先を他球団に変更しようとする動きもみられたが、ファイターズのオーナーであった大社義規は、あくまでもヤンキースとの提携にこだわった。この提携には、当時日本ハムの大株主であった三菱商事が一役かっていた。

(3) 西武ライオンズの誕生

1970年代の後半、経営危機に陥っていたパ・リーグのチームを買収、短期間で黄金時代を築き上げ、プロ野球の活性化に貢献した企業としては、これまで見た日本ハムのほかに、西武鉄道グループの存在を逸することはできない。

グループの総帥・堤義明のもとへ球団買収の提案があったのは1978年夏のことであったが、西武グループはこれより前から、すでにプロ野球とのかかわりを持っていた。年間3億円に達する赤字を抱えた大洋ホエールズのオーナー中部謙吉から、球団への資金提供の打診を受けていたのである。この申し出を堤は受け入れ、1976年に総額3億円の株式を保有することになった。これは大洋球団全株式の45％に相当するものであった。そのため西武が球界に参入する場合は、ホエールズを買収するものと当時は見られていた。

また西武は大洋球団の本拠地移転にも関与していた。ホエールズが川崎から横浜へ本拠地を移転するに際し、横浜市関内に横浜市が所有する土地へ横浜スタジアムを建設することになった。その際、長期契約のボックス席「オーナーズシート」を売り出すとともに、球場建設関連会社や放送局に球場の株を保有させ、建設資金のうち40億円を調達したのが堤義明であった。かくして1978年4月4日、大洋ホエールズあらため横浜大洋ホエールズは新球場

の開場に臨んだ。老朽化した横浜公園平和野球場の跡地に竣工した横浜スタジアムは、施設は横浜市が所有し、市などの出資による第三セクター・株式会社横浜スタジアムが運営管理を行うものであった。横浜のイニシャル"Y"を模した逆三角形の6基の照明塔が特徴で、また落成時には日本のプロ野球本拠地球場の中で両翼・中堅までの距離が最も遠い球場であった。全面人工芝グラウンドと電光掲示式スコアボード、および映像表示装置が設備され、また内野観客席の一部を移動させることによりプロ野球以外の興行への使用を可能とした日本で初めての多目的スタジアムで、プロ野球の本拠地球場に新たな時代をもたらすものであった。

　またこの時期、西武は社会人野球チーム・プリンスホテルを結成し、それと同時に埼玉県所沢市の丘陵地で球場の建設にとりかかった。堤はこの新球場をプリンスホテルの本拠地にすると同時に、プロ野球のゲームを誘致して興行するという構想を抱いていた。プロ興行の目玉としては、ジャイアンツが毎年北陸や東北で行っている地方遠征試合を誘致するつもりであった。ところがジャイアンツの地方遠征試合は、親会社である讀賣新聞の販売戦略の一環として位置づけられ、新聞販売ではすでに優位に立っている首都圏で、しかも球場を借りてまで興行するメリットを、讀賣新聞側は認めなかった。ジャイアンツの試合誘致が不可能であれば、新球場の維持が困難となることは容易に予測できた。そこへ浮上したのがライオンズの売却交渉であった。

　西武がライオンズを買収するに当たり問題となったことのひとつは、先に述べた大洋球団株の保有であった。野球協約では、試合の公正を保つため、同一の企業が複数球団の経営に携わることを禁じている。そのため西武は保有していた横浜大洋ホエールズの株を売却することとなった。このとき大洋球団株に、当時フジ・サンケイグループを率いていた鹿内信隆は15億円の評価を示した。横浜球場での大洋－讀賣戦13試合の放映権をフジテレビが独占することがその狙いであった。しかし大洋球団側が東京放送（TBS）の参加を認めたため、フジテレビの放映権独占は成らず、西武保有の45％は二社に分配された。その総額は12億円に達し、これがライオンズの買収資金となった。弱体化の著しかった当時のライオンズは8億円近くに達するといわれた

第13章 プロ野球の経営史(2)

負債を含め、10億円程度で買収することができたという。

　1978年10月12日、プロ野球の最高議決機関である実行委員会とオーナー会議において、クラウンライター・ライオンズを経営する福岡野球株式会社から、西武への経営権譲渡が正式に承認された。以後の西武は、系列のグループあげてライオンズの宣伝に努めた。西武はすでにアイスホッケーの社会人チーム二つ（西武鉄道と国土計画）を擁していたが、競技人口とファンが多いプロ野球チームとは、世間の注目度で大きな差があった。鉄道、ホテル、ゴルフ場、スキー場などの「集客事業」を全国各地で展開する西武にとって、ライオンズは企業のイメージアップをはかる格好の手立てとなったのである。また西武が買収した当時のライオンズは、「怪物」江川卓との入団交渉権を保持していた。前年のドラフトでライオンズに指名されながら、あくまで本命はジャイアンツとしてこれを拒み続けた江川の入団先に対する世間の注目度は高く、そのため西武の名は「全国区」となった。当時西武の知名度といえば、栃木県に在住していた江川の父親でさえ「西武がどのぐらいすごい会社か知らなかった」と漏らしたといわれている程度で、関西や九州ではさらに知名度は低かったのである。

　球団買収による知名度の向上は、国土計画を頂点とする西武鉄道グループのリゾート開発をスムースに展開させる効果をもたらした。ゴルフ場やスキー場にホテルを組みあわせる西武のリゾート開発は、地元自治体からの要請を受けて行われるものが多かったが、こうした要請は球場の買収後に急増したという。また西武は「漫画の神様」手塚治虫から漫画「ジャングル大帝」の主人公である「レオ」の使用権を得て、チームのペットマークとし、イメージの向上に努めた。

　西武ライオンズの本拠地である所沢球場（西武ライオンズ球場）は、収容人員3万7000人、グラウンド面積1万3250㎡で、建設費40億円を投じ、スタンドの最上段にはガラス張りでボックスシートの客のみ利用できる高級レストランを設け、また環境に配慮して広告看板はとり付けさせなかった。プロ野球の試合が行われない日は一般にも球場を開放し、球場使用料は平日で12万円（二時間）、休日で15万円とした。また球場周辺に狭山人工スキー場、

テニスコートも開設した。これにより所沢に野球場を中心とする一大レジャーゾーンが完成したのである。

発足初年、西武ライオンズは開幕より12連敗を記録したが、その観客動員数は138万5000人に達し、パ・リーグでは断然トップであった。しかもかつて広島カープ監督として1975年からの黄金時代の基礎をつくり、またこの時はクラウンライターライオンズの監督であった根本陸夫にチーム作りを全権委任し、また豊富に資金を投入した結果、西武ライオンズは球団買収から4年目の1982年、早くも日本一の栄冠に輝いた。

(4) 永田雅一とオリオンズ、東京球場

昨今は千葉県の地域密着型球団として、白いタオルを用いたファンの応援パフォーマンスで知られ、パ・リーグにおける優勝争いの常連ともなった千葉ロッテマリーンズではあるが、その前身であるオリオンズ（毎日→大毎→東京→ロッテ）は、フライヤーズ（→ファイターズ）やライオンズと同様、1970年代にチーム成績の低迷とオーナー企業の業績不振により経営主体の交代がみられたパ・リーグのチームであるとともに、一度は球界の先端を行く近代的球場を本拠地としながら、その後一転してそれを失い、本拠地を求めて転々とするという、フライヤーズやライオンズが経験することのなかった特異な歴史を有するチームである。そこでここでは、オリオンズの歩みをふりかえることにしたい。

1949年9月21日に日本野球連盟への加入を求めながら、ジャイアンツのオーナー企業である讀賣新聞社との調整が不調に終わった毎日新聞社は、新規加入を切望する他球団と計らって太平洋野球連盟（パシフィック・リーグ）の結成に踏み切った。毎日にプロ野球への参入をすすめた正力松太郎は、当時讀賣新聞社の経営から離れており、正力と讀賣の意思は一致していなかったのである。毎日球団は、創設準備が完了した1949年12月、ファン投票第5位のオリオンズをニックネームに決定、翌1950年1月11日、結団式を挙行した。その後1952年にフランチャイズ制が施行されると、毎日オリオンズ

は東京都を支配下地域とし、後楽園球場を中心に試合を行うこととなった。

　一方大映社長であった永田雅一は、戦後の映画ブームにより築いた財を投じて1947年大映球団を設立したが、リーグ加盟の確認もせず結成したため、しばらくは社会人チームと試合を重ねた。リーグに加盟するためには既存球団を買収する他なかった永田は、東急フライヤーズの売却の噂が流れた際、その買収に乗り出したが、話はまとまらなかった。結局永田は、1948年に金星スターズを国民リーグ・大塚アスレチックスのオーナー・大塚幸之助から、当時としては破格の1000万円で買収、大映スターズとすることで、1949年念願のパ・リーグ加盟を実現した。映画製作者であった永田は、日本映画を海外に進出させる夢を抱いていた。そのためには国際的な信用を勝ち取ることが必要であった。会社社長の肩書よりも、プロ野球の球団を持っていることのほうが優位であることを永田は渡米先で体験していたのである。

　1953年12月、パ・リーグ総裁に就任した永田は、1954年、奇数の7であったパ・リーグの球団数を、試合日程の編成上好都合な偶数とするために、1球団を増設し8球団とすることを決定した。これを受けて高橋ユニオンズが誕生し、川崎球場を本拠地としてペナントレースに参加することとなった。しかしその後1956年、一転してパ・リーグは、球団数を漸次縮小し、セ・リーグと同じ6球団に揃える方針を決定した。その結果まず、上位球団との戦力格差があまりに大きく、プロ球団として存続することは困難と判断された新設球団ユニオンズが、大映に吸収され消滅した。1957年、パ・リーグの球団数縮小計画はさらに進み、同年のシーズンにおいて最下位のチームは他球団に吸収合併されることとなった。シーズンを終えてみると、最下位となったのは永田がオーナーをつとめる大映で、その結果大映はこの年3位の毎日と合併し、ここにパ・リーグは6球団となった。しかし毎日とは対等合併であったことから、新球団・大毎オリオンズ（大映毎日球団）のオーナーには永田が就任した。

　1950年代、在京の讀賣、国鉄、大毎3球団は、ともに後楽園球場を本拠地として公式戦を消化していた。そのため永田雅一は、試合日程の調整や、遠征試合が増えることによる選手の疲労、また球団の経営を考慮して、かねて

より構想していた「自前の球場」建設に乗り出した。当時の新聞、雑誌にはいくつかの候補地が掲げられた。関係者の話によれば、新宿区の浄水場跡地を希望していたがまとまらず、また江東区深川の東京ガス運動場も具体案が検討され、1961年4月には新球場建設の計画が正式に発表されたが、運動場の代替地が見つからなかったため、その話もたち消えとなった。

そこで政界に顔の広かった永田は、当時の農林大臣・河野一郎を介し、用地の探索を重ねた。その結果急きょ浮上したのが、南千住7丁目（現南千住6丁目）の土地であった。当時、東京に「明治村」を造る構想を抱いていた土川元夫（1962年12月〜名古屋鉄道株式会社社長）は、東京・千住の被服廠（千住製絨所）跡を受けた毛織会社が所有地を売却することを知り、敷地2万坪を坪4万の12億円で買収する旨を約束した。そこに河野一郎から、大映の永田が東京球場を造る用地を必要としているため、その土地を譲るよう働きかけがあった。その結果、約1万坪が坪10万円で東京球場の用地として売却された。

その後永田は、球場建設に向けて株式会社東京スタジアムを資本金15億円で設立し、永田以下本田弘敏東京ガス社長、藤井丙午八幡製鉄社長、藤山愛一郎大日本製糖社長、萩原吉太郎北海道炭礦汽船社長と長沼弘毅国際ラジオ・センター、本田親男毎日放送の各会長を役員として球場が運営されることとなった。資本金15億円のうち10億円を大映関係で負担した。また球場の設計にあたっては、1937年に後楽園スタジアムの建設を手がけ、また劇場や映画館などの設計・施工に多数携わっていた竹中工務店が選ばれた。永田の意向は、観客の立場を第一に考えた近代的な野球場の建設であった。

1962年5月、総工費30億円を費やした「夢の球場」はついに完成した。これは戦後の首都圏で建設された初の本格的プロ野球専用グラウンドとして、当時球場難に悩まされていた在京各球団に歓迎された。収容人員は3万5000人で、内外野ともに天然芝が敷かれていた。1962年6月2日、東京球場のこけら落としとなった対南海戦には、3万5000人と超満員の観客が押し寄せた。当時は株主への招待券も価値が高く、「野球場をつくることに優越感こそあれ、将来への不安は感じなかった」とは、関係者の語ったところである。

第13章　プロ野球の経営史(2)

　東京球場の建設にあたり、当時工夫されたのは以下の点であった。

　①　グラウンドの形を扇形に近づけ、視線の平均化をはかるとともに、プレイヤーとファンとの距離をなるべく近付けるように計画された。

　②　一時的に集散する大観衆を短時間に処理することと、安全性の確保に主眼を置き、内野スタンドの観客は全て幅4.2mの7本のランプ（斜路）によって直接客席に導入することとした。ブルペンも雨天練習場をかねて1階のスタンド下に設けられた。

　③　客席は、ファンサービスを第一とする精神から、2階内野スタンドは両翼の一部を除いて一人一脚の指定席とし、間隔、通路幅もつとめて余裕をもたせた。さらに2階席下部先端に18人収容の貴賓席一室と6人1室の個室（ドラゴン・シート）66室を別に設け、客席の椅子は内外共に耐久、美観の点からプラスチック製を採用した。

　④　夜間照明灯は、従来の櫓式鉄骨塔に代えて、2本脚（キャンドルスティック）の自立鉄柱塔を内野に4基、外野に2基設置し、配光、照明度ともに最新のカクテル光線方式を採用した。

　⑤　ゴンドラ・シート　1室6名で、セパレート・シートを備え、料金は年間でAが45万円、Bが40万円、Cが30万円であった。スポーツが企業の接待に使われ始めたころであったため、開場とともに、申し込みで一杯になったという。

　またこの新球場には以下の施設が併設された。

　①　東京スタジアムボーリングセンター　1962年7月20日、都内で5番目に誕生した24レーンのボウリングセンターで、野球場の地下に設けられた。またこのセンターにはグリル、スナックバー、ゲームマシン等の施設も完備された。1965年当時の営業時間は午前10時～翌朝1時で、料金は5時まで200円、以降250円、貸靴代は50円であった。

　②　ビリヤード室　ボウリング場のとなりに設けられた。冷暖房のエアコン完備で、四ツ球7台、ローテーション1台が設置された。

　③　アイススケート場　冬季のみの営業で、内・外野席のスタンド上（地上7m）を利用し、1周450m、幅10mと、都内最大の長距離リンクが設け

られた。また外野フィールドには50×22 mのフィギュア用屋内リンクも造られた。

　開場当時東京球場周辺に住んでいた女性達の証言によれば、彼女らは球場ができてから、野球観戦よりもボウリングに通うことが多かったという。また子供が球団友の会の会員になると外野席で無料観戦ができるため、これにしばしば通ったという。このころ東京球場について行われたアンケートを見ると、開場から2カ月足らずの調査結果として、球場の地元である瑞光小学校の児童（983人）のうち、男子の83％、女子の42％が野球観戦に出かけていた。その動機としては、「野球そのものの魅力」や「憧れでありヒーローであるプロ野球選手の魅力」に負うところが大きかったが、新聞社の発行する招待券や割引券も大きな魅力であり動機であったようで、小学生の入場者では約45％、中学生では70％相当がこれによるものであった。

　1964年、オリオンズは球団名を大毎から東京に改めた。球団を地域密着型としたいという永田オーナーの希望から実現したもので、当時は思い切った決断と評された。しかしその後1969年1月、岸信介元首相の仲介により、東京オリオンズは製菓会社・ロッテ（重光武雄社長）との業務提携に踏み切り、球団名をロッテに改めた。ただしこの段階では球団のオーナーは依然大映社長の永田であり、ロッテはオリオンズに資金を提供する見返りとして、今日でいうネーミングライツ（命名権）を取得したのみであった。翌1970年には、新たな球団名のもと見事リーグ優勝を果たしたオリオンズではあったが、あくる1971年、ついに永田オーナーは、自ら経営する大映の経営を再建するため、球団の経営権そのものをロッテに譲渡することを決断した。これによりオリオンズは完全に永田の手を離れ、新たなオーナーにはそれまでオーナー代行をつとめていた中村長芳が就任することとなった。

　東京球場を本拠地として以降のオリオンズは下位に低迷することが多く、そのため観客動員も不振となったため、年間65試合の球場使用料とそれに伴う販売、広告収入を主な財源とする東京球場は赤字経営に陥った。1972年11月、株式会社東京スタジアムはロッテ球団に東京球場の来シーズンからの使用を断る旨を通告した。同球場について会社側は、かねてからオーナー企業

であるロッテに対し買い取りを要請していた。そこでロッテ社長の重光武雄は東京スタジアム会長の小佐野賢治（国際興業社主）をたずね、1973年度1シーズンのみの借用を申し入れた。しかし小佐野は、当時東京スタジアムの累積赤字が15億円に達し、1972年8000万円の赤字が加わったため、これ以上の球場経営は困難であるとロッテ側の申し入れを退けた。すでに東京スタジアム側は9月11日に開催された取締役会において、ロッテに球場を貸さないことを決定していた。小佐野は、在京球団がいずれも自前の球場をもたないことから、1球団ぐらいは自前の球場を持つべきであるとし、また解体費に約5億円を要するため、極力解体は避けたいとの立場から、現状のままでの球場売却を画策していた。これに対しロッテ社長の重光は、球場買収には4〜50億円の資金を要し、本業の工場建設以外にそれだけの投資を行うことは不可能であるとして、球場買収には消極的であった。

　1973年当時、東京球場が100万人の観客を動員した場合に得られる入場料収入はおよそ4億円で、このうち使用料として球場の収入となるのは25％にあたる1億円、このほか広告料収入と場内販売収入が5000万円ずつあったため、球場の総収入はおよそ2億円であった。これに対して支出は、年間3000万円の固定資産税の他に、修理・光熱・清掃費などの通常経費と人件費がおのおの1億円であったから、飲食物等の販売収入やテレビ中継料が加わってようやく収支相償うというものであった。そのため27億円の資本金に対し5％の配当もできず、このような企業には存立の意義がないとして1973年5月、球場運営会社の株主総会が開催され、解散が決議されたのである。

　東京球場の経営が行き詰まった大きな原因は、他の球場が戦前に建てられ資本が償却済みであったのに対し、東京球場は戦後巨額の資金を投じて建設されたことにあった。17億円に達する短期借入金は金利のみで年1億2000万円の支払いを余儀なくされていた。代表清算人は「一年の五分の四は遊んでいる球場経営は、資本勘定をゼロにして公営球場にでもしてくれないと、やっていけない。この十年間にプロ野球はレジャーの王様の座からすべり落ちたのに、球界はまだ球場があって当然、水か空気のような気持ちできた。取りこわすのは、たしかにもったいないが、球界が出資して経営を肩代わり

してくれないかぎり、地価が高いうちに処分するしかない」と、球界や行政の支援が期待できない以上は、球場の存続は不可能と断言した。また小佐野賢治も、「警視庁で調べられているような固い腰掛けに、二時間もお客をすわらせておく商売はもうだめなんじゃないか」と、プロ野球界の姿勢を批判した。

かくしてロッテは、本拠地を持たず、後楽園、神宮、川崎の3球場を転々としながら、主催ゲームを消化することになった。さらにロッテは、前記3球場のみでは夏場の試合が消化できないことから、仙台市の県営宮城野球場がナイター設備を設置するのに合わせ、暫定的な準フランチャイズとして30試合近くを同球場で開催することを決定した。

1973年、ロッテは県営宮城野球場で近鉄との開幕初戦を行い、9対0で快勝した。当日は3万人以上のファンが球場に足を運び、東北初の「おらがチーム」に熱狂した。このあと、仙台市内でロッテのパレードが行われ、ここでも市民の大歓迎を受けた。

1974年、ロッテは、ジャイアンツのV10を阻止した中日ドラゴンズを破り、日本シリーズを征した。東京銀座で優勝パレードが行われ、推定200万人の観客が沿道を埋めてロッテの日本一を祝った。しかし準フランチャイズの県営宮城野球場ではシリーズ戦が行われず、仙台のファンを残念がらせた。

1976年、本格的フランチャイズ球場を持たないロッテにとって、この年夏場の強行スケジュールは過酷であった。オールスター戦（7月17～18、20日）直後の後楽園球場での試合以降、選手が東京の自宅に戻れるのは、9月の川崎球場におけるホームゲーム以降という状態が続いた。当時は東北新幹線の開通前で、県営宮城球場での試合は在来線の特急か飛行機での移動となり、水曜日にダブルヘッダーが組まれるという強行日程もみられた（通常ダブルヘッダーの日程は、デーゲームでも観客動員が期待できる土日や祭日に設定されていた）。

1977年、この年シーズンオフに、翌シーズンからロッテの本拠地を川崎球場へ移すことが決まり、ロッテのフランチャイズ問題は一応の決着を見た。当初ロッテは、新設された横浜スタジアムを本拠地にすることを希望してい

たが、大洋のフランチャイズの関係で川崎球場へ移転することになったのである。当時の川崎球場は、大洋の古巣であったことから、大洋ファンの多いことが懸念されたが、1978年の開幕戦、ロッテの新本拠地となった川崎球場には「わが町の新チーム」を見ようと2万6000人の観衆が詰めかけた。この日の金田正一監督の「勝ちますのでたくさん見に来て下さい」との言葉通り、以後ロッテは阪急と勝率6割を超す首位争いを展開したが、懸念したとおり、勝てども勝てども観衆は集まらなかった。観客動員数も前年の75万人から49万人まで大幅に減少し、リーグ最下位となった。

1991年、川崎球場が改築され人工芝にかわったこの年、ロッテは球団のテレビCMを製作した。そのキャッチ・フレーズは「テレビじゃ見れない川崎劇場」と、川崎球場の試合がテレビで放送されないことを逆手にとったものであった。CMの効果で観客は増え始めたが、チーム成績は6月、7月と低迷を続け、勝率は3割台に落ち込んだ。完成したばかりの千葉マリンスタジアムで同球場初のパ・リーグ公式戦（ロッテ主催、対西武戦）が行われたこの年7月31日、ロッテ球団は本拠地を翌年から千葉へ移転することを正式に発表した。10月17日ダイエーとのダブルヘッダーで、川崎球場はロッテの本拠地としての歴史を閉じた。このシーズン、チーム成績は最下位であったが、コマーシャルの効果でロッテの観客動員は球団史上初めて100万人を突破した。また千葉への移転を期に、球団の愛称はオリオンズからマリーンズに改められた（一般公募をもとにして）。

(5) その後のプロ野球

1970年代後半から80年代のプロ野球は、ドラフト制度の効果が表れ、優勝チームが分散化し、それはとくにセ・リーグにおいて顕著であった。1974年には中日が20年ぶりにリーグ優勝してジャイアンツの10連覇を阻止し、また翌75年には広島カープが球団創設以来初のリーグ優勝を達成した。ヤクルト・スワローズもまた1978年に初優勝をとげ、さらに日本シリーズも制して日本一の座に輝いた。1985年には阪神タイガースが21年ぶりにリーグ優

勝をとげるとともにこちらも日本シリーズを制している。一方パ・リーグでは1970年代に入って常勝チームとなった阪急が、1975年初の日本一に輝き、以後日本シリーズ三連覇の快挙を達成した。ホークスが南海として最後の優勝を遂げたのは1973年のことであった。また近鉄も1975年後期のみながら初の優勝に輝き、さらに1979年には阪急とのプレーオフを制して初のリーグ優勝を遂げた。1980年代に入ると西武が1982年リーグ優勝を達成するとともに日本シリーズを制し、翌年も日本一に輝くなど黄金時代の幕開けとなった。なお1974年にはセーブ記録が採用され、以後投手における先発とリリーフの分業が進むこととなった。また1975年にはパ・リーグが指名打者制を導入している。1980年には日本プロ野球選手会が労働組合として認可された。

　その後プロ野球界に大きな変動が生じたのは1980年代末のことであった。1989年、ダイエーが南海電鉄よりホークスを買収し、チーム名を福岡ダイエー・ホークスと改めた上、本拠地を大阪府から福岡県に移転した。また同じくこの年、オリックス（オリエント・リース改め）が阪急電鉄よりブレーブスを買収し、チーム名をオリックス・ブレーブスとした。その後同球団は本拠地を神戸市西区のグリーンスタジアム神戸（神戸市の市営球場）に移すとともに、ニックネームをブルーウェイブに改めた。

　1993年には逆指名制度およびフリーエージェント（FA）制度が導入された。FAについては選手の権利向上を主張してきた選手会の活動によるところが大きいが、ドラフト制度の根幹を揺るがす逆指名制度は、1993年リーグ戦を開幕したJリーグ（プロサッカーリーグ）人気の盛り上がりと、米大リーグへの選手流出を危惧し、その対策として導入されたものであった。近鉄のエースであった野茂英雄が球団との対立から日本人選手として初めて本格的に米大リーグへ移籍し、それがきっかけとなって渡米する選手が急増した。オリックスのイチローや讀賣の松井秀樹など至宝ともいうべき選手までをわが国球界は失う結果となり、プロ野球人気にも陰りが生じた（かつて地上波テレビの看板プログラムであったジャイアンツ戦のナイトゲームも、今日ゴールデンタイムの地上波で放映されることはほとんどない）。

　1970年代中盤におけるパ・リーグ危機の焦点がフライヤーズとライオンズ

であったのに対し、上記のわが国プロ野球人気低迷にも影響を受けた21世紀初頭におけるパ・リーグ危機の中心にあったのはバファローズであった。バファローズは1997年に本拠地を藤井寺球場から大阪ドームへ移し、また1999年には、地元企業との提携ならびに地域密着を目指し、チーム名を大阪近鉄バファローズに改称した。こうした努力が実を結び、2001年にはパ・リーグ優勝を達成したバファローズではあったが、球団経営は好転せず、命名権譲渡によって苦境を切り抜けようとしたもののそれもかなわず、その結果2004年、大阪近鉄バファローズはオリックス・ブルーウェイブと合併し、近鉄は球団経営より退くこととなった。株主への説明責任を重視する企業経営のグローバル化が進展する中、もはや赤字経営の球団を抱え続けることはできない、という苦渋の決断であった。

　近鉄の撤退はパ・リーグの消滅＝1リーグ制移行という球界再編問題に発展し、これに反対する選手会が史上初のストライキを実施したのは同年9月18日・19日のことであった。結局楽天の参入で新球団・東北楽天ゴールデンイーグルスが結成され、再びパ・リーグは消滅の危機から脱することができた。さらにパ・リーグでは人気回復の起爆剤としてプレーオフ制度も導入された（2007年にはセントラルリーグでも導入され、第1回クライマックスシリーズを開催）。2005年には初のセ・パ交流戦が実施され、また2006年にはワールド・ベースボール・クラシック（WBC）において、プロ選手（日本人メジャーリーガー2名を除いて全員日本のプロ野球に所属する選手）によって構成された日本代表チームが優勝した。

　球団本拠地の地方への分散が進んだのもこの時期であった。先述の東北楽天ゴールデンイーグルスもその一つで、同球団の本拠地となった仙台は、東京球場を失ったオリオンズが川崎球場を本拠地とするまで暫定的本拠地として主催ゲームの一部を開催していたが、東北地方を本格的本拠地とする球団はイーグルスが初であった。旧近鉄とブルーウェイブから放出された選手を主体に結成されたイーグルスは、発足当初こそ惨憺たる成績に終わったものの、地元の人々には温かく迎えられ、東北に定着した。また球団経営面では初年度から黒字を達成して注目された。これは本拠地とした県営宮城野球場

の近代化改装資金を球団が全額負担し、その見返りとして球場における看板等による広告収入と売店売上のすべてを球団のものとする、という措置が功を奏したものであった。

また日本ハムファイターズも同じく2004年、東京を離れ、北海道の札幌ドームを新たな本拠地とすることとなった。発足当初の本拠地であった後楽園球場は1988年東京ドームへと姿をかえ、開場当初はドーム人気によってファイターズの観客動員も200万人を突破したが、その後球団の成績低迷とともに観客数も減少し、ドームの高額な使用料が経営を圧迫するようになった。これが北海道移転の大きな原因とみられる（近鉄が球団経営から撤退する一因となったのも本拠地・大阪ドームの高額な使用料にあったといわれ、またベイスターズの経営権譲渡が紆余曲折を重ねた一因にも、横浜スタジアムの使用料が高額であったことが指摘されている）。

球団の発足時には、大阪に本社をおく企業でありながら、東日本における知名度の向上をめざし、東京の後楽園球場を本拠地とすることに強くこだわった日本ハムであったが、この時点では日本ハムの名は全国に知れわたっており、東京を本拠地とする必然性は大幅に低下していたのである。ファイターズ移転前の北海道は、毎年夏に遠征試合を行ってきたこともあってジャイアンツのファンが多く、前途を危ぶむ声も少なくなかったが、移転後は地元に受け入れられ、また東京を本拠地としていた時代には優勝が1982年の一度にとどまっていたものが、移転後は優勝争いの常連となり、先に福岡へ移転したホークスと肩を並べる地方球団の雄となっている。

(6) 球団オーナー企業の業種

新聞・放送

最後に、わが国プロ野球の歴史を、オーナー企業の業種別変遷から整理しておこう。プロ野球オーナー企業の業種としてはまず新聞・放送系が挙げられる。今日に連なるプロ球団の第一号・讀賣ジャイアンツのオーナー企業は讀賣新聞社であるが、かつてプロ野球のオーナー企業には多くの新聞社がみ

第13章 プロ野球の経営史(2)

られた。戦後に限定しても、毎日新聞社がオリオンズ、サンケイ新聞社（現・産経新聞社）がアトムズ、西日本新聞社がパイレーツ（のち西鉄クリッパースと合併して西鉄ライオンズに）を保有していたが、今日は讀賣新聞社と中日新聞社の二社のみがプロ野球チームの経営に関与している。

このうち毎日新聞の場合は、以前より社会人野球の強豪・大毎野球団を保有しており、また（旧制）中等学校野球選手権でも春の選抜大会を後援するなど野球にかかわりが深かったことから、セ・リーグにおける讀賣新聞社と同様、新聞報道を通じてパ・リーグの人気を盛り上げることが期待され、球界に参入したものであった。毎日オリオンズは、発足初年度のパ・リーグを制したのみならず、日本シリーズでも松竹ロビンスを破って日本一の座に輝いたが、タイガースから主力選手を引き抜いてチーム造りを行ったことが世間の反感を買い、その後人気は低迷した。結局大映との経営統合に至り、事実上プロ野球界からは撤退する結果となった。

新聞社の場合、チームを保有することによりそのチームのファンを読者として獲得できる反面、他チームのファンはその新聞を読まなくなる可能性が高いため、地元において圧倒的多数の読者を確保している中日新聞社と、全国に多くのファンを持つジャイアンツの讀賣新聞社以外は、新聞社が球団を経営することはむしろデメリットが大きく、このため次第に新聞社による球団経営が見られなくなっていったものと思われる。

なおマスメディア関係では放送局としてTBS（東京放送）が一時マルハコーポレーション（旧大洋漁業）より経営権を譲り受け、横浜ベイスターズを保有・運営していた。これは当初フジサンケイグループが買収に乗り出していながら、同グループがすでにヤクルト・スワローズ（当時）の株式を保有していたことが問題視された結果、その受け皿となったもので、これはその後のベイスターズの成績低迷とは全く無関係とはいえないように思われ、結局ベイスターズは2011年のシーズンオフにDeNAへ売却譲渡されることになった。

映画企業

　また過去においては、映画企業の中にプロ野球の球団経営にかかわるものが多く見られた。ロビンスの松竹、フライヤーズの東映、スターズの大映などである。このうち大映は毎日と合併して大毎オリオンズとなったが、その後毎日新聞は実質的に球団経営より手を引き、以後オリオンズの経営における主導権は大映の社長であった永田雅一が掌握した。しかしその後、映画企業は次第にプロ野球チームの経営から撤退していった。まず松竹が1953年大洋と合併し、その後大洋漁業に経営権を委ねて自らは球団経営から退いた。さらに大毎改め東京オリオンズも、1971年ロッテに球団を譲渡してプロ野球から撤退したのち、大映そのものが倒産に至った。そして映画企業として最後まで球界に残った東映も、1972年日拓ホームに球団を譲渡してプロ野球より撤退した。

　このように、かつて多数みられた映画企業によるプロ野球の球団経営が1970年代前半で消滅したのは、1950年代後半以降テレビの普及により映画産業が急速に衰退し、これら企業がもはやプロ野球にかかわりを持つ余裕を失ったことによるものであった。ただし東映の場合、映画企業としては実録路線の「仁義なき戦い」シリーズなどがヒットし、他社に比べ経営にはやや余裕があったものの、プロ野球に理解の深かった大川博オーナー（1962年の初優勝時には背番号100の特注ユニフォームを身に着けて喜びを表した）の死去が球団経営からの撤退を促したといわれる。1972年のシーズンを控え、親会社であるる東急に資本参加を仰ぎ、球団の株式は東急が保有し、選手は東映に所属するという形で一年間運営を行った。しかし球団経営の前途が楽観できないところから、さらに経営への関与を強めるよう東急側に交渉したところ、これを拒絶されたため、球団の売却に踏み切らざるを得ない状況に追い込まれたのである。

　そこで傘下の東映不動産を通じて売却先を探した結果、同じく不動産業を営む日拓ホームとの交渉が合意に達した。当初東映本社の岡田茂社長は「未上場企業には球団の譲渡はできない」とこの話には消極的であったが、結局他の引受先が見つからなかったことから、日拓への譲渡が決定したという。

第 13 章　プロ野球の経営史 (2)

日拓ホームについては日本ハムの項でもふれたが、高度成長末期の「列島改造ブーム」に乗って急成長した不動産企業で、1965 年 10 月日拓観光株式会社として設立され、未上場の新興企業ながら、当時の「土地ブーム」に乗じ那須高原（栃木県）の別荘地分譲などで急速に成長し、1972 年 12 月プレハブ住宅業界への進出を期して日拓ホームと社名を改めたもので、球団買収時の資本金は 2 億円、年商は 130 億円と推定されていた。記者会見で西村社長は「この秋からプレハブを全国的に販売していく。その布石」と述べ、球団を買収した真意を明らかにした。

　日拓への譲渡が決定する以前、家電メーカー・パイオニアは、中村長芳（オリオンズ、ライオンズのオーナーを歴任）を通じて、東映球団の買収を打診されたが、結局この交渉はまとまることなく終わった。同社の見解によれば、当時讀賣を除く各球団は毎年約 2 億円を人件費に投じていたが、支配下選手を 60 人とすれば一人平均約 300 万円で、これはパイオニアが当時社員 1 人に対し支給していた金額を下回っており、寿命が短く身分保証のない選手に支払う給料としては高いとは判断されなかった。それより問題視されたのは、そのように低水準の人件費すらもまかなうことができない売上の少なさであった。プロ野球チームの 2 億円から 3 億円という売上は、製造業では中小企業レベルでしかない、というのがパイオニア側の見方であった。そのため、中村よりさまざまなデータの提供を受けたにもかかわらず、結局役員会を開催することもなくこの話は破談となったという。

鉄道企業

　鉄道企業は新聞社とならび、草創期よりプロ野球の球団経営を支えてきた。讀賣新聞に次いでプロ球団・大阪タイガースを結成した阪神電気鉄道を皮切りに、阪急電鉄がブレーブス、南海電鉄がホークス、日本国有鉄道（実際の経営主体は鉄道弘済会）がスワローズ、近畿日本鉄道（近鉄）がバファローズ、東京急行電鉄（東急）がフライヤーズ、西日本鉄道（西鉄）がライオンズを保有していた。しかしその後、東急は系列の映画企業・東映に球団経営を移し、また国鉄がサンケイに、そして西鉄が福岡野球株式会社（スポンサ

一名は太平洋クラブ）へと球団を譲渡した結果、鉄道会社による球団経営は関西地域に集中する形となっていった。さらに平成に入ると、南海、阪急、近鉄と関西の民鉄でも球団経営からの撤退が相次ぎ、今日では鉄道企業により経営される球団は、阪急阪神HD（ホールディングス）の阪神タイガースと西武HDの西武ライオンズのみとなっている。

　鉄道会社が年をおってプロ野球の世界における存在感を低下させてきた背景としては、まずモータリゼーションの進展にともない鉄道の移動手段としての地位が後退したことが挙げられる。映画と同様マーケットの縮小に直面した鉄道企業にとって、赤字を生ずることの多い球団の維持は次第に困難となったのである。また経営収支の改善を目的として所轄官庁に運賃値上げを申請する場合、赤字事業である球団を保有していることにより値上げが円滑に認められず、球団保有のデメリットが強く感じられるようになった。さらに最後まで民鉄企業の保有する球団が多く残った関西地域の場合、関西経済全体の地盤沈下と、国鉄の分割民営化以降JR西日本に乗客を大きく奪われたことが重なり、大手民鉄の経営は首都圏と比べはなはだ厳しい状況にあることが、最終的に抜群の人気を誇るタイガースのみが関西で民鉄経営球団として残った理由と考えられる。

　このように草創期以来プロ野球の球団経営を担ってきた新聞社、映画企業、民鉄企業がその地位を低下させる一方で、これにかわってまずプロ野球球団経営の新たなる担い手となったのは食品系の諸企業であった。二リーグ分裂当初に発足した大洋漁業のホエールズを別として、1970年代には日本ハムがファイターズ、ロッテがオリオンズ（のちマリーンズ）、ヤクルトがアトムズ（のちスワローズ）と食品系企業の参入が相次いだ。

　さらにプロ野球オーナー企業の顔触れに大きな変化が見られたのは平成に入ってからのことであった。撤退する民鉄企業の跡を継いだオリックスはリース業、ダイエーは流通・サービス業と、それまでプロ野球チームのオーナー企業には見られない業種に属していた。さらに近年では産業構造の変化にともない、ソフトバンク、楽天、DeNAといわゆるIT系企業の参入が相次いでいる。

第13章　プロ野球の経営史(2)

　草創期のプロ野球オーナー企業は新聞社と民鉄企業を中心としていたが、これは本業との相乗効果（新聞の拡販や鉄道利用者の増加）を期待したものと考えられる。戦後は映画企業の参入が相次いだが、これは当時映画産業が全盛で経営に余裕があったことと、プロ野球と映画がともに当時国民的娯楽であったことにその理由があるものと思われる。これに対し1970年代以降は、食品、不動産、リース、流通、ITと様々な業種の企業がプロ野球に参入した。これらに共通するのは各時期において急成長を遂げた企業であり、さらなる飛躍のため短期間での知名度向上を強く意識していたことである。こうした特徴は、ファイターズ→フライヤーズやライオンズの経営権譲渡に際し名前が取りざたされた企業の多くにも共通していた。

　2005年の時点で、讀賣の試合に対するテレビの放映権が1億円であるのに対し、パ・リーグ球団のそれは300～400万円にすぎず、従って多くの球団は赤字を余儀なくされていた。にもかかわらず球団を手放す企業が少ない理由としては、1954年に国税庁が「プロ野球球団に関する赤字は球団を所有する親会社の宣伝広告費で処理しても構わない」との通達を発したためである。ただしこの通達は、球団名に企業名を含むことを必要条件とするものであった。そのため広島カープや横浜ベイスターズあるいはかつての東京オリオンズなど一部の例外を除き、わが国プロ野球チームの球団名から企業名を除き、米大リーグと同様の地域密着型球団とすることは困難であり、今日折衷策として地域名をオーナー企業名の前に加える球団が増えている。その先駆けは福岡ダイエーホークスであり、最近の事例としては東京ヤクルトスワローズがある。

　近年、球界再編問題に関連して球団の合併や命名権の譲渡が注目を集めたが、これらも過去の球界にはいくつかその先例が見られた。すなわち大洋ホエールズと松竹ロビンスの合併による大洋松竹（洋松）ロビンス（のちの大洋ホエールズ）、大映球団と金星球団の合併による大映スターズ、東急フライヤーズと大映スターズの合併による急映フライヤーズ、大映スターズと毎日オリオンズの合併による大映毎日（大毎）オリオンズ、高橋（トンボ）ユニオンズの大毎オリオンズへの吸収合併、などである。また命名権譲渡の先例

としては、太平洋クラブならびにクラウンライターへ命名権を譲渡したライオンズ、トンボ鉛筆に譲渡した高橋ユニオンズ、ロッテに譲渡したオリオンズ、フジサンケイグループに譲渡したスワローズ、ヤクルトに譲渡したアトムズ、などがある。このように命名権譲渡は1970年代初頭までわが国のプロ野球でも多数の前例があり、公共施設等の命名権譲渡が一般化している今日、球団経営を維持する一手法としては検討に値する。

しかし過去において命名権譲渡を行った球団の多くが、短命に終わり、あるいは成績が低迷したケースが多いことは注意を要する問題である。その理由としては、命名権譲渡を行った球団がペナントレースで下位の常連であったため、スポンサー企業のイメージ低下につながり早期の契約解除に至ったこと、また球団の経営難が深刻で命名権譲渡による収入では経営の立て直しにまで及ばなかったこと、現オーナー企業が球団譲渡によるイメージ低下を嫌い、本格的譲渡までの繋ぎの手段として命名権譲渡を実施していること、などが考えられる。つまり安易な命名権譲渡は球団経営の根本的改善策とはなりえないこともまた確かであろう。

このようにわが国のプロ野球球団は、そのほとんどが企業を実質的オーナーとして存続発展してきたのであるが、例外的に個人をオーナーとして運営された球団も散見される。大阪・船場の繊維商社である田村駒商店の店主・田村駒次郎が経営した太陽ロビンス（のち松竹ロビンス）、日本ビール社長の高橋竜太郎が個人の資格で経営した高橋ユニオンズなどがそれであるが、このように米国では一般的な個人オーナーがわが国ではごく少数にとどまっているのは、プロ野球の本格的発展を見たわが国の戦後社会において、累進課税の導入等によって所得の平準化が進み、球団を所有できるほどの経済力を誇る個人が少なくなったことが考えられる。もっとも大映の永田雅一、東映の大川博、大洋の中部謙吉、日本ハムの大社義規などは、企業として球団を保有しながらも、個人オーナー顔負けの個性と野球愛を発揮した名物オーナーであったが。

第十四章

吉本興業の経営史
エンターテイメント産業・3

(1) 吉本せいの生い立ち

　本章では、今日わが国を代表とする芸能エンターテイメント企業に発展した吉本興業をとりあげ、その歩みを振り返ることによって、大阪を中心とする芸能エンターテイメント産業の発展を理解する一助としたい。

　夫である吉本泰三とともに吉本興業の礎を築いたといわれる吉本せいは、1889年12月5日、大阪市天神橋4丁目で米穀商を営む林豊次郎・ちよ夫妻の2女として生まれた。林夫妻にはせいを含め12人の子供があったが、そのうち7番目（3男）の正之助は、のち吉本興業に入社し、その発展を担った。また11番目（5男）の勝（のちに弘高と改名）も吉本興業において主に東京方面の事業を担当した。

　1900年春、小学校を優秀な成績で卒業したせいは、北浜で「金づくりの名人」として名高かった島徳蔵（通称・島徳）の店へ、そして後には今橋の鴻池家に、女中として奉公に上った。せいは始末（現代の言葉でいうと節約）をモットーとするこれらの大商家において家事全般に非凡な才覚を発揮したという。奉公が明けて後は実家に戻り、弟妹の面倒を見るかたわら店番を担当、ここでも、持ち前の機転によって、店の売上増大に貢献していたという。

　1907年、せいは大阪上町本町橋東詰にあった老舗の荒物問屋「箸吉」の次男、吉本泰三（当時吉次郎、21歳）のもとに嫁いだ。せいが泰三のもとに嫁いだころ、すでに「箸吉」の経営状態は芳しいものではなかった。せいは懸命に働き、「箸吉」の家業挽回をはかった。しかし、肝腎の当主・泰三は落語

家などの芸人を贔屓(ひいき)にし、また自らも剣舞を演ずるなどの道楽に精を出し、家業には熱を入れようとはしなかった。道楽の方も最初は、友人や贔屓の落語家などを集め、茶屋などで剣舞を演ずるにとどまっていたが、次第に病が嵩じて、「ざんげ芝居」（事件を起こした本人が自ら主人公を演ずる芝居）の太夫元として地方巡業に出るに至った。そこで泰三は、悪質な地方の興行師の陰謀によって大きな借財を負わされ、ついには債権者によって店を差し押さえられてしまった。だがその時にも、せいの機転によって居住権を奪われることだけは免れたという。泰三の両親は彼に愛想をつかし、日本橋に婿入りしていた弟の所へ逃げて行ってしまった。それでも泰三の道楽はやまず、ついに「箸吉」は経営が行き詰まり、泰三・せい夫妻は天満の裏街へ移り住み、夏はせいが冷やし飴(あめ)を売り、冬は夫婦で夜鳴きうどんを売って暮らしを立てるという状況に追い込まれてしまったのである。

(2) 吉本夫妻、演芸興業の世界へ

　明治末期の天満天神裏界隈は、道頓堀や千日前に次ぐ大阪市内屈指の盛り場であり、飲食店や土産物店が立ち並ぶ中に集まった八軒の寄席（落語の「第二文芸館」・「杉の子亭」、浮連節（浪花節）の「国光席」、女義太夫の「南歌久席」、萬歳の「吉川館」、江州音頭や仁輪加(にわか)の「朝日席」と「いろは席」、講釈の「八重山席」）は「天満八軒」と呼ばれていた。しかしそれらは、「国光席」以外、いずれも端席と呼ばれる二流どころの演芸場にすぎなかった。泰三・せい夫妻が天満の裏店に流れ着いたその頃、その「天満八軒」の中から経営不振に陥っていた「第二文芸館」が売りに出された。「第二文芸館」は一流演芸場「国光席」に隣接していたものの、建物は古く、どんな番組を組んでも客が入らない、まともな興行師ならば誰もが敬遠するような小屋であった。しかし落ちぶれ果てた暮らしの中でなお寄席演芸に対する情熱を捨てることが出来なかった泰三は、「第二文芸館」を買い取って自ら経営することを熱望した。

　せいは熟慮の末、泰三の願いを受け入れたが、これを実現するためにはま

ず敷金を用意することが必要であった。当時の泰三・せい夫妻には、寄席小屋の敷金とすべき多額の現金の持ち合わせはなく、またそれを借り入れによって調達するための担保となる財産も持っていなかった。このような困難な状況で泰三・せい夫妻はいかにして敷金を用意したのか。一説によれば、「第二文芸館」の敷金は200円であったが、泰三はそれまでの借金のために表通りを歩けない状態であったため、せいが大阪中を走り回って資金を調達したという。また別の説明では、必要な敷金の額は500円であり、これをせいは福島戎(えびす)神社の裏に住む金融業者・熊田権兵衛（通称鬼熊）より、月6分の利息、日済し払い（1日2円20銭ずつ返済する）という条件で借りることによって調達したという。この他泰三の希望を知ったせいの父・林豊次郎が、敷金にあてるべく200円を援助したという説もある。吉本興業の社史『吉本八十年の歩み』によれば、泰三・せい夫妻は権利金300円、1カ月の家賃25円で持ち主である興行師・永田為三郎から「第二文芸館」を借り、その資金は全額、高利貸しや、せいの実家からの借金で賄った、という。このように金額・調達方法に関しては諸説があるけれども、泰三・せい夫妻が吉本興業のビジネスの始点となった寄席小屋経営に乗り出すにあたっては、せいの力が極めて大きかったことは確かである。

　泰三・せい夫妻は買収した「第二文芸館」の館名を「文芸館」と改めた。「文芸館」は浪曲の「国光席」とスキヤキの「千成」に挟まれ、更に通りを隔てて東側には「杉の子亭」がある、という場所に建っていた。さらに天満に近い北新地にも「永楽館」という先発の寄席小屋があり、「文芸館」はその出発からまことに厳しい競争環境に置かれていたのである。泰三が寄席演芸の熱心なファンであったとはいえ、寄席小屋経営に関しては素人同然の泰三・せい夫妻にとって、こうした厳しい状況を独力で打開することは極めて困難であった。そこでせいは、新しい小屋経営の方法について教えを請い、さらに芸人を借りる相談をすべく、当時大阪の寄席興行界の旋風児であった「反対派」の主宰者・岡田政次郎を訪ねたのである。

　明治中期、大阪の落語界は名跡（芸人の名前の継承）を巡る対立から「桂派」と「三友派」の二派に分裂、激しい対立が続いた。この抗争は1907年7

月の二派合同興行で表面上は収束した。しかし、その後も「桂派」は法善寺裏の「金沢亭」、「三友派」は同じ法善寺の「紅梅亭」を本拠地として、実質的な争いを続けていた。ところが「桂派」は、1908年に2代目・桂文枝、1910年には3代目・文枝、さらに中興の祖といわれた仁左衛門と、次々に柱となるべき噺家を失い、急激に凋落した。この機に乗じて一旗上げんものと、落語界への進出をくわだてたのが岡田政次郎であった。岡田は玉造で公衆浴場を経営することによって資金をたくわえ、これを株式に投資して巨利を手にし、「風呂政」とあだ名されていた。岡田はこの資金を以て演芸興行に乗り出し、上本町の講釈席「梯亭（はしごてい）」を手に入れ、「富貴亭」と改名し新内（しんない）専門の小屋として経営していた。岡田はこの富貴亭で月に一回「芸人に金を貸す日」を設け、端席回りの芸人（二流・三流の寄席にしか出演できない芸人）たちを呼び集め、「何でも構わぬ、上手も下手もない、銭が安うて、無条件に楽しませる演芸」を看板に掲げて、桂・三友・娯楽の既成三派に対抗する「（浪花）反対派」を組織していたのである。

　大阪落語界が二派に分裂・対立し、岡田が「反対派」を旗揚げした背景には、落語人気の衰退があった。1868年28万人であった大阪市の人口は、1912年には130万人に膨張していた。これは地方からの人口流入によってもたらされたものであり、その結果、江戸期から培われてきた落語という洗練された芸を楽しむことのできる人間は少数派に転落してしまったのである。

　落語の人気低落に拍車を掛けたのは、活動写真（のちの映画）という新たな大衆娯楽の出現であった。1909年にデビューし、「目玉の松ちゃん」の愛称で親しまれた尾上松之助のスクリーンでの華々しい活躍に後押しされて活動写真の人気は不動のものとなり、これに観客を奪われた落語の人気は一層低下していった。このような逆風の中で、泰三・せい夫妻は寄席経営の世界に足を踏み入れようとしていたのである。

(3) 吉本興業の発足

　1912年4月1日、「文芸館」は開場した。泰三が贔屓にしていた芸人達は

皆、祝いの花輪こそ贈ってくれたものの、「文芸館」の高座に上がることは出来なかった。やむを得ず岡田政次郎の協力を得て、主流二派よりも格の落ちる「反対派」の芸人のみを出演させた。「文芸館」が桂・三友両派所属の一流芸人を高座に上げることができなかった理由は、第一に「文芸館」の近隣には「桂派」の定席「杉の子亭」と「三友派」の定席「永楽館」があったため、両派の芸人と出演契約を結ぶのが不可能だったことである。第二に、全額借金によって寄席小屋経営をスタートした夫妻にとって、桂・三友両派に属する人気落語家の出演料は高すぎたことである。第三に、人気落語家たちが「五銭小屋」と蔑まれた格の低い（低料金の）寄席小屋への出演を敬遠したことであった。そこで泰三・せい夫妻は、力不足の落語を盛り立てるべく、物真似・女講談・音曲・剣舞・曲芸・軽口・新内・怪力・琵琶・義太夫などの色物芸人をずらりと揃えた。これは噺（落語）を演目の中心とする当時の寄席小屋では異色の番組編成であった。

「文芸館」の木戸銭（入場料）は5銭に設定された。これに加えて下足敷物代として2銭を徴集したため、実質的な入場料は7銭であったが、それでも当時大阪市内の演芸場では平均15銭程度を木戸銭として徴収していたから、それらと比較すれば極めて低料金であった。当時の寄席興行は、休・祭日を含め、一晩に1回しか認められなかった。開演時間は夕方の5～6時、終演は11時と定められ、それを守らなかった場合には警察に始末書または罰金を徴収され、違反を繰り返す演芸場は営業停止を命じられた。文芸館は7銭の入場料で、定員は200人であったから、1日の入場料収入は最高でも14円にしかならなかった。そしてその収入のほとんどは、芸人を送り込んでくる太夫元（芸人の手配を専門に行う業者）であった岡田政次郎への支払いと、家賃、さらに高利貸への借金の返済に充てられなければならなかった。このような条件の下で寄席小屋経営に乗り出した泰三・せい夫妻にとって、限られた営業時間の中で出来る限り多くの収入を確保することは、経営を軌道に乗せるためぜひとも必要であった。

そこでせいは、小屋主の妻でありながら自ら先頭に立って接客業務（いわゆる「お茶子」の仕事）に従事した。「文芸館」の定員はおよそ200人であっ

たが、せいは座布団の敷き方を巧みに工夫し、1割ほど多くの客席を確保した。雨の日には客の履物の泥を落とし、見物人が気持ちよく帰れるようサービスに努めた。またせいは飲食物の販売にも力を入れた。夏場には小屋の前で、それまでは氷を入れた四斗樽（四斗＝72ℓ）やタライの中で冷やして売られていた冷やし飴を氷の上に並べ、ゴロゴロと転がして冷やしながら売るという方法を考え出し、売り上げを飛躍的に伸ばした。せいは館内でも積極的に飲食物を売った。おかき・あられ・せんべい・焼きいか・落花生・豆板など喉の乾きそうな食物を中心に販売し、相乗効果で飲料（ラムネ）の売り上げを伸ばした。また終演後には、入場客が食べた蜜柑の皮を拾い集め、乾燥させて漢方薬店に売却し利益を得た。こうした細かな利益の積み上げによって、多額かつ高利な借入金の返済を少しでも容易にしようとしたのである。

このようなせいの機転と努力によって、後発の恵まれない条件からスタートした寄席小屋「文芸館」は、初日から大入り満員の大盛況となり、たちまち天満の名物小屋となっていった。一晩の入場料収入は普通の日で平均7円、かき入れ時である天神祭の当日には定員の3倍近い500人ほどの客を集め、入場料収入は35円に達したという。

文芸館開業から8カ月後の1913年1月、泰三・せい夫妻は、大阪市南区笠屋町に吉本興行部を設立した。二人は、江戸時代以来演芸の本場として伝統を誇る道頓堀や明治以降に開けた盛り場・千日前がある南区に事務所を設けることによって、これら地区への進出を期したのである。同年1月、「文芸館」が初めての正月興行を迎えた時、これを記念すべく泰三・せい夫妻は三遊亭円遊や桂枝雀など一流の落語家を揃え、特別の番組を編成した。しかし、当時の二人にはこれが精一杯の番組編成であり、残りの出演者は手踊り・軽口・音曲などの色物芸人を主体にせざるを得なかった。なぜなら彼らは「文芸館」という一つの寄席を経営する席亭に過ぎず、太夫元・岡田にそれ以上多くの一流芸人を送るよう要求する力はなかったからである。二人が夢見た一流芸人を揃えての興業を行うためには、まず経営する寄席小屋の数を増やし、太夫元に対する発言力を強める必要があった。

(4) 花月チェーンの展開と金沢亭の買収

　かくて「文芸館」を開業して3年目の1914年、吉本は大衆向け（低料金）寄席小屋のチェーン組織確立に積極的に動き出した。7月までに松島の「芦辺館」、福島の「竜虎館」、梅田の「松井席」とせいの実家に近い天神橋筋五丁目の都座を手に入れたのである。こうして寄席小屋をチェーン経営するようになった吉本は、太夫元・岡田に対する発言力を強め、番組編成の自由度を高めたのである。

　しかしながらこの時点の吉本は、寄席経営が軌道に乗りそのチェーン化に成功したとはいえ、人間でいえば「手足だけで頭がない」状態であった。林正之助（後述）の証言によれば、当時の一流芸人は芸者衆の行き交うような町でなければ小屋が誘っても高座には上がらなかったという。なぜなら、そのような地区であれば、高座がハネた（寄席小屋が終演した）後に旦那衆からお座敷がかかり、5円ほどの祝儀が与えられたからである（「座敷がかかる」とは宴席に招かれて一席落語を演ずることである）。したがって、泰三・せい夫妻が寄席小屋経営者として一層飛躍し、一流の噺家を自分たちの経営する小屋に出演させるためには、南地・北・堀江・新町といった昔からの一流歓楽街に自前の小屋を経営することが必要であった。

　当時の大阪で最も格式の高い寄席小屋といえば、南地・法善寺裏に「夫婦善哉」を挟んで東西に並びたつ「金沢亭」と「紅梅亭」の2軒であったが、客足のほとんどは、落語界の人気をひとり占めする三友派の常席「紅梅亭」に向かっていた。これに対し明治の末から退潮の一途をたどっていた桂派の定席「金沢亭」は、定員500人の客席に人影もまばらという状況であった。傘下に一流の小屋を持つことを切望していたせいは、このように経営不振に陥っていた「金沢亭」に注目し、4軒の寄席小屋の売上金7年分を貯めた「トラの子」から、早速2万円の資金を準備し、「金沢亭」の主人・金沢利助をたずね、買収交渉をすすめた。金沢は1万5000円以下では譲れないと強硬な姿勢を崩さなかったが、せいは粘り強く交渉を重ね、結局1915年、権利金1万2000円、法善寺に家賃を毎月230円支払う条件で「金沢亭」の買収に成功し

た。そして残金を「金沢亭」の改築資金に充当したのである。

買収後の「金沢亭」は「蓬莱館」と改名したが、まもなく「南地花月」と再改名した。命名者は易に凝っていた落語家・桂太郎で、「花と咲くか、月と陰るか、すべてを賭けて」というところから生まれた名前であったという。この再改名と同時に、吉本傘下の演芸場は「文芸館」が「天満花月」、「都座」は「天神橋花月」、「竜虎館」は「福島花月」、「芦辺館」は「松島花月」と、すべて所在地名と花月の名を組み合わせた名称に統一された。

「金沢亭」の買収に成功しこれを「南地花月」と改称したせいは、彼女ならではの独創的な手法で再建をすすめた。たとえば大阪電灯会社から扇風機を6月から9月までの間1台2円で11台借り入れ、表の紅白の幔幕脇に看板をぶら下げて、場内に扇風機が設備されていることをアピールした。またお茶子には黒繻子の襟、八反掛けの帯、赤い前掛けの制服を着用させ、既婚者は丸髷、若い人は新蝶々と髪型も統一した。その狙いは、界隈の老舗料理屋に劣らぬ高水準のサービスを強調することにあった。また「南地花月」は、桂枝雀はじめ「桂派」の一流落語家と色物芸人を交代で出演させたが、にもかかわらず木戸銭は「紅梅亭」の35銭に対し10銭という大衆料金であった。当時の「南地花月」の木戸銭を20銭（ただし多客時には30銭）とする説もあるが、それでも紅梅亭のほぼ半額という低料金であった。

(5) 林正之助の入社と大阪寄席興業界の統一

1917年にはせいの実弟・林正之助が吉本興行部に監督支配人として入部した。正之助は明治32年（1899年）1月、林家十一人兄弟の六番目として誕生した。小学校を卒業した後北野中学の受験に失敗し、林家の出身地である兵庫県明石市で親戚が営む呉服商へ奉公したのち、せいに勧められて吉本の仕事を手伝うようになったのである。入部当初の正之助は木戸番や下足番、内外の飾り付け、芸人の世話やお茶子たちの指揮、といった雑用も担当したが、彼に与えられた最も重要な仕事は、吉本系の演芸場を自転車で巡回し客の入りを調べることであった。入場料や場内での飲食物などの売上金額は各

演芸場の支配人によって毎日泰三・せい夫妻のもとに報告されていたが、当時は印刷された入場券などがなかったため彼らの報告の真偽を確かめる術はなく、それゆえ売り上げのチェック係としてせいの身内である正之助はまさに適任であった。また正之助は、夏は朝顔、1月は紅梅と白梅、2月は白梅、3月は枝垂れ桜といった具合に小屋の正面を季節に応じた造花で彩る「花のれん」や、高座の前に電灯を入れ芸人の表情を浮かび上がらせるという新演出などを考案した。

　吉本は、低料金と高水準のサービスを売り物に、南地花月へ多くの客を集めることに成功した。しかし、それだけではライバル「紅梅亭」の地位を揺るがすことはできなかった。「紅梅亭」はあくまで腰をすえて本格的落語を提供し続け、円馬・春団治・染丸・松鶴・遊三・円枝といった大看板（ベテランの人気落語家）に1人30分と充分な時間を与え、60銭もの木戸銭をとりながら多くの落語愛好家を集めていた。大阪寄席興行界の桧舞台・南地において、大衆路線をひた走る吉本の「南地花月」に対し、本格・王道路線を歩む「紅梅亭」、と棲み分けが成り立っていたのである。しかし、吉本は決して「紅梅亭」の後塵を拝することをよしとしていたわけではなく、これに追いつくべく必死に策を巡らしていた。その結果打ち出された方策は、他の「三友派」の寄席を吉本の手中におさめ、紅梅亭を孤立させることであった。

　吉本はまず、北の新地（曾根崎）にあった「三友派」系列の寄席小屋「永楽館」に狙いを定めた。まず永楽館のごく近くで営業する映画館「北陽館」を買収、これを寄席「北陽花月」とし、得意の低料金戦略を展開した。その結果1919年、「永楽館」は吉本の軍門に下り、「花月倶楽部」と改称され、「南地花月」と並び吉本を代表する2大演芸場として位置付けられていくこととなった。その後1920年には「三友派」から三代目桂文団治、三代目桂三木助、二代目桂小文枝といった上方落語界の実力者が吉本に移籍し、演芸場の格式をあらわす大きな目安となる木戸銭（入場料）も「南地花月」のそれは80銭と「紅梅亭」の60銭を抜き去ったのである。

　大阪の落語界を統一せんとする勢いの吉本が打ち出した次の一手は、「三友派」随一、否むしろ上方落語界でも最高の人気を誇る桂春団治の獲得であっ

た。1919年、「反対派」の急迫を受ける「三友派」から人気筆頭の桂春団治が脱退し、「浪花派」を創立するという事件が起こった。その背後には、彼を「三友派」からひき離すためひそかに支援を送る吉本の動きがあったのである。しかし春団治は道楽三昧を重ねたため未亡人の莫大な持参金を使い果たした上に、多額の借金までも抱え込んでいた。そこで春団治はやむなく、1920年正月に「浪花派」を解散し、ここでも吉本の支援を受けて、二十数名の一行で中国地方から九州を巡業する旅に出た。地方巡業より帰った春団治に吉本は、前渡金1万円、借金はすべて肩代わり、月給700円という破格の条件を提示した。専属になることを承知した春団治は、1921年正月、ついに「南地花月」の高座に上がったのである。

1920年、吉本が「文芸館」開業時以来共に支えあって勢力を拡大してきた盟友である「反対派」の主宰者・岡田政次郎が急死した。岡田の死後、吉本は政次郎の次男・政雄に対し、「反対派」の権利買収を申し出たが、政雄はこれに応じず、その結果「反対派」は分裂の危機に陥った。やむなく吉本は政雄に渡した小切手を不渡りとし、1921年2月1日吉本花月連を組織、太夫元(芸人の管理や手配を行う仕事)の業務に進出した。その後わずか3カ月で反対派は崩壊、吉本花月連に吸収された。他方、吉本の目標であり最大のライバルであった「紅梅亭」グループは、吉本に系列の有力な小屋であった「永楽館」を奪われたため、芸人の確保が著しく困難となり、その経営に計り知れない打撃を受けていた。寄席芸人は、一日に複数の寄席を掛け持ちすることによって生活がなりたっており、いくら高いワリ(出演料)を提示されても、有力小屋が少ない興行の系列に組み入れられては生活がなりたたないからである。かくて1922年10月、「紅梅亭」の経営者・原田政吉は、ここに遂に吉本の軍門に降ることを決意、将来は資本金10万円の合資会社として合同する条件で、歩合興行を行うことを吉本との間で合意し、ここに吉本によって、事実上の大阪寄席興行界統一が達成されたのである。なお二年後の1926年、歩金の精算ができなくなった原田は、本拠「紅梅亭」をも吉本に譲渡した。

「南地花月」の低料金路線は観客には大いに歓迎されたが、芸人達は表向き

「芸人としての格が下がる」ことを憂い、本音としては収入減を恐れ、これに強く反発した。当時の寄席においては、一日の入場料収入を席亭（小屋主）と芸人が一定の比率（一般的に席亭が60％、芸人が40％）で分配していた。そして芸人の取り分である40％は、真打ち（主任芸人）が宰領して他の出演者に配分することが慣習になっていた。若い売り出し中の真打ちの場合、自分の取り分を削っても他の出演者に多く配分することが常であったという。

　このような方式をとる限り、入場料金の引き下げは芸人の取り分を減少させる可能性が大きかった。そこでせいは芸人達に対し、報酬制度を月給制へ切り替えることを提案し、芸人たちの不満と不安を見事に押え込んだ。月給制であれば、入場料収入とは関係なく毎月定まった収入が得られるからである。この月給は、ごく少数のAクラス芸人で50円、Bクラスになると30円、Cクラスでは12円程度であった。当時、吉本傘下の寄席小屋の内、南北の花月や紅梅亭といった数少ない落語中心の寄席は午後5時開演で、興行は夜の部のみであったが、その他多くの大衆寄席は昼夜二部興行を行っていた。演芸場の番組は、芸人が一日4カ所に出演（春団治などの「大真打ち」のみ3カ所）することを前提として編成された。芸人の各演芸場への出演時間割を決めるのは、泰三ならびに正之助、そして支配人の青山督や滝野寿吉らの仕事だった。月給取りとなった芸人たちは、この決定に従って毎日3軒ないし4軒の演芸場を忙しく駆け回ったのである。

　「吉本花月連」が発足した1921年、千日前の興行街では出雲民謡の安来節（やすぎぶし）がおおいに人気を博していた。当時、伝統と格式を重んじる一流の寄席小屋では、一地方の郷土芸能・安来節の演者を舞台に上げるなど考えられないことであった。しかし吉本は安来節が花月の目玉商品になると判断し、早速本場の出雲地方へスカウトを派遣して有力新人の発掘に取り組んだ。翌1922年にはせいの実弟である林正之助が、泰三の命を受け出雲へ出向いた。出雲では地元の有力者に、歌唱力や踊り、器量に秀でた候補者を集めさせ、手見せ（今日のオーディションに相当）を開催した。この手見せにおいて正之助は、多くの優れた演者を発掘したのみならず、独特の勘を働かせ、唄の節回しや踊りの所作に注文を付け、芸能プロデューサーとしても才能を発揮したので

ある。かくして吉本の舞台に登場した安来節は、映画等の新興娯楽メディアに奪われかけていた観客を取り戻すのに大いに貢献したのである。

　1923年9月1日、関東大震災が発生、帝都は壊滅状態に陥った。地震発生から一月余りが過ぎた10月初め、吉本は正之助ならびに青山、滝野の両支配人に、救援物資として調達した毛布二百枚をはじめとする慰問品を持たせ、東京へ派遣した。吉本は彼らに東京の有力な芸人たちを見舞わせ、それを契機として、東京で仕事のなくなった芸人たちを大阪に呼び寄せ、吉本の演芸場に出演させようと考えていたのである。正之助一行は神戸港から船に乗り、東京芝浦港に上陸した。宿がないため立花という寄席に身を寄せ、柳家小さん、柳亭左楽など有力芸人たちの避難先を捜して、東京市内はもとより横浜方面まで足を延ばし、毛布や慰問品を配り歩いた。彼らの骨身を惜しまぬこうした行為は東京の芸人たちの心をゆさぶり、東京の寄席が全滅状態であったことも手伝い、柳屋小さん、柳亭左楽、三遊亭円枝、講談の神田伯山ら東京演芸界の大物が続々と大阪を訪れ、吉本の演芸場に出演した。東京の大物芸人への興味と同情で、彼らが出演した演芸場はいずれも大入りとなった。

(6) 漫才を売り出す

　「好事魔多し」「禍福はあざなえる縄の如し」などとといわれるごとく、吉本王国が生まれたその翌年、せいは大きな不幸に見舞われた。1924年2月、吉本泰三が39歳の若さで急逝したのである。ここに未亡人となったせいは、実弟の林正之助や弘高らの協力を求めつつ、経営の矢面に立たざるを得なくなった。かくて、表向きの交渉や芸人たちの世話はせいが担当し、会社の実務は林正之助が受け持ち、帝国ホテルの演芸場を第一着手とする東京進出の計画は末弟の林弘高が担当する、という分業体制が確立されたのである。また当時の吉本には30万円を超える莫大な負債が残っていた。その負債を完済するために、せいは積立月掛貯金を開始した。

　1920年の時点で大阪市内の興行場は約140軒、その内訳は活動写真館、落語席（寄席）、浪花節席が各30軒余り、劇場が約20軒、諸芸大会が8軒であ

った。これら全興行の年間平均入場者数は約160万人であったが、そのうち5割を活動写真がしめ、また演劇が3割1分を占めていたのに対して、落語・浪花節、諸芸・浄瑠璃は合わせて1割9分を占めるに過ぎず、活動写真や演劇といった新興勢力の躍進に対し、寄席演芸の衰退という傾向が明瞭になっていた。このような傾向は、事実上大阪の落語界を統一した吉本興業部にとって無視できない現実であった。当時の吉本は73名もの落語家を専属として抱え込んでいたが、しかしそれらの落語家のうち、月給に見合うだけの客を呼び、客を楽しませることができるのは一部の者だけであった。吉本は、一流の格を誇る南と北の「花月」と「紅梅亭」のみにおいては落語を中心として番組を編成したが、その他の大衆寄席は、客を呼べる色物中心の番組編成を行った。それによって落語家の持ち時間は短くなり、本来はじっくり語り込まなければ味の出ない噺の面白さは薄れ、落語の人気がさらに低下するという悪循環に陥った。かくて吉本には、30軒近くに達する直営寄席や提携演芸場を維持するに足るだけの客を集めるために、何らかの方策を講じる必要が生じたのである。

　衰退傾向にある寄席演芸界を活性化する手段として吉本が選んだのは萬歳(まんざい)の充実であった。当時の萬歳は泥臭かったが、理屈抜きに面白く、萬歳を支持する客は次第に増えつつあったからである。1926年10月には花菱アチャコを吉本専属とし、千歳屋今男とコンビを組ませた。その後も専属の萬歳師は増え、萬歳陣は23組を数えるに至った。1927年には松竹と提携して、道頓堀五座の一つに数えられる一流中の一流の劇場「弁天座」(収容人員1500人)で萬歳大会(8月「諸芸名人大会」と銘打った事実上の萬歳大会、12月「全国萬歳座長大会」)を開催した。吉本ならではの豪華な陣容を揃え、入場料は一等1円20銭、二等80銭、三等50銭、子供は10銭とし、大成功を納めた。この成功によって、それまで低級な芸能と見られていた萬歳は興行価値を大きく高め、大会終了直後には映画・演劇界で大きな力を持つ松竹が吉本専属の萬歳師を引き抜こうとする動きすら見せるようになったのである。

　1928年、吉本専属の萬歳は48組になった。しかも、吉本専属の看板があれば、地方巡業に出たときの報酬や待遇が良くなるため、新たに吉本入りを

望む萬歳師は多かった。萬歳の人気はその後も衰えを見せず、1929年には落語を中心とする「南地花月」の一日平均入場者数が162人であったのに対し、萬歳を主力とする奥村興行部経営の「第一愛進館」は、昼夜合わせて1448人もの客を集めていた。入場料の違いがあるとはいえ（「南地花月」の桟敷1円20銭、一般席60銭に対し「第一愛進館」は特等30銭、一等20銭、二等10銭）、これほど観客動員数に差がついたことで、亡き夫・泰三の遺志を継いで落語を大切にしてきたせいも、正之助の打ち出す萬歳の重視策を認めざるを得なくなっていた。一方正之助も、姉・せいの気持ちを汲んで落ち目の落語を庇い、萬歳のもたらす賑やかな笑いの後で落語家が演じ難くならないよう、萬歳の直後には奇術や曲芸の芸人を舞台に上げたという。

1930年、昭和恐慌下で激しい不景気の風が吹き荒れる中、吉本はそれまで「大阪唯一の萬歳道場」とうたってきた千日前の「南陽館」（席数200）を萬歳専門館とした。「一流のコヤは落語が中心で、万才なんか入れると文句が出たもんです。しかし、万才には派手な面白さがある。そこで場所を変えて取り上げたんです」（正之助の証言）。採算を危惧する周囲の反対を正之助が押し切り、当時、ラムネが一本7銭であったため、それを基準に、1日3回興行、10銭均一という低料金で開業した。南陽館は、入場者を初日の800人から、1200、1500、1800と日毎に伸ばし、当初200円だった家賃が2000円に上がる程の大成功を収めた。また南陽館は、それまで職人や職工などの庶民層中心だった寄席の客層を、洋服姿の若いサラリーマンや学生といったインテリや中産階級層にまで拡大したのである。低料金であったため、待ち合わせや休憩場所にも利用され、雨の日には大変な混雑となったという。また同年3月には、萬歳人気を一層盛り上げるため吉本が、『大阪日日新聞』の後援を得て、千日前の三友倶楽部で「萬歳舌戦大会」を開催した。出演者の人気投票（10日間の大会期間中に30銭を支払った入場者に、一票の投票権が与えられる）を行い、開票の途中経過は『大阪日日新聞』の紙上で発表された。投票の結果、花菱アチャコ・千歳屋今男のコンビが4713票を獲得し、トップの座に就いた。

1930年5月、当時アメリカの人気者で、日本でも映画で知られていたロー

レル&ハーディという喜劇役者コンビのごとく、萬歳を時代に合ったものに改革することが吉本の発展にとって不可避の課題であると考えていた正之助は、その先兵として横山エンタツをスカウトし、花菱アチャコとコンビを組ませてデビューさせた。二人そろって最新流行の背広姿で舞台に立ち、当時人気絶頂であった東京六大学野球の早慶戦など、日常的な話題をそのまま萬歳のネタにして、終始しゃべくりで押し通す革命的な萬歳によって、エンタツ・アチャコの人気は急速に高まり、デビューの半年後には早くも吉本を代表する「南地花月」に出演し、「インテリ萬歳」と呼ばれ喝采を浴びた。当時活躍中の萬歳師100組以上の中で、「南地花月」に出演を許されていたのはわずか3～4組のみであったから、誠に目覚ましいスピード出世ぶりであった。

1932年3月1日、「吉本興行部」は「吉本興業合名会社」に改組された。出資金はせい4万円、正之助2万円で、せいが主宰者、正之助が大阪本社兼東京支社総支配人、弘高が東京支社長のポストに就き、この姉弟が理事となった。

太平洋戦争末期の1945年、吉本は空襲で寄席や劇場の大半を失い、そのため一時演芸興行から撤退した。以後の吉本は、映画館経営を中核として事業を展開していった。1946年9月、吉本は映画館「千日前グランド」を開場した。これは演芸場であった「大阪花月劇場」を洋画ロードショー劇場に転換したものであった。また11月にも洋画封切場「梅田グランド劇場」を開場した。あくる1947年には「新世界グランド」を開場、さらに1957年4月8日、「梅田グランド会館」を開場した。その1～3階には洋画封切館「梅田グランド劇場」が、そして地下には邦画封切館「梅田花月劇場」が開設された。

(7) テレビと手を結び、「笑いの王国」復活

1954年、わが国でもテレビの放送が開始された。最初は受像機が高価であったため視聴者の数が限られていたテレビも、民放局による街頭テレビの設置や、プロ野球、プロレス、大相撲など人気コンテンツの存在、また経済の高度成長による所得水準の上昇と、電機メーカー側の量産による価格引き下

げ努力、そして皇太子ご成婚という国民的イベントによって、しだいに普及率が高まり、映画に代わって娯楽の主役にのし上がっていった。かくして映画産業の将来に危機感を抱いた事業部長・八田竹男の決断と、林正之助社長のバックアップにより、1958年吉本は演芸界への復帰に向かって動き出した。先行する松竹芸能を追う立場となった吉本は、新興勢力であるテレビとの二人三脚で演芸王国の再興をはかった。

1959年3月1日、「うめだ花月」が開業した。「梅田グランド劇場」地下の映画館を改装したもので、演芸場が複数存在（「角座」、「千日劇場」）していたミナミに比べ、北野劇場が閉鎖されて演芸場の空白地帯となったキタに注目してのことであった。開局直後でソフトの不足していた毎日放送（MBS）テレビと独占契約を結び、同局初のテレビ放送として「吉本ヴァラエティ」を生中継した（1962年、「吉本ヴァラエティ」は「吉本新喜劇」に改称）。理屈抜きの笑いに徹した新喜劇は、吉本の看板、さらには「大阪名物」となっていった。またこの年5月、ミュージカル・コメディ「てなもんや三度笠」の放送が開始された（朝日放送＜ABC＞テレビ）。全国ネットされた同番組は、関西の笑いの魅力を全国の視聴者に強くアピールし、主演の藤田まことは一躍スターにのし上がった。また6月にも「京都花月劇場」を映画館から演芸場に転換するなど、吉本の演芸路線は着々と強化が進んでいった。

1963年7月には「なんば花月劇場」が開場した。洋画封切館であった「千日前グランド」を改装、演芸場に転換したものであった。「なんば花月」のオープニングイベントは、当時人気絶頂であったスリーファンキーズを始め多くのタレントを東京から招いたこともあり、超満員の盛況となった。しかし出演料が高すぎたため、営業的には多額の赤字を計上した。戦後は東京に拠点を持たず、それゆえ東京の芸能界の事情に疎いという当時の吉本の弱点が露呈した出来事であった。また9月には朝日放送と独占契約を結び、「なんば花月」より「吉本新喜劇」のテレビ中継を開始した。これはテレビ番組としては高視聴率を記録したものの、観客動員は伸び悩んだ。

1964年4月、吉本興業は大阪ミナミの千日前に、7億円を投じ西日本最大級（敷地約1000坪、58レーン）のボウリング場「ボウル吉本」をオープン

した。これはおりからのボウリング・ブームもあり、吉本興業の「ドル箱」となった。1965年3月期、吉本興業の売上高は前年比3億7900万円（59％）の増となったが、その内3億円強はボウリング場の売上であった。ボウル吉本は、下り坂の映画館と先行き不透明であった演芸部門にかわり、昭和40年代前半の吉本を支えたのである。

(8) 「ヤングおー！おー！」と万博ブーム

1966年6月1日、漫才コンビ横山やすし・西川きよしが京都花月でデビューした。翌年上方漫才大賞新人賞を受けた彼らは、以後スターへの階段を駆け上った。また1969年には笑福亭仁鶴が朝日放送の人気ラジオ番組「ヤングリクエスト」内のコーナー「頭のマッサージ」に出演を開始すると、その人気は沸騰した。一方10月には吉本興業の企画・プロデュースにより、毎日放送テレビで公開バラエティ「ヤングおー！おー！」の放映が開始された。公録（公開録画）会場にはうめだ花月を使用し、歌あり、お笑いあり、ゲストコーナーありと若者向けの斬新な番組として大ヒットし、司会の桂三枝が一躍全国区のスターとなった。同番組は米国の若者向け公開番組をヒントに制作されたものであった。

1970年、大阪・千里丘陵で日本万国博覧会（EXPO '70）が開催された。万博を目当てに全国から大阪に集まって来た人々は、笑福亭仁鶴、桂三枝、やすし・きよしらの人気者を一目見ようと多数花月に立ち寄り、一躍「漫才ブーム」となった。1970年度におけるなんば・うめだ・京都の三花月劇場の合計入場者数は前年比で15％増え、また翌1971年度も入場者数で前年比10％の増となった。1972年度は入場者数こそ前年比7％の伸びにとどまったが、売上高では38％（3億1500万円）の増となり、これは吉本の全営業収入増加の63％に相当するものであった。1973年、テレビ番組企画制作会社・株式会社アイ・ティ・エスが設立された。資本金1000万円のうち60％は吉本興業、残りの40％は毎日放送が出資した。毎日放送との共同出資とすることで同局より週3本の番組制作を確保した。しかし1977年は、万博ブーム後の

反動による興業部門の落ち込みが影響し、3月期決算で戦後初の減収となった。

(9) 「マンザイ・ブーム」でナショナル・ブランド化

1980年1月、「花王名人劇場」(関西テレビ)で「激突!漫才新幹線」が放映された。東京で15.8％、大阪では27.2％の視聴率を記録した同番組は、やすし・きよし、B＆B、セント・ルイスと3組の漫才師だけでゴールデンタイムの一時間番組を作るという前代未聞の企画で、同番組のプロデューサーはかつて「てなもんや三度笠」で関西の笑いを全国に広めた澤田隆治であった。これをきっかけとするマンザイ・ブームは、4月1日に放映された特番「THE MANZAI」(関西テレビ)で爆発的なものとなった。吉本所属の漫才師を中心とするこのブームにより、吉本興業の売上は50億円を突破し、また興業部門も前年比31％の増収となった。また10月には「製作部東京連絡所」が開設された。マンザイ・ブームにより所属芸人が東京のテレビ局に出演する機会が急増したことに対応してのことで、ここから明石家さんまという新感覚のお笑いスターが誕生した。

1982年4月、吉本興業はタレント養成学校「吉本総合芸能学院(NSC＝ニュー・スター・クリエーション)」を開校した。同校からは、師匠を持たない「吉本印」のニュースターが続々と誕生した。また1986年3月、吉本ビルに「心斎橋2丁目劇場」を開場した。NSC出身若手芸人の修行の場となり、また公開番組「四時ですよ〜だ!」を中継、司会のダウンタウンをスターダムに押し上げた。

1987年11月、新時代における吉本の本拠地として「吉本会館」を開館した。劇場「なんばグランド花月」、スタジオ「NGKホール」、ディスコ「デッセ・ジェニー」を有し、開館前の10月17日より本社も移転した。以後の吉本興業は、大阪のNGKを中心に東京を含めた全国の主要都市に劇場を展開するとともに、テレビやラジオに多くの人気タレントを供給し、全国的ブランドの芸能プロダクションとしてその勢力を誇っている。

第十五章

アニメ産業史
エンターテイメント産業・4

(1) 世界を席捲する日本のアニメーション

　日本のアニメ産業は、わが国のエンターテイメント・ビジネスでは数少ない、卓越した国際競争力を誇っている。映画も国内では健闘しているが、輸出競争力に乏しく、また音楽はアジア方面でこそ爆発的人気を誇っているが、欧米への輸出はほとんど見られない。これに対し宮崎駿監督の作品に象徴されるごとく、日本製アニメの世界進出には目覚しいものがある。今や「ドラえもん」や「ポケットモンスター」は世界の子供たちのアイドルであり、また「ガンダム」や「エヴァンゲリオン」などに代表される青年向けのアニメも、世界各国に熱狂的なファンを持っている。アニメ産業の市場規模を、デジタルコンテンツ協会による 2003 年度調査（映画のみ 2002 年推計）でうかがうと、国内におけるアニメの市場規模は 3739 億円（うち映画興業収入 377 億円）、制作会社の売上高は約 966 億円（うち映画興業収入約 100 億円）に達していた。本章では、わが国のアニメ産業が、このような隆盛に至った理由の一端を、その歴史を振り返ることによって明らかにする。

(2) 手塚治虫とテレビアニメ

　わが国アニメ産業の歴史における一大転機は、「マンガの神様」手塚治虫（大阪帝国大学附属医学専門部卒）が、代表作「鉄腕アトム」の連続テレビアニメ化に成功したことで、1963 年元日にフジテレビで放送が開始された。そ

れまでは、戦前は個人経営のアニメスタジオ、戦後は東映動画が中心となり、米国のディズニーを目標に、劇場用のアニメーション映画（まんが映画）が製作されてきた。幼いころからディズニーの熱狂的ファンであった手塚は、漫画家として第一人者の地位を確立したのち、1962年虫プロダクションを設立し、宿願のアニメーション製作に乗り出した。同社は経営基盤を確立するため、前人未到のテレビアニメ製作に着手した。

当時のアニメは動画を1秒間に24枚使用するフルアニメーション方式で製作されており、そのため1本の作品を制作するのに要する時間と費用は莫大で、スケジュールと予算の厳しい制約下で毎週30分のテレビアニメを製作することは、不可能であると見られていた。これに対し手塚は、1秒間に8枚しか動画を使用しない「リミテッド・アニメ」、一度使ったセル画をストックし、幾度も繰り返し使用する「バンク・セル」、会話のシーンでは目や口の部分のみを動画とする「別セル」などの方式を採用し、動画枚数を節約してコストダウンを計ることにより、テレビ局からの受注に成功したのである。「鉄腕アトム」の好評により、1960年代から数多くのアニメ制作スタジオが設立され、アニメ番組の本数は増加し、題材も多岐にわたるようになった。

(3) キャラクタービジネスの展開

しかしこのような新機軸の導入によっても、当時放送局より提示された予算では製作費のすべてを賄うことはできなかった。それを補ったのがディズニーを手本とするキャラクター（版権）ビジネスであった。虫プロの場合、「アトム」のキャラクターをつけた商品は爆発的な売れ行きを示し、これによる版権収入は当時1億円を越えて、アニメ製作の赤字補填に大いに貢献した。特に明治製菓がチョコレートの景品（おまけ）として採用したアトムシールは子供たちを熱狂させ、同社の売上は激増した。これには他社も追随し、一大ブームに発展した。

アトムシールは以下のような経緯で誕生した。マーブルチョコレートが発売されたのは、アトムシールが登場する2年前の1961年で、発売当初は他の

追随を許さぬ売れ行きを示し、糖衣チョコ市場では一時期 90 ％近いシェアを誇った。ところがその後、各社の参入が相次いだ。その代表は森永製菓のパレードチョコレートで、「おまけ」をつけた上に、スポット CM を大量に出稿するなどの積極的な動きが功を奏し、明治のマーブルチョコレートは短期間で市場シェアを奪われ、30 ％まで下落した。マーブルチョコレートの筒型容器が「おまけ」を収めるのに適しない形状であったのに対し、森永のパレードチョコレートは、同じ筒型ながら、蓋の部分をプラスチック製にして「おまけ」が納められる空間を作り出していた。しかし森永への対抗上そのような収納場所を設けるには、経費が割高になるという問題点があった。

かくして、経費を最小限に抑えつつマーブルチョコレートの容器に封入できる「おまけ」として浮上したのが、「紙モノ」であり、明治製菓の担当者が注目したのは人気アニメの「鉄腕アトム」であった。最初はぬり絵を封入することを考えたが、社内のみならず外部にもアイディアを求め、マーブルチョコレートの筒型容器を納入していた凸版印刷、大日本印刷、共同印刷の営業担当者に問い合わせたところ、大日本印刷からのちのアトムシールの原型となる案が提示された。シールを作成するためには、粘着テープなどに使われるエマルジョン・タイプの接着剤を用いる必要があった。そのようなエマルジョン・タイプ接着剤の製造業者の一つである東洋インクの出張所が明治製菓本社と同じ京橋にあったことから、大日本印刷、東洋インク、明治製菓のそれぞれ担当者が集まって試行錯誤を重ねた。アトムシールを皮切りに 350 種類ほどの「おまけ」を試作した。その結果誕生したアトムシールをマーブルチョコレートに「おまけ」として封入してから、マーブルの売り上げは急増した。

アニメ「鉄腕アトム」の放映終了後は、後番組として放映された同じく手塚治虫のマンガを原作とする TV アニメ「悟空の大冒険」のキャラクターを用いて販売促進を行った。このときは玩具メーカーのバンダイと連携し、主人公の孫悟空が用いる如意棒（アニメの中での名称は「きんそう棒」）を作り、景品として使用した。後年、さまざまなアニメや特撮番組において、番組内で主人公が用いるアイテム（「仮面ライダー」の「変身ベルト」など）が

玩具として製品化されヒットしたが、「きんそう棒」はこうしたキャラクター玩具の先駆けであった。

　一方明治、森永のライバルで、「おまけ」付菓子の本家ともいえる江崎グリコは、1963年11月26日より「くっつきワッペン・キャンペーン」を開始していた。ワッペンには航空会社のマークや紋章、軍隊、翌年に控えていた東京オリンピックなどのさまざまなバリエーションが用意され、キャラメル（アーモンドグリコ）やガムなどに同封された点数券50点分と10円切手、あるいはチョコレート製品の空き箱またはラベル50円分と10円切手をグリコに送付すると、ワッペンの5枚セットが進呈された。これらワッペンの中で最高の人気アイテムは「鉄人28号」のワッペンであった。鉄腕アトムと肩を並べる人気を誇った横山光輝作の漫画「鉄人28号」は、この年の10月28日からフジテレビ系7局ネットでテレビアニメの放映が開始されていた。そのため鉄人ワッペンの人気は別格で、江崎グリコも通常の郵便を用いたものとは別に引換所を設け、ここへ点数券を持参すれば鉄人ワッペンと交換するように対応（2万5000人限定）したほどであった。

　森永製菓もアニメを用いて販促を展開していた。そのキャラクターとして選ばれたテレビアニメは「狼少年ケン」で、1963年11月24日からNETテレビ（現テレビ朝日）他にて毎週月曜日午後6時15分～45分の放映が開始されていた。この番組を製作した東映動画は、東急系の映画製作・配給会社である東映の傘下にあり、劇場用アニメではわが国を代表する大手の製作会社ではあったが、本格的テレビアニメの制作はこれが初であった。森永製菓が「狼少年ケン」をキャラクターに起用した「森永まんがココア」を発売したのは、放映開始直後の12月で、缶入りと袋入りの二種類があり、「おまけ」として「狼少年ケン」のシールが封入されていた。さらに翌1964年5月には、同じく「狼少年ケン」のシールを封入した「森永まんがジュース」が発売された。

　その後「狼少年ケン」は、森永製菓における他の菓子類でも販促の手段として活用された。そのひとつが「森永ケンキャラメル」であった。これは「ディズニーキャラメル」に続く森永キャラメル児童シリーズの第2弾で、1964

年12月に10円で発売された。「狼少年ケン」は1965年7月12日で番組が終了し、「ケン」が担っていた菓子販促の役割は、森永製菓をスポンサーとして放映されたいまひとつのアニメ番組「宇宙少年ソラン」に引き継がれた。

　アニメを用いた販促は菓子の分野にとどまらなかった。その代表がふりかけの「のりたま」であった。「のりたま」が新製品として丸美屋から発売されたのは1960年1月のことであった。「のりたま」は、当時高級品とされた卵を用いたふりかけで、ふりかけの1袋あたり価格として20円が常識であったこの時代に、30円とやや高額で販売されていた。しかし高級品の卵が手軽に食べられることから評判がよく、発売当初から売り上げは順調であった。丸美屋が提供するアニメ番組「エイトマン」がTBSをキーステーションとして放映を開始したのは1963年11月7日で、「エイトマン」シールがのりたまの「おまけ」に起用されたのは翌1964年春のことであった。この「エイトマン」シールは「アトム」シール、「狼少年ケン」シールと並んで、1960年代における「3大おまけシール」の一つとして人気が沸騰した。その販促効果は、「のりたまを発売してからすでに40年近く経ちますが、エイトマンシールほど売り上げに貢献したプレミアムはありませんでした」と丸美屋の広報宣伝室が語るほどのものであった。「エイトマン」シールは、「のりたま」のあとに発売された「すきやきふりかけ」にも封入され、新商品の世間への定着にも貢献した。

　「エイトマン」のテレビアニメは1964年の大晦日に放映が終了し、翌1965年からは後番組として「スーパージェッター」の放映が開始された。同年、丸美屋は「スーパージェッターふりかけ」を発売し、「おまけ」としてスーパージェッターカードを封入したが、「エイトマンシール」のように絶大な人気を博するには至らず、テレビアニメの「おまけ」を用いた販売促進のブームは終息に向かいつつあることを示した。

　アニメのキャラクター商品がいかに人気を誇っていたかを物語る逸話をさらに二つ紹介する。まず葛西健蔵（アップリカ葛西創業者）の事例である。1973年初夏、葛西は虫プロの経営危機で窮地に陥っていた手塚治虫のもとを訪れ、孤立無援の手塚に援助を申し出た。虫プロの子会社・虫プロ商事は

1973年8月、虫プロ本体は同年11月に倒産したが、倒産後の40日間、葛西は自ら率いる会社の仕事は一切部下に任せ、東京でホテル住まいをしながら虫プロの整理（債権者への対応）に専念した。葛西を信頼した手塚は、貴重な財産であるアニメの版権管理を葛西へ全面的に委任した。このような手塚と葛西の固い結びつきが生じた原因は、葛西の父・丑松にあった。1961年、丑松が経営していたスチール家具メーカー・チトセは経営危機に陥ったが、この際学習机と椅子に手塚のキャラクター「鉄腕アトム」を使用し、同社は危機を脱することができた。これを恩義に感じた葛西健蔵が、窮地に陥った父の恩人・手塚に救いの手を差し伸べたのである。

　次にサクラクレパスのケースである。同社の場合、主力商品であった学童用描画材料の世界では、1960年代初頭より、テレビの普及にともない、子供たちがマンガやアニメをキャラクターとする商品にひかれる傾向が強まり始めた。そのため学用品や絵具にも、パッケージにマンガやアニメのキャラクターをあしらったものが多く見られるようになった。美術教育に貢献することを社是とする同社は、学用品は質素で実用的、大切に使うものであるとの信念から、こうした動きとは一線を画し、パッケージのデザインを亀倉雄策、大橋正、坂根進、沢村徹などデザイン界の重鎮に委ね、格調高いものとするべく努めてきた。しかしながら同社も時代の流れには抗し難く、1960年代前半にはキャラクターものに手を染めることとなった。その第一弾は、1963年秋に年末年始の贈答用として発表した「美麗箱入りクレパス」で、パッケージにガリバーやシンドバッドなど名作童話の立体デザインをあしらったものであった。続いて第二弾として1964年2月、米国のアニメプロダクション、ハンナ・ハーバラと契約し、「宇宙家族」「珍犬ハックル」「早射ちマック」など同社の人気キャラクターをあしらった商品を発売した。さらに同年7月には、手塚治虫率いる虫プロダクションと契約し、「鉄腕アトム」商品を発売、その後もキャラクター商品の発売は続いた。

(4) アニメのカラー化

　1932年にディズニーが「花と木（Flowers and Trees）」を公開して以降、第二次大戦前よりアメリカではすでにカラーによる短編アニメが盛んに製作されていた。1937年ディズニーは、カラー初の長編アニメ「白雪姫」を公開している。これに対し日本では、戦後の1958年、東映動画が制作・公開した劇場版アニメ「白蛇伝」が初のカラー作品となった。

　このように劇場作品では、海外作品を初めとしてカラーアニメは既に制作されていたが、初期のテレビアニメはテレビ放送のカラー化及びカラーテレビの普及が進んでいない事情もあり、全て白黒で放映された。「鉄腕アトム」もカラーで制作されながら、白黒で放送された。国産初のカラーテレビアニメとなった「ジャングル大帝」（1965年10月〜）は、米国での放送を前提に資本が集められ、カラー化が実現した。以後数年で他のテレビ番組と同じようにアニメもカラー化が進み、1968年ごろまでにはほぼ全作品がカラーで制作されるようになった。

(5) アニメ産業の爆発的成長と異業種の参入、海外製作、デジタル技術導入、OVAの登場

　以後日本のアニメ産業は、手塚の確立した手法を継承し改良することによって、爆発的に発展した。特に1970年代中盤以降、「宇宙戦艦ヤマト」や「機動戦士ガンダム」の大ヒットにより、それまで子供向と考えられていたアニメは、ティーンエージャーの熱い支持を受けるようになった。これはアニメ関連商品（雑誌・書籍、模型、映像・音楽・ゲームソフト）の売上を飛躍的に拡大し、その結果、企画段階からさまざまな企業が製作に参加する動きが強まった。作品内容への関与から始まり、その後共同出資によるアニメの製作（製作委員会方式）や、製作会社への資本参加が日常化していった。また優良コンテンツの確保や新たな事業分野への展開を目的として、商社や家電メーカーの参入も盛んになった。海外との関係では、ディズニーがスタジオ・

ジブリと組んで全米の映画館への作品配給を開始した。

　年々内容が高度化する作品を低コストで制作するため、製作作業の海外発注と製作過程のデジタル技術（コンピュータを用いた作画・彩色・編集）導入も進んだ。1980年代後半以降、動画・彩色というアニメ制作に欠かせない工程は殆どが人件費の安い海外で行われるようになり、アニメ制作の空洞化が懸念された（東映動画は、海外発注を1973年から開始していたが）。デジタル化は1990年代以降本格化し、1996年東映動画はアニメ制作ツール「RETAS! Pro」を導入、20％の経費節減に成功した。スタジオ・ジブリは1997年、製作スケジュール上の理由で「もののけ姫」の彩色・撮影を一部デジタル化し、また1999年7月公開の「ホーホケキョ　となりの山田くん」は、スタジオ・ジブリとして初めてのフルデジタル作品となった。一方1998年にGONZOが制作した「青の6号」はOVA（後述）としては世界初のフルデジタルアニメとして宣伝された。これらの動きと同時並行的に各社でデジタル化が進み、1997〜99年の2年間を中心にデジタル制作へ移行した。

　OVA（オリジナル・ビデオ・アニメ）は、1983年に登場した、テレビ放映と劇場公開のいずれも前提とせずに制作されるアニメのことで、ソフトの形で市場に流通している。家庭用ビデオデッキの普及により、レンタルビデオ店と一般消費者が購入するビデオソフトの売り上げ代金だけで製作費の回収が可能になったことから生まれたビジネスモデルである。その後ビデオテープにかわってDVDが普及すると、販売／レンタルのメディアはDVDに移行し、さらに現在は、インターネットによるパソコンやスマートフォンへの配信も行われている。玩具メーカーなどスポンサーの意向に拘束されずに制作できるため、比較的表現の自由度が高く、また10代から40歳代の男性アニメファンをターゲットの中心とすることから、作品の内容がマニアックなものとなる傾向があり、深夜の時間帯におけるTV放映を通じプロモーションを行っている。

(6) 日本製アニメの輸出

　日本製のアニメは、キャラクタービジネスとならんで制作費の不足を補う有力な手段として、初期から海外へ輸出されてきた。1963年、「鉄腕アトム」104話分が、アメリカ三大ネットワークの一つであるNBCの関連会社NBC FILMSに、1本1万ドル（当時の為替レートで360万円）で販売され、日本での放送開始から8カ月後、米国NBC系列局で放送された。フジテレビでの放映権料は50万円で、これのみでは完全に赤字であったものを、虫プロはこの輸出により補った。「アトム」は「アストロ・ボーイ」の名前で全米にテレビ放映され、日本製アニメが世界に進出する先駆けとなった。この後もアメリカや北米向けの輸出は続き、輸出金額では過半数を北米向けが占めると言われるようになった。1970年代には、国内とほとんど時差なく北東アジア圏、東南アジア圏で日本製アニメが放送されるようになり、また1980年代には東南アジア圏で日本文化的な表現が受容され、香港、タイ、台湾などでは時差ほぼ1週間程度で日本のアニメが放送されるようになり、文化的な距離を縮めた。

　一方ヨーロッパへの輸出は1970年代に開始された。日本のアニメ業界においては、制作費を短期間で回収するために、低価格で、またさまざまな国へ輸出する販売戦略がとられた。1995年における東映動画の海外販売は全世界で約10億円に達したが、その地域別内訳をみると、ヨーロッパが85％、東南アジア9％、中近東3％、アメリカ3％とヨーロッパ向けが圧倒的な割合を占めていた。30分番組1本の価格は4000ドルから5000ドルで、40年前1本1万ドル（360万円）であった鉄腕アトムに比べ、格段に購入しやすい価格設定とされた。自国でアニメを制作するよりも輸入した方が安いというのが、世界で日本製アニメが放送された理由の一つであった。

(7) アニメ産業の今後

　近年アニメなどの音声・画像コンテンツがネット上に違法にアップロード

され、その対策に関連業界も苦慮している。こうした動きはアニメ産業の収益を圧迫し、成長を制約するものであるが、完全に取りしまることには様々な困難がある。本章でみたように、そもそも本邦アニメ産業の初期においては、不足する製作費をキャラクター商品（アトムシールなど）の収入によって補うことで、その存立基盤を確立したのであって、今後においても、コンテンツの販売以外に収益源をいかに確保できるかが、アニメ産業の今後をうらなう大きなカギとなるのではなかろうか。

参考文献一覧

青木一三『ダイエー／オリックス　球団買収の真相』ブックマン社、1989年
青木栄一「東京急行電鉄の路線網の形成」『鉄道ピクトリアル』No.335　東京急行電鉄特集　1977年6月
青木栄一「南海電気鉄道のあゆみ――その路線網の形成と地域開発――」『鉄道ピクトリアル』No.367（臨時増刊号）南海電気鉄道特集　1979年10月
青木栄一「京王帝都電鉄のあゆみ――その路線網の形成と地域開発――」『鉄道ピクトリアル』No.422〈特集〉京王帝都電鉄　1983年9月
青木栄一「京成電鉄のあゆみ――その路線網の形成と地域開発――」『鉄道ピクトリアル』No.486〈特集〉京成電鉄　1987年10月
青木栄一「小田急電鉄のあゆみ――路線網の拡大と地域開発――」『鉄道ピクトリアル』No.546〈特集〉小田急電鉄　1991年7月
青木栄一「西武鉄道のあゆみ――その路線網の拡大と地域開発――」『鉄道ピクトリアル』No.560〈特集〉相模鉄道　1992年5月
青木栄一「近畿日本鉄道のあゆみ（戦後編）――路線網の整備と地域開発――」『鉄道ピクトリアル』No.569〈特集〉近畿日本鉄道　1992年12月
青木栄一「京王帝都電鉄のあゆみ（戦後編）――路線網の整備と地域開発――」『鉄道ピクトリアル』No.578〈特集〉京王帝都電鉄　1993年7月
青木栄一「南海電気鉄道のあゆみ（戦後編）――路線網の整備と地域開発――」『鉄道ピクトリアル』No.615〈特集〉南海電気鉄道　1995年12月
青木栄一「京成電鉄のあゆみ（戦後編）――路線網の形成と地域開発――」『鉄道ピクトリアル』No.632〈特集〉京成電鉄　1997年1月
青木栄一「阪神電気鉄道のあゆみ（戦後編）――路線網の形成と地域開発――」『鉄道ピクトリアル』No.640（臨時増刊号）＜特集＞阪神電気鉄道　1997

年7月

青木栄一「京浜急行電鉄のあゆみ（戦後編）——路線網の形成と地域開発——」『鉄道ピクトリアル』No.656〈特集〉京浜急行電鉄　1998年7月

青木栄一「阪急電鉄のあゆみ（戦後編）——路線網の形成と地域開発——」『鉄道ピクトリアル』No.663〈特集〉小田急電鉄　1998年12月

青木栄一「相模鉄道のあゆみ（戦後編）——その路線網の形成と地域開発——」『鉄道ピクトリアル』No.672〈特集〉相模鉄道　1999年7月

青木栄一「小田急電鉄のあゆみ（戦後編）——路線網の変遷と地域開発——」『鉄道ピクトリアル』No.679〈特集〉小田急電鉄　1999年12月

阿部武司『近代大阪経済史』大阪大学出版会、2006年

荒川区教育委員会（編集・発行）『消えた娯楽の殿堂〜君は東京球場を知っているか!?〜』同委員会編集・発行、2001年

石井寛治（編）『近代日本流通史』東京堂出版、2005年

石原武政・矢作敏行（編）『日本の流通100年　流通の世紀をとらえるために』有斐閣、2004年

生方良雄・諸河久『日本の私鉄　小田急』保育社、1981年

大社義規『私の履歴書』日本経済新聞社、1986年

大下英治『中内功のダイエー王国』社会思想社現代教養文庫1457、1993年

岡本和夫「三大工事の現況と今後」『鉄道ピクトリアル』No.367（臨時増刊号）南海電気鉄道特集　1979年10月

小川功「東急グループの系譜」『鉄道ピクトリアル』No.600〈特集〉東京急行電鉄　1994年12月

沖中忠順「淀川左岸を走る京阪電車スピード史」『関西の鉄道』No.30　京阪間ライバル特集　1986年5月

沖中忠順「京阪特急物語——京阪特急を眺め、乗り、50年あれこれ——」『鉄道ピクトリアル』No.695〈特集〉京阪電気鉄道　2000年12月

奥野利夫「京阪間競争史から観た国電」『関西の鉄道』No.30　京阪間ライバル特集　1986年5月

小野田滋「関西におけるターミナルビルの成立と発展」『鉄道ピクトリアル』

No.519〈特集〉鉄道建築　1989 年 11 月

加藤鉱『トヨタが「プロ野球」を持たない理由』株式会社宝島社、2005 年

梶原一明「神谷正太郎」『Forbes 日本版』〈特集〉日本経済一〇〇年一〇〇人 January 2000

門脇弘「トヨタ自動車販売──販売の神様と謳われた神谷正太郎──」『日本の「創造力」──近代・現代を開花させた四七〇人──⑬瓦礫からの再出発』NHK 出版、1992 年

株式会社スリーライト『千葉ロッテマリーンズ球団 50 年史』同社編集・発行、1999 年

株式会社ダイエー社史編纂室（企画・編集）『For the customers ダイエーグループ 35 年の記録』株式会社アシーネ、1992 年

上之郷利昭『新・西武王国　宿命の対決　堤清二 VS 義明の新経営戦略』講談社文庫、1987 年

神谷雄二『堤義明と国土計画』ぱる出版、1987 年

川辺信雄『新版　セブン-イレブンの経営史』有斐閣、2003 年

草川昭『テレビ・アニメ 20 年史　アトムの子らは荒野をめざす』立風書房、1981 年

久保道正編『家電製品にみる暮らしの戦後史』ミリオン書房、1991 年

経済界「ポケット社史」編集委員会（編さん）『日本ハム　幸せな食創りで世界一をめざす』株式会社経済界、1993 年

京阪電気鉄道株式会社『京阪百年のあゆみ』2011 年

小堺昭三『西武 VS 東急戦国史（上）』角川文庫、1989 年

小堺昭三『西武 VS 東急戦国史（中）』角川文庫、1989 年

小堺昭三『西武 VS 東急戦国史（下）』角川文庫、1989 年

小田部家正『トヨタカローラ──日本を代表する大衆車の 40 年──』三樹書房、2006 年

小山周三『現代の百貨店〈新版〉』日経文庫、1997 年

下川耿史『茶番・深刻・エキサイト　昭和スポーツ大熱闘!!』双葉社、1986 年

社史編集会議（代表・西村四郎編集）『サクラクレパスの七十年──ありがとうを色に、感動を未来に──』株式会社サクラクレパス、1991 年
社会調査協会『現代職業総覧　商業編Ⅱ』春秋社、1931 年
末田智樹『日本百貨店業成立史──企業家の革新と経営組織の確立──』ミネルヴァ書房、2010 年
末田智樹「昭和初期から戦前期にかけての百貨店による新たな市場開拓と大衆化──大阪におけるターナルデパートの成立を中心に──」廣田誠編『近代日本の交通と流通・市場（市場と流通の社会史 3）』清文堂、2011 年
高山禮蔵「奈良電の時代　奈良電気鉄道の開通から合併まで」『鉄道ピクトリアル』No.569〈特集〉近畿日本鉄道　1992 年 12 月
高山禮蔵「歴史に残る京阪の車両」『鉄道ピクトリアル』No.695〈特集〉京阪電気鉄道　2000 年 12 月
高山禮蔵「京阪間ライバル物語り」『関西の鉄道』No.30　京阪間ライバル特集　1986 年 5 月
竹田辰男「南海と阪和　ライバル競争の足跡をたどる」『関西の鉄道』No.41　南海電気鉄道 PartⅣ「南海本線とそのライバル」2001 年 6 月
竹本浩三『吉本興業を創った男　笑売人　林正之助伝』扶桑社、1997 年
立石泰則『魔術師　三原脩と西鉄ライオンズ』株式会社文芸春秋、1999 年
寺本光照「南海本線・高野線　優等列車運転の変遷」『鉄道ピクトリアル』No.615〈特集〉
トヨタ自動車販売株式会社社史編纂委員会編『世界への歩み：トヨタ自販 30 年史』1980 年
トヨタ自動車株式会社（編集・発行）『創造限りなく──トヨタ自動車 50 年史──』1987 年
豊中市史編さん委員会（編集）『新修豊中市史　第 8 巻　社会経済』豊中市、2005 年
電子学園総合研究所（編）『アニメの未来を知る』株式会社テン・ブックス、1998 年

東京日日新聞社経済部（編）『財界ロマンス』宝文館、1926年
鳥羽欽一郎（監修・編）『流通革命20年の証明　消費者共感の哲学を実践するダイエー──』国際商業出版、1977年
長尾遼『二人の販売の神様──務台光雄と神谷正太郎──』読売プロジェクト、1993
中村卓之「"京阪神間の国電"半世紀」『関西の鉄道』No.15　京阪神国電特集　1986年5月
鍋島理友『アトムシールと鉄人ワッペン　1963〜1966』淡交社、1998年
西尾恵介・井上広和『日本の私鉄2　西武』保育社、1980年
西　敏夫「南海電鉄の旧籍車両を探る──1500Ｖ昇圧に引き継ぐまで──」『鉄道ピクトリアル』No.288〈特集〉南海電気鉄道　1974年1月
南海電鉄鉄道車両部、井上広和（共著）『日本の私鉄9　南海』保育社、1981年
日経BP社技術研究部『進化するアニメ・ビジネス』日経BP社、2000年
日経流通新聞編『流通近代史　日本的経済風土と企業家精神』日本経済新聞社、1993年
日本ハム株式会社社史編さん委員会（編さん）『幸せな食創り　日本ハム60年史』日本ハム株式会社、2002年
萩原武夫『日本の鉄道』保育社、1964年
長谷川幸延『笑説　法善寺の人々』東京文芸社、1965年
花上嘉成・安田理『日本の私鉄10　東武』保育社、1981年
浜田昭八・田坂真二『球界地図を変えた男・根本陸夫』日経ビジネス人文庫、2001年
早尾興・諸河久『日本の私鉄15　京成』保育社、1982年
阪急電鉄株式会社『阪急電車──きのう・きょう・あす』同社総務部総務課、1978年
阪神電気鉄道『阪神電気鉄道百年史』2005年
彦坂裕（編著）『二子玉川アーバニズム　玉川高島屋SC界隈の創造と実験』鹿島出版会、1999年

平野久止『ユニードは何故ダイエーに敗れたか　ダイエーの九州戦略を見つめる』葦書房、1989年

廣田誠『近代日本の日用品小売市場』清文堂出版、2007年

百貨店新聞社（編纂）『日本百貨店総覧・昭和一二年版』1936年

藤井信夫「阪急京都線形成の経緯」『関西の鉄道』No.20　阪急電鉄特集Part Ⅱ　京都線・嵐山線・千里線　1989年1月

藤井信夫「近鉄の傘下に入った鉄道」『関西の鉄道』No.26　近畿日本鉄道特集Part Ⅴ　京都線・養老線・志摩線・ナロー線区　1992年4月

藤井信夫「近鉄の母体となった大阪電気軌道」『関西の鉄道』No.31　近畿日本鉄道特集Part Ⅵ　奈良・京都・橿原・生駒・田原本線　1995年4月

藤井信夫「近鉄発展の基礎となった参宮急行電鉄」『関西の鉄道』No.33　近畿日本鉄道特集Part Ⅶ　大阪線・伊賀線　1996年6月

藤井信夫「京阪間をノンストップで走り続けて50年　京阪特急」『関西の鉄道』No.38　京阪電気鉄道特集Part Ⅲ　1999年9月

藤井信夫「走り続けて70年　阪急神戸線特急」『関西の鉄道』No.39　阪急電鉄特集Part Ⅳ　神戸線・宝塚線　2000年6月

藤井信夫「南海とそのライバルの変遷」『関西の鉄道』No.41　南海電気鉄道Part Ⅳ　南海本線とそのライバル　2001年6月

藤田田『頭の悪い奴は損をする』KKベストセラーズ、1983年

ブラックアンドブルー『Japanese Animation　日本のアニメ～終わりなき黄金時代』株式会社ネコパブリッシング、2000年

堀江誠二『吉本興業の研究』PHP、1987年

宮田道一『日本の私鉄8　東急』保育社、1981年

宮本又次『大阪文化史論』文献出版、1979年

宮本又郎（編）『日本をつくった企業家』新書館、2002年

渡辺一雄『ヤオハンの挑戦　正念場に立つ中国進出』徳間文庫、1995年

渡辺一雄『そごうの西武大包囲戦略　売り上げ日本一をめぐる水島と堤の激突』光文社カッパビジネス、1988年

山田正吾・森彰英『家電今昔物語』三省堂、1983年

山田泰造『ヨコハマ伊勢佐木町　復活への道』日本経済新聞出版社、2009年
吉田菊次郎『デパートB1物語』平凡社新書、1999年
吉村光夫『日本の私鉄14　京浜急行』保育社、1982年
吉本興業株式会社『吉本八十年の歩み』1992年
読売新聞社大阪本社社会部（編）『実記　百年の大阪』朋興社、1987年
脇村春夫「日本のプロ野球における「企業家個人オーナー」——高橋龍太郎
　　（1875～1967）とプロ野球経営——」『企業家研究』第4号、2007年6月
『国産車100年の軌跡』（『モーターファン』400号、別冊、三栄書房30周年
　　記念）三栄書房、1978年
『日本プロ野球史　沢村栄治から掛布雅之まで』（別冊『1億人の昭和史』第
　　21号）毎日新聞社、1980年
『阪急ブレーブス　黄金の歴史［永久保存版］よみがえる勇者の記憶　1936–
　　1988』ベースボール・マガジン社、2012年
『プロ野球（上）日本職業野球前夜からプロ野球興隆ON時代へ』（『激動の昭
　　和スポーツ史』①週刊ベースボール別冊　春風号）ベースボールマガジ
　　ン社、1989年
「ファイター経営奮戦記①～⑬——闘将・大社義規の事業と人生——」『経営者
　　会報』1979年8月号～1980年10月号
「石の上にも八年　大ホーマー日本ハムの球団経営」『週刊東洋経済』1981年
　　11月21日号
「有訓無訓　ツキが落ちても悲観するな　大社義規（日本ハム社長）」『日経ビ
　　ジネス』1987年6月15日夏季増刊号
「シリーズ人　天真爛漫なる怪物　大社義規〈日本ハム会長〉『風格』ある企
　　業を目指す　おおらかな"自分主義"」『日経ビジネス』1989年4月10日
　　号
「日本ハム社長大社義規　前だけ眺めて突っ走れ」『週刊東洋経済』1990年3
　　月10日
「デパートの経営　三越と白木屋（経営百態）」『東京朝日新聞』1925年6月
　　19日

「織物問屋　お店の敬意は今では過去のこと　経営の百態」『東京朝日新聞』1925年12月12日

「特異の同業組合は　百貨店に許さぬ　その代り強制加入を免除　商工省議決定す」『東京朝日新聞』1927年12月9日

「食堂の話（一）伸びてゆく食物の世界　呉服屋さんの茶菓からデパート食堂へ──古谷晃道氏談」『都新聞』1928年11月25日

「食堂の話（二）食堂もいまは商略の一つ　シカゴには女禁制の食堂　将来は食堂も分類──古谷晃道氏談」『都新聞』1928年11月26日

「百貨店は同業組合に入るに及ばず　三越白木の脱退認可」『東京朝日新聞』1928年6月3日

「百貨店と同業組合　脱退認可を取消せと　東京実業組合連合会が商工省に要求」『東京朝日新聞』1929年3月3日

「あへぐ中小商工業（七）百貨店の圧迫に　解消する小売商　悩みは同じ問屋業」『東京朝日新聞』1932年7月9日

「（アンテナ）新規開店も戦列に　激化する百貨店競争」『東京新聞』1962年5月24日

「池袋はデパート合戦　東武進出で五つに　地元商店街体質改善迫られる」『東京新聞』（都内版）1962年5月28日

「東急　西武　握手に地元は大歓迎　衰微する渋谷に"活"──再び魅力の盛り場に」『東京新聞』1964年2月29日

「新興に押されて身売り　東横池袋店　二十五日限りで改造して東武の売り場に」『東京新聞』（江東版）1964年5月21日

「岐路に立つプロ野球①薄い連帯感　忘れた「共存共栄」　レジャー時代に立ち遅れ」『朝日新聞』1972年11月11日

「東京球場"買わねば使用断る"ロッテに新たな"暗雲"」『朝日新聞』1972年11月3日

「東映球団が身売り　不動産の日拓ホームに」『朝日新聞』1973年1月17日

「オフの熱戦たけなわ　プロ野球契約更改　ラツ腕三原社長、日本ハム張本・大杉　一発で"降参"」『東京新聞』1973年12月15日

「企業ドキュメント決断（3）日本ハム社長大社義規——運・鈍・根のファイター、粘り抜いた「京都振り出し」重い製品を肩に一軒一軒回る　負けるもんか！叔父の顔思い出し奮い立つ」『大阪新聞』1979年6月28日

「企業ドキュメント決断（24）日本ハム社長大社義規——運・鈍・根のファイター、世界を駆ける！翔んでる社長　仕事は足で一歩一歩ふみ固めよ」『大阪新聞』1979年7月31日

「転機・出会いと決断　日本ハム大社義規会長（82）——不況を恐れず大阪工場建設」『読売新聞』1998年1月10日

「創業の森・熱意で達成"日本"一「前進すれば道は開ける」」『毎日新聞』2000年6月5日

野口智雄「4カ月で1000万人来店「渋谷ヒカリエ」大繁盛の法則」プレジデントOnline 2012/12/20

インターネット百科事典Wikipedia

【著者紹介】

廣田　誠（ひろた　まこと）

1962年静岡市生まれ。和歌山大学経済学部卒。大阪大学大学院経済学研究科後期博士課程中退。経済学博士（大阪大学）。下関市立大学経済学部、神戸学院大学経済学部を経て、2008年4月より大阪大学大学院経済学研究科教授。専門は近代日本市場史、商業史、企業家史。

著書『近代日本の日用品小売市場』（清文堂出版、2007年）

編著『近代日本の交通と流通・市場』（「市場と流通の社会史」Ⅲ、清文堂出版、2011年）

日本の流通・サービス産業
―― 歴史と現状 ――

2013年3月30日　初版第1刷発行　　　　　　　［検印廃止］
2017年6月1日　初版第2刷発行
2018年4月30日　初版第3刷発行

　　著　者　廣田　誠

　　発行所　大阪大学出版会
　　　　　　代表者　三成賢次

　　　〒565-0871　大阪府吹田市山田丘2-7
　　　　　　　　　大阪大学ウエストフロント
　　　　　電話（代表）06-6877-1614
　　　　　FAX　　　06-6877-1617
　　　　　URL　　　http://www.osaka-up.or.jp

　　印刷・製本所　（株）遊文舎

ⓒMakoto HIROTA 2013　　　　　　　　　Printed in Japan
ISBN978-4-87259-450-8 C3063

JCOPY〈出版者著作権管理機構 委託出版物〉

本書の無断複製は著作権法上での例外を除き禁じられています。複製される場合は、その都度事前に、出版者著作権管理機構（電話03-3513-6969、FAX 03-3513-6979、e-mail: info@jcopy.or.jp）の許諾を得てください。